棠树文丛

绿色保险

环境责任强制保险制度研究

孙宏涛◎著

上海人民出版社

棠树文丛和理因文丛编委会

促进法学研究　追求学理本义

——棠树文丛和理因文丛总序

科学研究是高校非常重要的一项功能，也是一所大学综合实力、核心竞争力的主要指标。开展学术活动、产出学术成果、培养学术人才是高校完成人才培养、科学研究、社会服务等使命的主要手段。大学之所以成为大学，学术的兴盛正是主要的标志之一，只有学术水平提高了，才能更好地完成培养人才和服务社会的目标。

党的十八大以来，以习近平同志为核心的党中央高度重视哲学社会科学工作，从改革发展稳定、治党治国治军的高度，肯定了哲学社会科学的重要意义。习近平总书记在 2016 年 5 月 17 日召开的“哲学社会科学工作座谈会”上指出，“要加大科研投入，提高经费使用效率。要建立科学权威、公开透明的哲学社会科学成果评价体系，建立优秀成果推介制度，把优秀研究成果真正评出来、推广开”，为新时期哲学社会科学的发展指明了方向。学术专著是广大教师平时研究成果呕心沥血的精心积累，它的出版则是优秀研究成果推广的重要手段和高端平台。做好学术著作的组织出版能够提高教师科研活动的积极性，弘扬优秀学术，开拓创新，也能为学校的科研事业作出应有的贡献。

华东政法大学全面贯彻党的教育方针，落实立德树人根本任务，围绕上海教育中长期规划纲要的总体目标，按照建设“双一流”高水平教学研究型多科性特色大学的战略要求，遵循科研发展规律，加强管理，精益求精，在科研方面取得了不俗的成绩。一直以来，学校的优秀学术成果持续增长，学术影响力有所提升，学校科研工作日攀新高。

法学是华东政法大学的主要学科，是学校的知名品牌。推介法学研究成果是科研管理部门的服务项目和重要职责。这次推出的“棠树文丛”就是华东政法大学法学教师的优秀成果。之所以将法学文丛取名“棠树文丛”，其出处来自《诗经》。《诗经·甘棠》云："蔽芾甘棠，勿翦勿伐"，这是说周初召公巡行理政，在甘棠树下听讼决狱，断案公正无私，其事流芳后世，歌诗以载。法平如水，民心所向，古今无异，故以"棠树"为法学丛书命名。这次组织出版"棠树文丛"，可以促进华政的法学研究水平，提升法学学科的影响力，为实现依法治国的宏伟目标和弘扬法律的公平正义添砖加瓦。

其他学科在华东政法大学也在迅速发展。多科性交叉融合发展也是学校的一个显著特色。华政的政治学、外语、社会学、新闻传播等众多学科在全国大学和科研机构等体系中已产生了广泛的影响力，并占据了重要的学术地位。这次推出的"理因文丛"，则是华东政法大学其他学科教师的优秀成果。之所以将其取名"理因文丛"，其出处来自华政松江新校区的一位古人。约一千七百年前，松江人陆机在其名作《文赋》中写道："伊兹文之为用，固众理之所因"，文以传理、文以载道，是对学术著述的最高期许。以"理因"二字命名丛书，正是希望这套著作能考众理之妙，释学术之道，追求学术本义，成为展示华东政法大学科研水准与成就的窗口。恩格斯曾经说过："一个民族要想站在科学的最高峰，就一刻也不能没有理论思维。"理论研究就是要找出事物的发展规律，探寻世界的奥秘，开启人类的智慧。"理因"文丛的出版契合了探究事理本源之意。

高层次优秀科研成果的出版是教师和科研管理部门共同追求的目标，也是我们贯彻落实《华东政法大学学术专著出版资助管理办法》的举措。我们希望通过这次学术专著推进活动，规范学校图书出版工作，进一步激发我校教师的科研积极性，多出成果，出优秀成果，展现华政学术丰采。

华东政法大学科研处

2019 年 3 月 5 日

目 录

前　言

近代以来，随着工业革命的推动，人类对于大自然的改造能力越来越强。这一方面促进了人类自身的快速发展，极大地改善了人们的生活；但另一方面，自然环境受到了巨大的破坏，尤其进入21世纪以来，各种环境问题更是层出不穷。环境问题已经成为一个重大的全球性问题，每年由于环境问题造成的人员伤亡与财产损失不计其数，相比之下对于这部分损害的救济措施却并不健全。

我国作为全球最大新兴市场，伴随着经济高速发展而来的是前所未有的环境污染。在改革开放之初由于环保意识不足以及对于发展资金的需求，我国接纳了许多高污染的企业，这在一定程度上对我国环境造成了负面影响，同时发展过程中的粗放模式也加剧了环境问题。近年来由于环境问题不断显现，我国在发展的同时更加注重经济与环境相协调，推行了大量有益于环境问题解决的政策，环境问题在一定程度上得到了缓解。但同时我们应该看到，环境问题往往具有缓慢性、潜伏性、复杂性以及间接性的特点，一旦引发环境问题不仅会产生大量的受害者，并且有关救济措施的启动和有效落实十分困难。

在我国有关环境问题侵权案件中，受害者往往是个体，而责任方往往是法人或其他组织，这造成了其难以进行举证并获得赔偿，即使获得了赔偿也存在着损失不确定的风险。因此虽然我国法律规定了无过错责任、因果关系举证责任倒置等制度，但在环境问题发生后，受害人的维权之路还是会经常遇到困难与阻碍。再者，环境问题的责任方无法或无力承担侵权赔偿的情况也时有发生，在这种情况下环境问题就难以得到解决，甚至还有可能因为受害者得不到赔偿而产生社会问题。在实践过程中，环境侵权问题在现有的制度框架下还没有得到良好的解决，因此寻求新的制度或方法促进环境问题责任方积极全面地履行自身义务，并保护有关受害人的合法权益得到良好的救济就成为目前环境侵权问题的重要部分。环境责任保险便为有关问题提供了一个良好的解决路径,在现代社会也越来越为世界各国所接纳与采用。

环境责任保险,也被称为“绿色保险”,是指以被保险人因对环境问题负有责任而承担的治理或侵权损害赔偿责任为标的的一种责任保险。保险在本质上是聚合多数人的资金,已达到分散风险的作用,因此其本身具有一定的社会性,这对于有关环境责任问题的解决具有不可比拟的优势。一方面,环境责任保险有利于环境责任得到落实,环境问题受害者得到应有的赔偿。这无疑会更好地促进环境问题的妥善解决,对于环境问题责任的双方都有一定的作用。另一方面,环境责任保险制度也会增强保险公司对于环境问题的监管,这在一定程度上也会起到防患于未然的效果,同时将减轻政府处理环境问题的压力。环境责任险的发展历史并不十分久远,自20世纪70年代起,在环境问题不断突出的情况下,环境责任保险逐渐进入人们的视野。如今,在美国、英国以及德国等发达国家环境责任保险已近臻于完善,并在环境问题的解决与治理方面发挥着良好的作用,成为环境治理体系中不可或缺的重要一环。我国的环境责任保险起步较晚,因而发展相对落后,但由于环境问题的频发使得环境责任保险更加具有了发展的紧迫性。本书着眼于环境责任保险的制度内容,兼顾理论与实务,详细而全面地介绍了环境责任保险的有关问题,以期为我国环境问题的解决贡献一份力量。

本书最大的特点在于对环境责任保险制度进行全方位分析的基础上,进一步提出推行环境责任保险制度的具体建议。在环境责任保险的各个方面都有细致的研究,并对环境责任保险的责任范围、赔偿责任的归责原则以及先合同义务的特点等问题作了详细的分析。同时,除了进行理论分析,本书也格外关注现实中环境责任保险发展的现状与问题,理论与实际的紧密结合也是本书重要的研究宗旨。着眼于环境责任保险的法律制度建设,提出相应的对策针对性的解决问题,突出适应我国经济高质量发展的要求,这使得本书具有较强的理论及现实意义。

本书从环境责任保险的制度建设出发,在借鉴域外环境责任保险发展的基础上,进一步探讨了环境责任保险的保险标的、保险当事人以及有关保险合同约定的权利义务等问题。详细进行了环境责任保险的全方位论述,最终提出相应法律制度的完善以及市场可行性的分析,为制度推行提供建议与思路。全书共有七章,各章节之间相互联系,共同构成了对环境责任保险的全方位解读。第一章为总体的理论分析，主要论述了环境责任保险的基本情况、价值作用以及域外发展的经验，帮助读者了解环境责任保险发展的现状以及必要性，是全书对于环境责任保险的总体概括。第二章至第五章具体介绍了环境责任保险的制度内容，主要包括保险标的、保险合同当事人、保险合同的先合同义务以及保险责任的界定。其中，对于保险标的，主要讨论了损害赔偿的归责原则、构成要件以及免责事由等；在保险合同当事人方面，分别论述了保险人、投保人、被保险人以及第三人；有关先合同义务上，重点论述了告知义务与说明义务；在保险人的责任范围方面，重点分析了责任范围与除外责任。本部分针对具体内容进行详细论述，力图将环境责任保险的各个部分清晰地呈现在读者面前。第六章至第七章为制度推行的有关构想，具体分析了推行环境责任保险的理论与现实基础，并进一步针对其市场发展的困境提出对策，为环境责任保险制度的建设提供了良好的制度建设思路。

本书在写作过程中借鉴了众多学者的研究成果，对于他们为我国环境责任保险发展所作出的努力致以敬意并表示感谢。虽然本书已经经过再三斟酌与修改，但难免仍旧存在遗漏或疏忽之处，因此还望各位专家与读者多多指正。最后，希望本书可以为我国环境责任保险制度理论创新与实践探索提供些许帮助。

第一章　环境责任保险基础理论分析

第一节　环境责任保险概述

随着人类科学技术的飞速发展，环境保护已经成为人类生存和发展的重要课题，我国更是进入了环境污染事故的高发期。据不完全统计，2002—2012 年的十年间我国环境污染事件总计达 17 543 起，平均每年发生 1 700 多起。[①]2013 年 6 月 4 日，国家环境保护部发布《2012 中国环境状况公报》，明确提出目前全国环境质量形势相当严峻，在对 325 个地级及以上城市环境空气质量执行《环境空气质量标准》(GB3095-2012)进行评价后，达标城市比例仅为 40.9%；113 个环境保护重点城市中达标城市占比仅为 23.9%。除此之外，全国水质量状况也不容乐观，在 198 个城市 4 929 个地下水监测点位中，较差—极差水质的监测点比例为57.3%。[②]随着国家“五位一体”总体布局和“四个全面”战略布局的全面推进，全国环境质量有所改观，但依然任重而道远。2017 年 6 月 5 日，国家环境保护部发布《2016 中国环境状况公报》，其中以地下水含水系统为单元，潜水为主的浅层地下水和承压水为主的中深层地下水为对象的 6 124 个地下水水质监测点中，水质较差级和极差级的监测点分别占有 45.4%和14.7%。[③]中国多年“重发展、轻环保”的现实使得污染日趋严重，同时也提醒着我们，环境保护和经济发展应当有机结合，并且通过各种弹性政策和法律手段来促进环境保护。在围绕环境问

---

① 转引自：唐金成、江宏业：《环境污染责任保险运营模式研究》，《海南金融》2014 年第 1 期。

② 环境保护部发布《2012 中国环境状况公报》全国环境质量状况总体保持平稳，形势依然严峻，载 http://www.mep.gov.cn/gkml/hbb/qt/201306/t20130604_253201.htm，2019 年 4 月 24 日。

③ 环境保护部发布《2016 中国环境状况公报》，载 http://www.mep.gov.cn/gkml/hbb/qt/201706/t20170605_415442.htm，2019 年 4 月 24 日。

题的众多课题中，环境污染防治尤其是由于环境污染导致的环境侵权及责任问题成为环境治理研究领域的重点。

为应对环境问题，在立法上我国立法机关相继出台并修订了《环境保护法》《节约能源法》《大气污染防治法》《海洋环境保护法》《环境影响评价法》《水法》以及《环境保护税法》，在执法上环保部不断加大执法力度，仅在2016年3月至6月的几个月中，先后挂牌督办8起环境违法案件并约谈5地市大气污染防治不力的主要负责人，企业的违法成本开始不断提升。[①]其实，早在2009年我国出台《侵权责任法》时，环境污染责任就已经采用了无过错责任这一归责原则，[②]在修订后的《环境保护法》第64条、[③]《大气污染防治法》第125条、[④]《海洋环境保护法》第89条[⑤]以及未修订的《水污染防治法》第85条[⑥]等法条中都再次确认了这一做法。在《最高人民法院关于审理环境侵权责任纠纷案件适用法律若干问题的解释》(以下简称《环境侵权责任解释》)第1条第1款中更是直言："污染者以排污符合国家或者地方污染物排放标准为由主张不承担责任的，人民法院不予支持。"对于污染者的排污行为，即使符合排放标准，若最终依然造成了损害结果，也将被认定为侵权行为，立法之严格可见一斑。除此之外，《侵权责任法》第66条还规定了因果关系推定规则，该条规定："因污染环境发生纠纷，污染者应当就法律规定的不承担责任或者减轻责任的情形及其行为与损害之间不存在因果关系承担举证责任。"《环境侵权责任解释》第7条也规定："污染者举证证明下列情形之一的，人民法院应当认定其污染行为与损害之间不存在因果关系：(一)排放的污染物没有造成该损害可能的；(二)排放的可造成该损害的污染物未到达该损害发生地的；(三)该损害于排放污染物之前已发生的；

---

① 经济参考报：环境污损赔偿制度正酝酿建立 企业违法成本将大大提高，载 http://finance.sina.com.cn/roll/2016-06-20/doc-ifxtfmrp2354733.shtml，2019年4月24日。

② 《侵权责任法》第65条明文规定："因污染环境造成损害的，污染者应当承担侵权责任。"

③ 《环境保护法》第64条："因污染环境和破坏生态造成损害的，应当依照《中华人民共和国侵权责任法》的有关规定承担侵权责任。"

④ 《大气污染防治法》第125条："排放大气污染物造成损害的，应当依法承担侵权责任。"

⑤ 《海洋环境保护法》第89条："造成海洋环境污染损害的责任者，应当排除危害，并赔偿损失；完全由于第三者的故意或者过失，造成海洋环境污染损害的，由第三者排除危害，并承担赔偿责任。"

⑥ 《水污染防治法》第85条："(1)因水污染受到损害的当事人，有权要求排污方排除危害和赔偿损失……(4)水污染损害是由第三人造成的，排污方承担赔偿责任后，有权向第三人追偿。"其中第2、3款为免责事由，分别为：不可抗力和受害人故意。

(四)其他可以认定污染行为与损害之间不存在因果关系的情形。"这种做法在《水污染防治法》第 87 条、[①]《民事诉讼证据规则》第 4 条[②]中也予以了确认。之所以采取因果关系推定,主要是为了保护受害人。因环境污染行为具有长期性、潜伏性、持久性、复杂性,即使在现有的科学技术下,尚不能完全认定某些环境污染下的因果关系,要求受害人承担因果关系证明的责任是强人所难。[③]相比于受害人,加害人通常具有比受害人更强的经济实力与诉讼能力,因此在"深口袋"理论下,与其让受害人承担证明不能的后果,不如让加害人承担,最终通过无过错责任加举证责任使得加害者在诉讼中处于相对不利的地位。上述理论在面对大型企业时可以延用,但当小型企业或者侵权者本身便是自然人时,这种法律安排就会面临两难境地。在 2017 年 12 月 4 日最高人民法院发布的"长江流域环境资源审判十大典型案例"中,加害者不乏自然人或者有限责任公司。[④]加害者本身没有能力承担败诉之后的民事赔偿责任,最终受害人无法得到有效救济,环境污染也无法得以修复。

如何平衡责任人、受害人及社会整体利益,环境侵权损害救济社会化机制为我国的环境损害救济提供了解决思路,其中环境责任保险便是重要的一环,由环境责任保险将责任人的民事责任加以分担,既保护了受害人,也使得"深口袋"理论假设得以延续,因此环境责任保险已经成为世界各国解决这一两难问题的重要途径之一。为此,2006 年国务院出台《国务院关于保险业改革发展的若干意见》,提出要大力推动环境责任保险的制度建设,为贯彻落实这一意见,国家环保总局与保监会在 2007 年联合发布了《关于环境污染责任保险工作的指导意见》,提出在重点行业和区域开展环境污染责任保险的试点示范工作,到 2015 年使环境污染责任保险制度相对完善,并在全国范围内推广。[⑤]2015 年,中共中央、国务院发布《生态文明体制改

---

① 《水污染防治法》第 87 条:"因水污染引起的损害赔偿诉讼,由排污方就法律规定的免责事由及其行为与损害结果之间不存在因果关系承担举证责任。"

② 《民事诉讼证据规则》第 4 条:"因环境污染引起的损害赔偿诉讼,由加害人就法律规定的免责事由及其行为与损害结果之间不存在因果关系承担举证责任。"

③ 王胜明:《中华人民共和国侵权责任法解读》,中国法制出版社 2010 年版,第 335 页。

④ 长江流域环境资源审判十大典型案例,载 http://www.court.gov.cn/zixun-xiangqing-71552.html, 2018 年 4 月 24 日。

⑤ 关于环境污染责任保险工作的指导意见,载 http://www.zhb.gov.cn/gkml/zj/wj/200910/t20091022_172498.htm, 2018 年 4 月 24 日。

革总体方案》,要求在环境高风险领域建立环境污染强制责任保险制度。[①]不过由于理论研究滞后、产品设计缺陷、制度建设不到位、对环境责任保险本身局限性认识不够,以及保险业改革的宏观历史背景等原因,试点投保呈现明显下降趋势,我国在环境责任保险制度的建设上尚有很长的一段路要走。

一、环境责任保险的内涵界定

环境责任保险,又称环境污染责任保险(以下简称"环责险"),在国外也称为"绿色保险"。环责险作为责任保险的一种具体险种,要对其内涵进行界定,需要解决一个问题:环责险是对哪一种责任进行承保?即其保险标的是什么?从字面意思理解,环责险自然是对环境污染责任进行承保,但其中涉及如下问题:(1)何谓环境污染?(2)环境污染责任的责任主体是否有限制?(3)环责险承保的环境污染责任内容是什么?下面笔者分而述之。

(一)何谓环境污染

环境污染有狭义与广义之分,狭义的环境污染是指因产业活动或者其他人为活动而破坏大气、水、土壤、海洋、安静稳定等自然环境,从而给不特定多数人的生命、身体、健康、财产或者其他民事权益造成妨害或损害的行为。[②]广义的环境污染,除包含狭义的环境污染外,还包括相邻关系人之间的环境污染行为,即指相邻不动产权利人之间,一方从事违反国家规定弃置固体废物,排放大气污染物、水污染物、噪声、光、电磁波辐射等有害物质等污染环境的行为,给他方造成妨害或损害的情形。[③]如我国《物权法》第90条规定:"不动产权利人不得违反国家规定弃置固体废物,排放大气污染物、水污染物、噪声、光、电磁波辐射等有害物质。"如果相邻不动产权利人一方为侵害另一方的行为,则另一方可以基于物权请求权要求排除妨害、消除危险甚至赔偿损失(《民法总则》第179条、《物权法》第35条、《侵权责任法》第6条、第15条)。两者的差别主要在于污染结果影响的是不特定多数人还

---

① 中共中央国务院印发《生态文明体制改革总体方案》,载 http://www.gov.cn/guowuyuan/2015-09/21/content_2936327.htm,2018年4月24日。

② [日]原田尚彦:《环境法》,于敏译,法律出版社1999年版,第3页。

③ 程啸:《侵权责任法》,法律出版社2015年版,第570页。

是特定人。狭义环境污染造成的损害赔偿责任是环责险的保险标的自无疑问，那么相邻关系人之间的环境污染问题是否属于环责险的保险标的呢？换言之，环责险的保险标的应当采广义说还是狭义说呢？

从国外的环境污染责任保险的实例出发，相邻人之间的环境污染责任也是环责险的保险标的之一。在美国就存在两种环境污染责任保险的险种，分别是环境损害责任保险（EIL, environment impairment liability insurance）和自有场地治理责任保险（own-site clean-up insurance）。环境损害责任保险主要承保被保险人污染环境造成临近土地上的任何第三人的人身损害或者财产损失而发生的损害赔偿责任。这一险种随着美国国际承保有限公司进入英国市场，并受到英国保险市场的承认。自有场地治理责任保险是指以被保险人因污染自有或自用场地而依法负担的治理污染责任为保险标的的保险。①因此对特定人的环境污染责任承保并无不可。从环责险的设立初衷出发，其本身是为防止因污染事件导致责任人无法负担过重的责任进而造成责任人与受害人利益均受损的状况发生，解决侵权者赔付能力与污染后果严重性之间的矛盾。②只不过相比于产业活动造成污染的程度及广度而言，特定人之间的纠纷更显"私法"特性，但这并不影响对特定人人身或财产的环境污染责任也应当属于环责险保险标的的结论。

（二）环境污染责任主体是否有限制

在《关于环境污染责任保险工作的指导意见》中，环保部与保监会认为环境污染责任保险是以企业发生污染事故对第三者造成的损害依法应承担的赔偿责任为标的的保险。有学者亦持这一定义，认为环责险的被保险人限于企业，保险事故只是企业造成的污染事故。③但也有学者主张，环责险是一种以被保险人因环境污染而应承担的环境侵权损害赔偿或治理责任为标的的责任保险，④或者认为环责险是一种以被保险人造成环境污染或破坏依法应承担民事责任为保险标的的责任保险形式，⑤即并没有将被保险

---

① 盛鹏、孙延明、张波：《环境责任保险的法律问题》，《理论月刊》2006 年第 1 期。

② 王康：《环境责任保险：环境侵权的社会化救济及其实现路径》，《阜阳师范学院学报》2008 年第 2 期。

③ 蓝寿荣：《我国环境责任保险立法若干问题释疑》，《法学论坛》2013 年第 6 期。

④ 陈露昭、刘艳：《浅论环境侵权责任社会化问题——从环境责任保险的角度》，《中国环境资源法学评论》，中国政法大学出版社 2006 年版，第 305、第 307 页。

⑤ 唐英：《我国环境责任保险制度的完善与重构——以环境保护税的开征为分析背景》，《湖南社会科学》2012 年第 6 期。

人局限于企业。那么环责险对于责任主体是否应当存在限制呢?

环责险的立法初衷是以社会化的救济措施来弥补污染者可能存在的债务履行不能。它通过收取具有潜在环境责任风险的企业缴纳的保费,形成一个共同的保险基金,通过保险的手段将风险进行分散,使得单个企业的环境污染损害赔偿在所有具有潜在风险的企业中进行分担,从而使得受害人能够得到及时有效的赔偿。因此只要污染者可能承担环境污染责任,保险人就应该可以承保。在《刑法》《侵权责任法》《水污染防治法》《环境保护法》等法律中,都没有将个人排除在环境保护的义务人之外。如《环境保护法》第 6 条规定:"一切单位和个人都有保护环境的义务。"第 57 条规定:"公民、法人和其他组织发现任何单位和个人有污染环境和破坏生态行为的,有权向环境保护主管部门或者其他负有环境保护监督管理职责的部门举报。"在 2017 年 6 月最高人民法院发布的"环境资源刑事、民事、行政典型案例"中,尹某某等六人就因在伏季休渔期间违规出海作业捕捞海产品,不仅被判定构成非法捕捞水产品罪,还需根据《中华人民共和国侵权责任法》的规定,采取科学、合理的方式予以修复。①因此将责任主体限制于企业在法理上并不能站住脚。笔者认为,环保部与保监会的意见可能仅是作为一个行政试点而特别针对企业进行环责险的推行,只因企业的污染频率、范围、污染程度都远大于个人,因此这并非对环责险责任主体及保险事故内涵的盖棺定论。

(三) 保险标的内容是什么

环境污染责任是一种综合性责任,是指环境法主体因不履行环境义务而依法承担的否定性的法律后果,包括环境民事责任、环境行政责任以及环境刑事责任。由于行政责任以及刑事责任是一种国家惩罚,是一种不能转移给社会或者国家来分担的个人责任,因此环责险应当仅对责任人应承担的民事责任进行承保。②同时,民事责任的承担形式也多种多样,《民法总则》第 179 条规定:"承担民事责任的方式有:(一)停止侵害;(二)排除妨碍;(三)消除危险;(四)返还财产;(五)恢复原状;(六)修理、重作、更换;

---

① 江苏省连云港市连云区人民检察院诉尹宝山等人非法捕捞水产品刑事附带民事诉讼案,载 http://www.court.gov.cn/zixun-xiangqing-48792.html,2019 年 5 月 14 日。

② 蔡守秋:《论我国环境损害责任制度:以综合性责任分担为视角》,《生态经济》2017 年第 3 期。

(七)继续履行;(八)赔偿损失;(九)支付违约金;(十)消除影响、恢复名誉;(十一)赔礼道歉。”环责险承保的民事责任对此应有所取舍。消除影响、恢复名誉、赔礼道歉是侵害人格权的侵权责任承担方式,修理、重作、更换、继续履行、支付违约金是违约责任的承担方式,因此以上责任形式皆不适用。唯有停止侵害、排除妨碍、消除危险、返还财产、恢复原状、赔偿损失是侵害财产权的侵权责任承担方式。《环境侵权纠纷司法解释》第 14 条、第 15 条进一步规定,污染者应承担修复费用、财产、人身损害以及为防止损失扩大和消除污染所支出的合理费用。[①]而责任保险是以被保险人对第三者依法应负的赔偿责任为保险标的的保险(《保险法》第 65 条第 4 款),在我国依然属于财产保险范畴,是一种补偿性保险,因此环境污染责任保险作为责任保险大类下的子险种,应当也以赔偿责任为限,即为损害赔偿。其中恢复原状与金钱赔偿(第 7 项赔偿损失)属于广义的损害赔偿。在《民法总则》草案一审稿第 160 条恢复原状一项中曾增加了“修复生态环境”,只不过在二次审议稿中删除了,若认为“修复生态环境”属于民事责任,则应当属于恢复原状的具体方式之一。[②]因此恢复原状与赔偿损失以及为防止损失扩大和消除污染所支出的合理费用应当是环责险承保的民事责任。有学者认同这一观点,如胡艳香教授认为,“从被保险人和保险人角度,环境责任保险以被保险人因污染环境而应当承担的环境赔偿或治理责任为标的,责任保险金的支付以存在被保险人对他人负有环境侵权损害赔偿和环境治理责任为前提”。[③]不过,在德国就有学说认为环境责任者的清理任务以及防范损失扩大是一种公法上的责任。美国的污染除外责任中也特别排除了由于行政性指令要求污染者清楚污染物所发生的损失及相关支出,保险人的承保范围排除了《综合环境反应、补偿及责任法案》下要求被保险人承担的环境污染纠正措施。[④]因此具体内容范围取决于各国的政策选择,尚无统一定论。

---

① 对于环责险是否承保因环境污染造成的收入损失存在争议。就国际而言,存在有条件承认收入损失的立法例,如德国。我国在环境侵权纠纷司法解释的专家意见稿中也曾提出行为人负有承担因污染造成收入损失的责任,不过最后被删除。参见竺效:《纯经济损失理论与环境侵权救济》,《清华法治论衡》2015 年第 1 期。

② 修复生态环境属于民事责任还是行政责任尚有争议。参见金可可:《〈民法总则(草案)〉若干问题研究:对草案体系等若干重大问题的修改意见》,《东方法学》2016 年第 5 期。

③ 胡艳香:《环境责任保险制度的正当性分析》,《法学评论》2011 年第 5 期。

④ [美]约翰・F.道宾:《美国保险法》,梁鹏译,法律出版社 2008 年版,第 31 页。

综上所述，如果从学理上对环境责任保险的内涵作出定义的话，笔者认为，环责险应当是一种以被保险人因环境污染而应承担的环境侵权损害赔偿或治理责任为标的的责任保险。①

二、环境责任保险之类型分析

环境责任保险的类型纷繁复杂，以不同的标准划分可以得出不同的类型，若以保险标的的具体风险进行划分，可分为油污染损害责任保险、核损害责任保险、毒性化学损害责任保险、空气污染责任保险等，数量繁多无法一一列举。因此本部分不从具体风险角度进行类型划分，而就以下三个方面进行分析。

（一）公害责任保险与私害责任保险

以环境污染是否仅对特定人产生影响为分类标准，环责险可分为公害责任保险与私害责任保险。所谓公害责任保险主要承保狭义的环境污染责任，私害责任保险主要承保相邻关系人之间因违反物权法而承担的侵权责任。相较于私害责任保险，公害责任保险在目前责任保险领域处于主流地位。一方面，随着科学技术的不断发展以及人类活动领域的不断扩展，环境污染不再仅局限于特定的人以及特定的区域，这使得环境污染的“公害性”进一步加强。另一方面，由于环境污染影响不特定人群，污染者污染行为造成损害后果的严重性与污染者的责任承担能力之间存在着严重矛盾，为避免造成社会性后果，政府也在不断推动公害责任保险的制度建设。如在美国，《清洁水法》要求进入美国水域的船只投保水体污染责任险，《综合性环境反应、赔偿和责任法》要求运载危险物质时，经营人必须承担如保险等相关财产责任。②在芬兰，2000 年 2 月出台的《环境保护法》第 43a 条规定，垃圾处置者在作业时负有财物担保义务，第 43c 条第 1 款进一步指出，财物担保可包括保证、保险或抵押存款。在 2011 年新制定的《废物法》中更加细化了强制环境损害保险规则，第 61 条规定了电子或电器设备制造者的强制投

---

① 陈露昭、刘艳：《浅论环境侵权责任社会化问题——从环境责任保险的角度》，《中国环境资源法学评论》，中国政法大学出版社 2006 年版，第 305、第 307 页。

② 孙武军：《环境污染责任保险制度的国际借鉴》，《经济纵横》2015 年第 6 期。

保义务，第 95 条规定了废物管理者申请许可前的强制投保义务，第 116 条规定了跨境转移废物的强制投保义务。此外，第 131 条还规定了跨境转移废物者违反强制投保义务的法律责任。[①]我国多年的试点也以公害环责险为主。

反观私害责任保险，在我国并不受重视。究其原因，一方面，其部分功能可以被公害责任保险取代。2018 年，我国在贵州试点环境责任强制保险，主要承保因企业发生污染事故对第三者造成的损害。企业与第三者都可以成为相邻关系的一方，因此当出现存在相邻关系的企业与第三人之间的环境纠纷时，该环责险也予以覆盖。另一方面，由于我国个人对环责险的投保意愿较低，保险市场有限，因此个人的环境污染责任并没有受到足够重视。

（二）承保渐进性污染保险与不承保渐进性污染保险

以承保范围分类，环责险可分为承保渐进性污染责任保险与不承保渐进性污染保险。所谓渐进性污染，是指所排放的污染物只有在经过一段时间的累积后才会形成环境损害结果的污染形式。最恰当的例证就是行为人排放的污染物符合国家标准或地方标准，但经过一段时间后，由于污染的累积，最终还是造成了损害结果。更有甚者，原本认为没有污染的行为却引发了实际有害且不可预见的长期影响。如石棉这一材料，因其不可燃烧而被人认为是安全的，但使用十几年后，它在许多接触它的人之中引发了癌症。[②]这进一步带来了渐进性污染的可保性问题。对此，有观点认为，渐进性污染是经过正常且法律允许的方式形成的污染结果，风险无法有效预测，不具有可保性，因此在众多保单中对于渐进性污染的态度基本上是不予承保。如美国的保险公司在 1970 年商业责任保险保单中就明确只对非突发性且非故意的环境污染承保；法国的保险公司也不对继续性事故引起的环境损害承保，[③]直到 1977 年法国成立污染再保险联营后，承保范围才开始扩大。[④]目前，我国保险业也不承保渐进性污染。在《中国保险业协会环境污染责任保险示范条款》(2014 年)第 8 条“除外责任”中明确提出：“下列原因造成的损失、费用和责任，保险人不负责赔偿：……（八）渐进性污染……”

---

① 竺效：《论我国环境污染责任保险单行法的构建》，《现代法学》2015 年第 3 期。

② ［德］格哈德·格瓦纳主编：《比较法视野下的侵权法与责任保险》，魏磊杰、王之洲、朱淼译，中国法制出版社 2012 年版，第 127 页。

③ 李志学：《中国建立环境责任保险制度的路径与选择》，《环境污染与防治》2013 年第 5 期。

④ 王明远：《环境侵权救济法律制度》，中国法制出版社 2001 年版，第 149 页。

但也有观点认为渐进性污染总体上符合可保性条件，且不应受限于可保性条件的泛化。[①]对此，在德国，起初也不对渐进性污染承保，但从1965年起，保险责任范围逐渐扩大，保险公司开始对水体逐渐污染损失的赔偿责任承保。[②]德国保险业也不会一并排除合法操作设备造成的损害结果，目前的趋势是扩展环境责任保险范围而非进一步限制它。[③]而在美国，1983年，在Jackson Township案中，法官扩张解释了公众责任保险保单的承保条款。在该案中，保险公司认为污染是垃圾填埋场的有毒物质逐渐泄露造成的，而公众责任保单上写明了仅承保"突发性和事故性污染"，因此不予理赔。但法官认为突发并不仅指一瞬间，只要污染不是故意造成的，就属于事故的定义。[④]这样便将渐进性污染纳入承保范围之中。在我国，也有学者主张我国现阶段在推行强制责任保险制度时应当承保渐进性污染。其理由主要有三：(1)国际上对于渐进性与突发性污染事件区分极为困难，人为界定易导致诉讼泛滥；(2)环境污染多为渐进性污染，日后渐进性污染将成为污染形式的常态，拒绝承保渐进性污染将使环责险难以发挥应有的作用；(3)渐进性污染具有偶发性与未来性，问题在于风险测定。但风险测定需累积试错经验以及统计数据，在未来人类可能面临大面积的渐进性污染，因此承保渐进性污染宜早不宜迟。[⑤]因此，随着定价技术与统计经验数据的逐渐完备，渐进性污染将来应当会普遍纳入环责险的承保范围之中。

(三) 环境污染强制责任保险与环境污染任意责任保险

以投保人的投保自由度为标准，可分为环境污染强制责任保险与环境污染任意责任保险。立法上设立强制责任保险，主要是源于维护社会利益。因存在负外部性问题，行为人无需或者无法为自己污染行为的全部后果负责，因而存在投机行为。这种成本与收益的偏离使得政府需要用强制性的手段要求投保人投保环责险。在世界各国的立法例中，环境责任强制保险

① 叶宝荣：《论渐进性污染可保性限制的突破》，《保险职业学院学报》2015年第4期。

② 别涛：《国外环境污染责任保险》，《求是杂志》2008年第5期。

③ [德]格哈德·格瓦纳主编：《比较法视野下的侵权法与责任保险》，魏磊杰、王之洲、朱淼译，中国法制出版社2012年版，第127页。

④ 陈冬梅：《析美国环境保护立法、司法及环境责任保险市场的发展》，《东岳论丛》2012年第2期。

⑤ 程玉：《我国环境责任保险承保范围之思考：兼论渐进性污染的可保性问题》，《保险研究》2017年第4期。

的表现形式多种多样。如德国《循环经济法》《垃圾废物处理条例》规定，对于从事垃圾废物的收集、运输、储存、加工与处置的企业适用强制责任保险，包括环境责任保险、经营责任保险和车辆责任保险；《环境责任法》第19条中也规定，特定设施所有人必须通过提供责任保险、联邦或州政府的免除或保证或者金融机构的免除或保证来预先保障其赔偿义务的履行。①只不过这些强制责任保险的实施细则德国联邦政府还未公布。英国在《核装置法》中规定，安装者必须投保核责任险，对海洋油污损害责任、核反应堆事故责任等也要求投保强制责任险。②在巴西的一些州，环境责任保险也逐渐具有强制性，如巴西里约热内卢州2005年的一项修正案规定，从事可能造成环境恶化、对其他人和环境伤害活动的个人和法人都必须参加污染者民事责任险。③印度的强制保险具有两种形式，对于非国有公司实行强制保险，要求任何从事"危险物质"的制造、加工、处理、包装、储存、运输、使用、收集、销毁、转化、销售、转让或者类似活动的所有权人，在开始活动前，必须签订保险合同，从事危险物质作业活动期间必须被该保险完全覆盖④，对于国有公司则实行公众责任保险基金制度，各中央政府或各邦政府所有的公司需要在国有化银行中存入一笔钱，组成"环境救济基金"，由该基金承担分散风险的作用，其本质与强制责任保险无异。⑤在意大利，也存在着核损害赔偿责任保险以及沼气罐储存损害强制责任保险。在瑞士，瑞士联邦要求铁路相关公司、管道石油或天然气管道公司、核工厂、致病性材料管理人等必须投保责任保险。在我国台湾地区，其"石油管理法""海洋污染法""毒性化学物质管理法""煤气事业管理规则""民用航空法"等法律也均规定了强制责任保险。在我国香港地区，《商船〈油类污染的法律责任及补偿〉条例》规定，船东针对船舶排放或逸漏所载油类而引起的污染损害责任应当购买保险。⑥当然也有国家并不设立环境污染强制责任保险，如日本实践中多推行自愿

① 白江：《论德国环境责任保险制度：传统、创新与发展》，《东方法学》2015年第2期。

② 汤济世：《国外环境责任保险制度对我国的启示》，《现代商贸工业》2009年第6期。

③ 幸红：《环境污染责任保险制度探讨》，《广东商学院学报》2008年第6期。

④ 陈君：《关于完善我国环境污染责任保险制度的思考》，《北京理工大学学报》2009年第5期。

⑤ 熊英、别涛、王彬：《中国环境污染责任保险制度构想》，《现代法学》2007年第1期。

⑥ 孙宏涛：《保险合同法精解》，法律出版社2013年版，第199—204页。

性环境污染责任保险，没有推行相关的强制责任保险。[①]

就国际环境责任保险的图谱而言，有观点认为目前国际存在三种环责险制度模式：其一以美国和瑞典为代表，由政府或环保局发布行政命令要求企业主投保环责险；其二以英法为代表，任意责任保险为主，强制责任保险为辅；其三以德国为代表，以强制责任保险与财务保证或担保相结合。[②]但也有学者认为德国目前的环境污染责任保险制度模式与美国、法国等其他西方工业化国家并无差别，其环境污染责任保险更多情况下仅是财物担保的一种方式，立法要求财物担保但并不限于保险，因此企业具有一定的选择余地，因此依旧是以任意保险为主、强制保险为辅的制度模式。[③]抛开各国保险制度模式的不同，有一点可以明确：对于一些高风险污染行业如化工、核能厂以及石油生产运输等行业，立法普遍要求企业或个人投保责任保险或者类保险的财物担保方式。

我国在环境责任保险领域的立法延续了强制与任意相结合的模式。2002 年施行的《内河交通安全管理条例》第 12 条就规定了船舶污染损害责任的保险或财务保证制度；2017 年新修订的《海洋环境保护法》第 66 条规定："国家完善并实施船舶油污损害民事赔偿责任制度；按照船舶油污损害赔偿责任由船东和货主共同承担风险的原则，建立船舶油污保险、油污损害赔偿基金制度。实施船舶油污保险、油污损害赔偿基金制度的具体办法由国务院规定。"2008 年，环境污染责任保险制度试点继续在江苏、湖北、湖南、河南、重庆、沈阳等省市推行。承保对象初步确认为危险废物处置企业、垃圾填埋场、涉及危险化学品企业、石油化工企业、污水处理厂和各类工业园区等。[④]在贵州省环境保护厅、中国保险监督管理委员会贵州监管局联合印发的《贵州省关于开展环境污染强制责任保险试点工作方案》中，2018 年贵州也开始试点环责险，被列入土壤污染重点监管行业名录或者从事土壤污染修复的、生产或者使用Ⅱ类及以上高风险放射源的、近五年发生过较大以上突发环境事件的等 6 类企业将被纳入试点工作范围。对于投保企业，环保部门将在安排环境保护专项资金或重金属污染防治专项资金时予以倾

---

① 张兴伟：《日本环境污染赔偿责任保险的实践与启示》，《苏州大学学报》2016 年第 4 期。

② 张晓文：《环境责任保险的公益性》，《政法论坛》2009 年第 4 期。

③ 白江：《论德国环境责任保险制度：传统、创新与发展》，《东方法学》2015 年第 2 期。

④ 孙武军、顾久映：《环境污染责任保险制度的国际借鉴》，《经济纵横》2015 年第 6 期。

斜。随着环责险的不断深入，水污染责任险、大气污染责任险、海洋环境责任险、声震污染责任险，或包括核泄漏、核辐射、核污染、核爆炸在内的各种核事故责任险都可能被纳入强制责任保险的范畴。

强制责任保险在环境领域的推行，有助于强化行为人的主体责任，保障受环境污染侵害的受害者权益。不过强制责任不能代替商业性资源责任保险的作用，立法强制本身不能解决保险业技术层面以及商业考量上的问题，因此培育自愿性商业保险的市场土壤也应当是推进环责险发展的应有之义。

除了上述三种分类方式外，还有如按照投保人与被保险人的不同可以分为企业责任保险与个人责任保险、按索赔时限可分为事故型责任保险与索赔型责任保险[①]等。在此不再一一列举。

三、环境责任保险之特性分析

环境责任保险与一般的人身财产保险不同，传统人身财产保险所保障的是某些特定人，比如财产保险中保险标的为某一种财产权，当保险利益受到侵害时，保险人仅对在保险事故发生时具有保险利益的人给付赔偿金，如所有权人，财产权的权利人是特定的。人身保险中的受益人在被保险人未作出改变前通常也是特定的，且人数较少。因此传统人身财产保险更具有"私益"性质，立法上尊重投保人意思自治。但环境责任保险作为侵权责任社会化的具体体现，不仅延续了第三者责任险的第三人保险的特性，并且不断强化，使其不仅具有社会公益性，还具有正义性。

（一）公益性

环境责任保险属一般第三者责任险的范畴。责任险从最开始的纯粹补偿性保险，到如今已经逐渐发展为有利于受害人第三人的保险。我国《保险法》第 65 条第 2 款规定："责任保险的被保险人给第三者造成损害，被保险人对第三者应负的赔偿责任确定的，根据被保险人的请求，保险人应当直接

---

① 事故型责任保险中含有"落日条款"，自保险单失效之日起超过 30 年的，任何人向被保险人请求环境责任赔偿的，被保险人不得再请求保险人承担保险责任。而索赔型环境责任保险不存在这一条款，只要在保险单的有效期间内发生对被保险人的环境责任索赔事件，保险人都应当承担保险责任。参见阳路昭：《美国环境责任保险制度审视及启示》，《法学杂志》2005 年第 6 期。

向该第三者赔偿保险金。被保险人怠于请求的，第三者有权就其应获赔偿的部分直接向保险人请求赔偿保险金。"这种立法在一定程度上摆脱了索赔分离主义的限制，在原本不存在法律关系的第三人与保险人之间架起了某种债权债务关系，当满足一定条件时，第三者可向保险人直接请求赔偿保险金，且无需被保险人作出转让债权的意思表示。此种法定第三者请求权不仅具有弥补被保险人对第三者承担赔偿责任而遭受的损失，还具有保障受害第三人充分、及时获偿的公益性质。[①]环境责任保险作为责任保险的具体险种也天然具有公益性质。除此之外，环境污染造成的损害结果通常广泛深远，如在长江上游造成的水体污染可能影响整个长江流域的沿岸居民，环责险的受害第三人人数众多且不特定，在诉讼法上正在探索的公益诉讼便是一种例证，保险金的提早偿付有助于保护无辜第三人因环境污染责任而造成的利益损失。最后，环境责任保险也保护了后代人的利益。倘若由于被保险人无力承担损害结果，最终造成污染没有得到有效治理，这将会使得后代人的代际利益受到损害。[②]因此，从这种意义上而言，环境责任保险的"第三人性"进一步社会化，公益性进一步显现。

（二）正义性

人类缘起大自然，并改造大自然，运用大自然赋予的生产要素进行系统性的资源重组，使得人类文明在工业时代快速发展。但对环境资源的有效配置不代表可以对环境进行肆意的利用和践踏，特别是在超出自然内生净化承受能力之后，人类必须运用外力进行强制恢复。因此以《侵权责任法》以及《环境保护法》等环境法律为代表的国家强制力便介入人类的生产经营活动，以图纠正人类行为中利益与成本的偏离。但这种事后救济不一定使得人类的投机行为得到改变，当行动者的资产本身不可能负担环境污染的损害结果，但污染环境又能得到巨额利益时，由于受惩罚的概率以及收益风险的不对等，行动者依旧可能从事高风险的违法活动，这使得法律的救济与威慑作用双双落空。如果说对行为者威慑力的提升以《刑法》《行政法》为核心，那么对环境保护即受害第三人的事后救济措施便以环责险为代表。环

---

① 姜南：《论责任保险的第三人利益属性——解析新〈保险法〉第 65 条》，《保险研究》2009 年第 12 期。

② 张晓文：《环境责任保险的公益性》，《政法论坛》2009 年第 4 期。

责险的出现使得环境维护、修复的支出费用有所着落，实现环境要素的代际正义，同时有效保护受害第三人免于因污染者赔付不能而造成的二次伤害，充分体现了环责险的正义性。①

（三）限额性

环境责任保险是一种责任保险，不同于财产保险与人身保险，由于责任具有无形性，因此并不存在保险金额一说。但责任保险依旧存在限额，即保险人仅在事先约定的赔偿金额之内承担保险责任，超过限额部分由被保险人自行承担。这种限额形式多种多样，在实务中，通常存在四种基本形式：其一，约定保险期间累计赔偿额；其二，约定每次事故限额；其三，每次事故每人限额，即保险人对每次事故负责，且对每个受害人承担给付保险金责任；其四，被保险人自付额，即在被保险人承担自付额后，保险人承担溢额部分。②环责险承保的民事责任较为复杂，既包括财产损害赔偿、人身损害赔偿以及修复治理责任等，同时人数也不特定，因此保险限额条款的内在结构也会更为复杂。类似情形如交强险，交强险的赔付模式可分为四种，从对受害人的保障程度由高到低排列可分为：受害人概括限额、受害人分项限额、事故概括限额、事故分项限额。③这四种情况是由概括限额与分项限额模式、事故限额与受害人限额模式两两拆分后排列组合而来的。前者以赔偿项目为区别标准。概括限额意味着死亡伤残、医疗费用、财产损失各分项之间可相互打通，某一分项赔偿额没有用尽的情况下可分拨给其他项，而分项限额模式下各分项之间相互独立，各分项赔偿限额只赔付相对应的领域，“财产的归财产，人身的归人身”。因此分项限额下只要没有出现财产损失，哪怕死亡伤残领域“洪水滔天”，财产领域亦是岿然不动。相比之下，分项限额对受害人而言更为不利。后者是以受害人人数为区别标准的。受害人限额指赔偿总限额随着受害人人数的增加成比例增加，即总限额等于受害人人均应得之总限额乘以受害人人数，而事故限额则不论受害人多少，其赔偿限额固定不变，即受害人一人与受害人多人的赔偿总限额是一样的。相比较而言，事故限额对受害人更为不利。因此事故限额与分项限额所组成的

---

① 王莉：《以环境正义为逻辑基点的环境侵权救济制度完善框架》，《郑州大学学报》2017年第2期。

② 孙宏涛：《保险合同法精解》，法律出版社2013年版，第126页。

③ 韩长印：《我国交强险立法定位问题研究》，《中国法学》2012年第5期。

“事故分项限额”模式对受害人的保护程度是最低的。而受害人限额与概括限额所组成的“受害人概括限额”模式对受害人保护程度最高。我国交强险目前采用的是“事故分项限额模式”。[①]环责险承保之民事责任内容复杂且事故中人数的不特定,因此何种限额结构更好还需进一步探索。

第二节 环境责任保险的制度价值分析

以责任保险作为防范环境污染风险的法律技术手段,是经济制度与环境侵权民事责任特别法高度结合的产物。[②]2006年6月,国务院《关于保险业改革发展的若干意见》首次提出在我国“发展环境污染责任等保险业务”,此后,国家和相关部门就环境责任保险的推进、落实陆续出台了一系列法律法规和政策文件。2017年6月,环保部与保监会共同制定发布了《环境污染强制责任保险管理办法(征求意见稿)》,标志着我国环境责任保险制度开始转向政策强制,也体现了环境责任保险在促进我国环境风险管理和环境保护方面具有显著的作用价值。

环境责任保险制度的确立,是将保险风险补偿、风险转移、风险分散、风险防范的功能充分应用于环境污染事故的防范和治理,对环境污染事故被侵权人和污染行业企业而言,具有十分重要的意义。在当前我国经济发展方式转型,绿色金融体系构建和实践的背景下,保险公司推出环境责任保险产品,不仅是为了满足国家政策和保险市场的需求,有利于丰富和完善我国环境保险体系,增强我国保险公司在国际市场上的竞争力,而且也是我国保险公司维护环境生态,承担社会责任的重要体现。引入第三方保险公司介入环境污染的防范和治理过程中,不仅进一步弥补了我国传统环境污染救

① 我国《交强险条例》第23条规定:“机动车交通事故责任强制保险在全国范围内实行统一的责任限额。责任限额分为死亡伤残赔偿限额、医疗费用赔偿限额、财产损失赔偿限额以及被保险人在道路交通事故中无责任的赔偿限额。”该条排除适用概括限额模式,确定了分项限额模式。同时在经保监会批准、保险行业协会制定的《交强险条款》第6条中又规定:“交强险合同中的责任限额是指被保险机动车发生交通事故,保险人对每次保险事故所有受害人的人身伤亡和财产损失所承担的最高赔偿金额。”可见该条排除了受害人限额模式,确立的事故限额模式。结合来看,我国采用了对受害人保障程度最低的事故分项限额模式。

② 王明远:《环境侵权救济法律制度》,中国法制出版社2001年版,第147页。

助体系“短板”，而且通过保险公司对环境污染风险的监测和预警，也有利于促进我国政府转变环境管理方式，提高环境治理效率，有利于宣传推广环境保护理念和责任意识，推动实现我国环境保护发展和生态文明建设。

一、对环境污染事故中被害人的保护

（一）降低索赔难度，保障被侵权人的合法权益

环境污染事故的危害结果往往波及范围广，涉及被侵权人数量众多，产生的损失金额较大。我国立法上对环境污染事故采取的是侵权责任认定，遭受环境污染侵权的被侵权人可以依法向人民法院提起诉讼，要求责任人承担民事侵权责任。我国《环境保护法》第 58 条还确立了环境污染事故的公益诉讼制度，但诉讼时间长，即使最终胜诉，也由于环境污染事故责任人赔偿能力有限等原因，使得被侵权人难以获得及时合理的经济赔偿，严重损害被侵权人的合法权益。

通过引入环境责任保险制度，由可能造成环境污染事故的企业按照一定的保险费率进行投保，在环境污染事故发生后，保险公司就可以依照保险合同条款直接对环境污染被侵权人给予保险赔偿，这样不仅降低了被侵权人的侵权索赔难度，缩短了被侵权人获得经济赔偿的时间，而且通过保险杠杆作用，相对于环境污染事故的责任企业，保险公司能够对被侵权人进行更为合理的赔付，降低被侵权人的损失，更好地保障被侵权人的合法权益。

（二）缓和调解社会矛盾，稳定社会秩序

在 20 世纪 80 年代及其后的一段时间，我国的环境污染问题主要集中在城市，贫困问题主要集中在农村，但经过几十年的发展，城市环保意识不断增强，开始把一些高污染的企业转移到农村，表面上虽然给当地的人们提供了一些就业机会，增加了家庭收入，但是却给当地的生态环境和人们的身体健康造成了严重的危害。①由于农民普遍受教育程度低，对环境污染的自身防范意识较差，为了追逐农业经济利益的增长，减少资本投入，他们可能会在被污染的土地上种粮种菜，用被污染的水进行灌溉，这样生产出来的农

① 李明慧、张瑞芳等：《环境污染转移对中国农村可持续发展的影响》，《中国农学通报》2012 年第 28 期。

作物或留着自用，或运输到市场上进行出售，而农作物中所吸收的土壤、水质中的污染物质也随着食物链进入人体，严重威胁着广大民众的身体健康和人身安全。有资料显示，因环境污染导致的食品中毒事件每天都在发生。

在环境污染事故中，造成环境污染事故的责任人多是具有相对较强经济实力的企事业单位。某些地区地方政府为了发展当地经济，招商引资的积极性很高，一些地方迫于应对地方政绩考核的压力，袒护当地污染企业，忽视公众维权意识宣传，甚至干扰受害人正常维权行为的情况屡有发生。①由于当前我国环境污染侵权相关的法律法规还不完善，事故责任企业与环境污染被侵权人之间的地位不对等，遭受环境污染侵害的公众很难得到合理的经济损害赔偿，其结果是导致社会矛盾不断激化，不利于社会的稳定和谐。对此，保险公司虽然是代替事故责任企业对环境污染损失进行赔偿，但是是以独立的第三人身份介入，不会引起被侵权人的排斥，避免了事故责任企业与被侵权人直接就环境污染事故损失进行赔偿协商可能导致的矛盾激化。

因此，环责险制度的推行，一定程度上能够起到缓和、调解社会矛盾，稳定社会秩序，保障国家和社会健康发展的积极作用。

二、对污染企业的救助

（一）转移事故赔偿责任压力，帮助企业快速恢复生产

我国侵权法上对环境污染事故责任采取的归责原则主要是无过错责任，企业一旦引发环境污染事故，无论是否有过错，都应当承担损害赔偿责任。由于环境污染通过空气、水、土壤或其他介质影响社会大众，使得环境侵权行为的受害者呈现出受害主体广泛的特点，众多的赔偿人数使得环境污染损害赔偿的金额往往是十分庞大的。环境污染事故责任人通常因为资金限制等原因不具有对其造成的环境污染后果进行赔偿的能力，只能被迫宣告破产偿还债务，造成行业及地区经济的损失。

通过在环境责任领域建立保险制度，采用责任保险的保险类型，由可能

---

① 黄若霖：《我国环境污染责任保险的推行困境及破解思路——基于福建省泉州市环境污染责任险试点实践》，《福建金融》2017 年第 3 期。

造成环境污染的污染行业企业通过缴纳保险费的方式建立一个庞大的基金体系，将未来可能发生的环境污染侵权损害赔偿责任转移给保险公司，保险公司再对风险进行社会化分散。投保环境责任保险的污染行业企业实际上是以保险公司为中心形成的一个风险共同体，由每个投保企业为其可能发生的环境污染事故提前“埋单”，当其成员发生环境污染事故时，造成的事故损失赔偿责任实际上就由所有的投保企业进行分担，使得发生环境污染事故的该成员的事故赔偿压力得以分散和转移，能够有效缓解企业资金压力，实现污染快速治理，化解纠纷矛盾，及时恢复生产，避免因污染事故发生而对企业正常生产经营可能带来的严重影响。

（二）督促企业完善环境风险管理，保证企业科学、可持续发展

环境属于公共资源，环境问题具有“负外部性”，企业在决定生产、投资、消费等活动时，往往只从自己的角度考虑所面临的各种选择的成本和收益，而对经济活动所需的环境要素的投入和产出，特别是由此产生的广泛的社会后果（如对财产、人体健康、生产生活活动、环境的舒适性以及环境美学价值的损害等），却没有或者没有完全折合成与企业经营效益有关的成本和收益，因而不能影响其决策。①但是，自然环境与企业的生存发展紧密相关。首先，自然环境为企业的生产、运营、管理等经济活动提供必须的空间，良好的环境是企业的有效安身之所；其次，自然环境中所蕴含的各种物质资源被应用于企业的生产经营过程中，成为企业产品开发、生产的重要原材料，自然环境的各种变化亦影响着企业的未来发展决策和策略，一定程度上推动企业不断进行技术创新与工艺改革；最后，企业作为市场经济的主要参与主体，也是引发环境污染的重要因素，环境保护是企业应履行的社会责任。②因此，企业对待环境问题的态度，影响着企业经济生产活动的正常开展，也决定着企业未来在市场上的长期竞争力。

企业通过投保环境责任保险，使得保险公司的介入、督促，配合市场竞争机制的作用，“倒逼”企业加大生产经营过程中的环境污染风险管理，将重心更多地投入到环境风险的事前防范，而非污染事故发生后责任的承担或

① 庞楷、毕莎莎：《我国环境污染责任强制保险机制研究》，《甘肃金融》2015 年第 5 期。

② 杨旭博、王世盛：企业环境保护管理的战略化，载 http://www.sohu.com/a/205822133_475918，2019 年 5 月 20 日。

逃避。从当前我国及其他国家和地区的实践来看,保险公司在环责险保险费率的制定上,通常将所承保的保险费率与投保企业的出险情况挂钩,采用浮动费率制。在一定期间内,如果投保企业未引起环境污染事故,则相应地下调其后续年度投保环责险的保险费率;如果投保企业在期间内发生环境污染事故,保险公司则根据其污染事故发生的次数及污染事故损失和影响的程度对投保企业后续年度的环责险保险费率进行相应幅度的上调。在我国实行推行企业强制投保环境责任保险的前提下,投保企业为了降低自身在环境责任保险保费上的投入,就必须更加重视企业的环境风险管理,这样一来,环责险就从市场经济的角度,对企业加强环境风险管理和环境保护,起到了积极的促进作用。

另一方面,保险公司亦是具有营利目的的金融机构,其承保环境责任保险后,即成为环境污染事故的第三方赔偿责任主体,为了尽可能地减少未来可能发生的保险赔付支出,保险公司会更多地发挥监督、协助作用,深入企业内部进行检查评估,从事前、事中到事后各个环节进行层层介入,督促和帮助企业增强环境污染风险防范意识和风险识别能力,提高企业环境污染风险管理水平,促进企业加强生产经营全过程的环境污染风险管理,建立和完善企业环境污染风险管理体系,从源头上对环境污染风险进行防范和治理,将污染事故扼杀在萌芽状态,是企业前瞻型环境战略的体现。

此外,企业通过缴纳一定金额的环责险保费,就能在企业引发环境污染事故后,获得保险公司的赔付,转移和分散企业在发生环境污染事故后的高额赔偿责任,降低企业经营风险,使企业能够将更多的时间和精力专注于产品的开发创新、生产技艺和流程的改进,保障企业未来的运营发展。以当前较小的成本支出换取未来对于环境问题的高风险赔付的转移,这是企业承载环境成本的良好选择,也是企业环境风险管理体系的必然要求。

相关学者的研究显示,重污染企业经济绩效与环境绩效之间存在双向正相关关系。环境绩效越好,经济绩效越好,经济绩效的改善又可以进一步促进环境绩效的改善。[①]企业通过投保环责险,努力降低环境污染风险,提高企业环保责任意识,也会相应地带来企业品牌形象的提升和社会信誉的

① 何林涛:《重污染企业经济绩效与环境绩效关系的实证研究——基于联立方程组模型的分析》,《上海管理科学》2017 年 36 卷第 6 期。

增强，使得消费者更加愿意消费这些绿色行业或者企业的产品，使其获得更好的经济效益，保证企业的科学、可持续发展。

（三）增加企业信用，提高企业绿色信贷借贷能力

全国人大代表、中国保监会统计信息部主任向东在提案中指出，建议地方政府将高污染、高能耗企业是否投保强制环责险作为信贷审批、污染治理资金安排及环保评优评先的先决条件，对参保企业在企业信用评价等级评定时加分，对参保不积极的高污染企业在等级评定时扣分，引导金融机构将结果与绿色信贷挂钩。保险分析人士解释说，绿色信贷在将环境因素纳入贷款、投资和风险评估程序之中后，通过绿色资产负债表、绿色利润表和绿色现金流量表来反映企业生产经营的"绿色"成分，在此基础上，对有污染的企业的贷款实施惩罚性高利率；对有严重污染的企业不对其贷款；对有良好环保记录的企业提供优惠贷款；对企业贷款用于改善环境污染问题的项目予以大力度支持。①信贷资金是企业正常生产运营的重要资源，通过投保环境责任保险，有利于增加企业信用，提高企业绿色信贷借贷能力，促进企业的长期稳定发展。

许多地区都将环境保护评价因素纳入企业的信贷信用考虑范畴，如江苏省在推进环责险的过程中，即专门设置了一项鼓励环境风险企业投保的指标，有关企业不投保虽然不扣分，但投保便可加 5 分。对此，实践中有的企业评价分数处在分数段边缘，如果投保加 5 分，就可以维持信用等级。同时，江苏省环境保护厅还与省信用办、工商、银监、财政、科技、税务、银行业金融机构等都建立了信用信息共享机制，实行联动激励惩戒。由于企业环境信用评价结果应用面广，涉及企业授信和财政资金的申请等，企业往往为了提高信用等级积极投保，从而达到鼓励企业投保的目的。②

三、对保险公司业务的推动

（一）迎合国家政策，助力绿色金融发展

自 2016 年 G20 杭州峰会将绿色金融纳入会议议程以来，绿色金融开

---

① 王春燕：《产业绿色保险，风要借好力》，《中国石油和化工》2017 年第 2 期。
② 贺震：《江苏环责险缘何一枝独秀？》，《环境经济》2016 年第 Z3 期。

始逐渐成为全球性的热门话题。绿色金融是指金融部门把环境保护作为一项基本政策,在投融资决策中要考虑潜在的环境影响,在金融经营活动中注重对生态环境的保护以及环境污染的治理,通过对社会经济资源的引导,促进社会的可持续发展。对此,保监会副主席梁涛在 2016 年绿色金融论坛上肯定了保险业在助力绿色金融发展中的积极作用。"保险业本身就是绿色产业,在推进绿色发展中大有作为。"环境责任保险是针对以企业发生环境污染事故对第三者造成的损害依法应当承担的赔偿责任为标的的保险,与环境污染风险挂钩的浮动保险费率和保险公司对污染行业企业的持续督导,有利于从源头上对环境污染风险进行防范和治理,其本质是一种以金融手段加强环境保护的有益尝试,是绿色金融在保险业的重要表现形式,因此许多学者都直接将环境责任保险称作为"绿色保险"。保险业作为"经济助推器"和"社会稳定器",环境责任保险为处理环境问题提供了一种新思路。同时,基于承保环境责任保险的风险成本驱动,为了尽可能地降低保险公司的环境污染事故赔偿,保险公司会逐渐从"注重保费收取"转变为"注重风险监管",加强企业环境污染风险的防范和治理,降低环境污染事故的发生几率,使得整个社会的环境保护和环境治理效率得到有效提高,这也是保险公司积极承担社会责任、实践环境保护理念、助力绿色金融发展的重要体现形式。环境责任保险是环境友好型产品,建立完善以环境责任保险为主体的绿色保险体系,为环境保护提供相应的保险制度安排,是国家经济发展政策和保险市场发展的需求,是时代赋予保险业的神圣使命,发挥环境保护政策工具协同效应的内在要求,成为我国治理环境污染、发展绿色金融的重要支持机制。

(二)促进保险专业能力提升,增强企业竞争力

环境责任保险在我国具有广阔的发展空间,环境责任保险的未来发展也将会对我国保险公司的发展起到积极的促进作用:第一,环境责任保险是环境保护政策驱动下的环境产品,具有政策强制性。随着强制环境责任保险制度的不断推行,投保企业将会不断增加,再加上环境责任保险承保标的的特殊性,相应的保费也较多,环境责任保险市场将会是保险公司未来不断竞争的一块重要领域。第二,环境污染事故一旦发生,面临的将是高额的环境责任保险赔付,保险公司能够具有充分的保险赔付能力是保险公司向其客户展示其承保优势的重要条件，这也对保险公司的风险分散和资金管理运用能力提出了更高的要求。第三，随着科技的不断发展，“大数据”将会在未来经济金融市场上体现出其独特的优势，通过承保环境责任保险，保险公司能够建立起投保企业环境污染风险相关的数据库，了解投保企业的环境风险信用与可持续经营能力，能够为未来的数据分析和保险数据精算积累有利的基础。保险的运营主要也是依赖“大数法则”和“保险精算”，谁能在环境责任保险市场上建立丰富有效的数据资源，谁就获得未来环境责任保险市场，甚至整个保险市场的优势竞争地位。因此，为了更好地抓住环境责任保险所带来的保险发展机遇，增强保险公司在未来市场上的竞争力，保险公司应当更多地发挥主动性，创新保险产品开发与服务，培养高素质的专业保险人才和管理人才，增强环境责任保险承保与风险分散等专业保险能力，帮助客户有效地规避环境污染风险。

四、对国家与社会的环境保护的推动

（一）社会化分担环境责任，体现公平正义

环境污染问题多属于严重的社会性侵权现象，环境侵权的原因行为往往具有社会合法性、价值性，是经济发展的衍生行为，其产生的损害是人类社会福利的副产品，无论是同一代的还是不同代的自然人、法人、国家或组织都可能成为环境污染事故的侵权人。[①]我国立法上对环境污染事故责任采取的是侵权法上的责任承担机制，环境污染事故的赔偿责任应当由污染事故的侵权行为人承担，但是由于环境污染事故的发生具有间接性、累积性、复合性、长期性和继承性等特点，污染事故危害的结果通常并非由某一主体单独造成，其危害结果的表现和影响也具有一定的累积特性和时间跨度。因此，依照传统侵权行为法的因果关系赔偿要件，难以将被侵权人所受到的巨大损害落实到具体的环境污染事故侵权行为人，即使能够确定具体的环境污染事故行为人，也往往由于行为人赔偿能力有限等原因，无法及时有效地对被侵权人的损失进行救济，更毋论支付高额的环境

① 谢甲锋、陆志明等：《论构建我国环境责任保险制度的价值取向和发展对策》，载《2005 年中国环境资源法学研讨会论文集》。

修复成本。

“分散社会上发生的各种损害也是侵权行为法的一个目的，出于维护公平正义、照顾弱者、稳定社会的政策考虑，现代侵权行为理论和制度的一般发展趋势是侵权损害填补责任社会化。基于正义的要求，于特别情势下，对虽无直接或间接过失之行为人亦应课以损害赔偿责任。”[①]环境责任保险制度即是符合现代侵权行为理论和现代环境责任社会化理论的发展趋势，由可能造成环境污染事故的污染行业企业形成风险共同体，按照一定的保险费率缴纳保费，提前为自己可能污染环境的行为买单，污染事故发生后，再通过保险公司对被侵权人的损失进行赔偿。因此，这一特性使得最终环境污染事故所造成的损害赔偿责任实际得以分配给潜在的可能侵权行为人承担，符合“谁污染，谁买单”的国际通行准则。同时，企业投保环境责任保险，通过保险公司的风险分散机制，将环境污染事故行为人与被侵权人之间的私人损害赔偿予以分散和社会化，将传统的损害赔偿自己责任转化为责任社会化的损失分担，解决了侵权责任承担与环境污染侵权行为间接性、累积性、复合性等特点之间的矛盾，实现了侵权行为、危害结果与侵权责任承担之间的有效衔接，这也是社会公平正义的体现。

（二）引入市场力量，弥补传统环境污染救助体系“短板”

从我国及其他国家的具体实践来看，对环境污染事故造成的损害救助主要有侵权行为人赔偿、国家救济、社会救济、基金救济、国际救援等几种方式。侵权行为人是否有足够的经济赔偿能力与救助效果密切相关。我国每年突发环境污染事故有数百起，其中很多事故发生后都由于责任企业倒闭等原因无法支付足额的环境修复成本和损害赔偿费用，最终给环境污染事故被侵权人的生命和财产安全带来严重的影响，这样的责任最后又转由政府和国家补偿来“兜底”，无疑是变相增加了国民税收负担，并且用全社会资金来为实施环境污染行为的个别企业“埋单”，也有失社会公允，甚至可能导致地方财政支付风险。[②]社会救济和国际救援完全依赖于救助者的自愿行为，都具有不确定性，不可能成为环境污染事故的常规救助方式；基金救济虽然借助了一部分市场的力量，但在环境污染风险识别和管控方面的作用

---

① 王明远：《环境侵权救济法律制度》，中国法制出版社 2001 年版，第 134—135 页。

② 刘潇艺：《环责险提供了几重保障？》，《中国环境报》2017 年 10 月 15 日。

较弱，有限的基金能否承担所有的损害赔偿责任也存有疑问。[1]这些传统环境污染救助方式都是在环境污染事故发生后，对污染事故所造成的损失进行补偿和救助，缺乏前瞻性，没有真正意义上的对环境污染风险进行防范和管控，只能起到"填补"的作用，而不能从根本上有效降低环境污染事故的发生可能。

环责险作为环境污染救助体系的新途径，是以企业发生环境污染事故造成损害所依法应当承担的赔偿责任为标的进行保险，其作用机理是运用保险经营"大数法则"，科学合理地厘定保险费率、收取保费，在环境污染事故发生后，以保险赔付为投保人之外的第三者——环境污染的被侵权人提供权益保护的救助机制。环责险将金融市场的力量引入环境污染救助中，将环境污染损害的赔偿责任社会化，增加了环境污染的赔付资金来源，扩大了环境污染救助体系的架构。相对于传统环境污染救助方式的被动性和滞后性，环境责任保险更注重于对环境污染风险的防范和管控，通过发挥保险公司在承保环境责任保险过程中对投保企业的筛选评估和对企业环境污染风险管理体系完善的督导协助作用，有助于培养企业主的环境保护和环境责任意识，从源头上降低环境污染事故的发生风险，更加具有主动性。显然，环境责任保险在管理环境污染风险，解决环境污染问题上，能够有效地弥补传统环境污染救助体系的"短板"，更好地发挥对环境污染和生态损害的救济功能。

（三）促进政府管理方式转变，创新社会管理

当前，我国仍然处于环境污染事故高发期，污染隐患多，渐发、突发和意外的污染事故频率高，再加上环境问题的"负外部性"，市场主体对于环境资源的不利影响通常转嫁由政府公共资源承担。而一直以来，我国政府对于环境问题的治理还局限在环境污染事故发生后的补偿救济和事后的环境修复治理两个方面。根据相关数据显示，我国每年用于环境污染治理的财政支出都达千亿元，并且环境污染治理投资规模整体还保持着上升趋势，对我国政府行政职能的发挥以及国家、地方的财政经济都带来了较大的压力。

---

① 杨济时、雷涛：《环境污染责任保险发展简论》，《上海保险》2009年第11期。

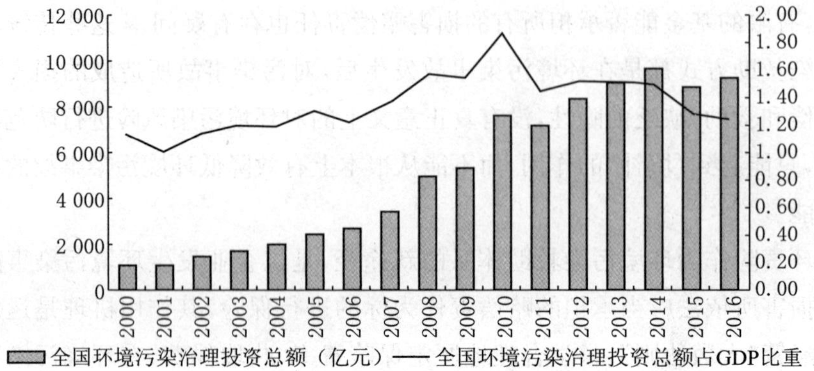

图1　我国环境污染治理投资额

图表来源：http://huanbao.bjx.com.cn/news/20180208/879954.shtml，2018年2月28日。

除经济补偿功能外，环责险最大的功能在于环境污染事故事前、事中以及事后的防损减损。有实力的保险公司在推进环境污染责任保险工作时，会在环境风险防范方面积极作为，对企业开展“环保体检”，查找企业可能存在的环境风险隐患，提出整改建议，并将发现的环境风险隐患通报环境保护部门，为加强环境风险监督提供支持。美国意尔姆环境资源管理咨询公司(ERM)案例即是这一功能价值的充分体现。

此外，保险公司通过对企业发生环境污染事故的各个环节进行调整，对事故原因进行调查、分析，将企业的环境风险受体、风险物质、管理水平及规模等数据全部持续纳入数据库，能够积累起丰富的环境数量基础，再借助互联网技术和大数据技术进行有效分析，就能够建立起针对企业环境污染风险的科学评估体系和面向环境责任保险投保主体的实时动态环境污染风险监测及预警机制。政府部门通过与保险企业建立起信息共享平台，就能够将保险公司的这些数据和信息资源有效利用到政府对环境问题的管理和解决上来，使得相关政府部门可以将环境管理的着眼点从事故发生后的行政处罚、“兜底埋单”转变为对企业环境污染事故发生前的风险预防和风险控制，将“污染末端治理”转变为从“污染源头”上进行管控，进而延伸到“污染全过程控制”。①

① 由无锡市环境保护局、人保财险无锡分公司主持，无锡市弘复环保科技有限公司全程提供技术支持，推出了环责险环境信息云平台和环责险信息云平台移动端，打造了全国领先的互联网＋环境安全新模式。这一模式为环保部门与企业架起一座无障碍沟通信息桥梁，为环保监管部门提供了有力的环境风险数据与分析，有效地辅助转变环境管理方式，提升环保部门的环境监管效率。

此外，借助保险公司在环境责任保险承保过程中积累起来的事故处理和污染治理经验，也有助于政府为日后可能发生的环境污染事故拟定合理有效的针对性治理预案，提高政府环境治理效率。

（四）推广环境保护理念，促进生态文明建设

2012年，生态文明建设正式纳入国家"五位一体"的总体布局，但是由于我国长期以来粗放型的经济发展模式，公民对环境污染问题习以为常，当受到环境污染侵害时，很少用法律武器维护自身权益。环境责任保险是以企业产生环境污染赔偿的责任风险作为承保标的，是保险公司响应国家金融环保政策，适应保险市场发展需求所推出的具有环境保护理念的绿色保险产品，有利于环境责任和环境保护理念不断深入人心，提升全社会环境保护和环境责任意识，促进我国生态文明建设和生态环境保护进一步发展。

对此，第一，随着环境责任保险制度的不断发展和完善，保险公司对企业环境风险的数据不断积累，能够为政府、企业及社会公众创新发展更多行之有效的环境保护和环境治理手段提供数据和理论参考，有助于我国环境管理进一步丰富和完善。第二，政府为了保证环境责任保险的不断推行，相应地会出台一系列环境责任保险相关的法律法规和政策文件，对环境责任保险的重复提及和不断的制度完善，能够对社会公众产生潜移默化的影响，有助于宣传推广环保理念，提高社会公众的环境保护意识和环保维权意识。第三，通过对污染行业的强制投保环境责任保险，以及社会公众积极响应和监督，能够对污染行业企业形成环境保护和治理压力，增加企业主环保责任意识，促使企业主不断改进生产经营方式，淘汰落后产能，由"高能耗、高污染"转向"低能耗、低污染"，进而转变行业经济发展方式，发展绿色产业。

第三节　环境责任保险功效之多维审视

环境责任保险，是指以被保险人因污染环境而应承担的环境赔偿或治理责任为标的的责任保险。①环境责任保险又称"绿色保险"，其在各个国家名称有所不同。如英国称之为环境责任损害保险和属地清除责任保险；在

① 邹海林：《责任保险论》，法律出版社1999年版，第100页。

美国，环境责任保险又称为污染法律责任保险。[①]按照太平洋财产保险股份有限公司销售的环境污染责任保险单的规定，在保险期间或追溯期内，被保险人在保险单明细表中列明的地点范围内依法从事正常生产经营活动过程中，由于意外事故导致环境污染，造成第三者人身损害或直接财产损失，且该第三者在保险期间内首次向被保险人提出损害赔偿要求，依据中华人民共和国法律应由被保险人承担民事赔偿责任，保险人将根据本合同的约定，在保险单中载明的赔偿限额内负责赔偿。[②]在我国，随着社会经济的快速发展，环境污染问题已成为经济发展过程中面临的严重问题，近几年来全国各地多次出现严重污染的事故，2012 年年底到 2013 年年初，全国大范围的雾霾天气更加凸显了上述问题的严重性。[③]在环境污染事故发生后，如何给予受害人充分、及时、有效的赔偿并尽量减少因环境污染事故导致的社会问题的发生，已成为各级政府关注的焦点。在上述背景下，环境责任保险从幕后走到了前台，开始受到更多的关注。

2007 年 6 月，国务院制定的《节能减排综合性工作方案》在加强节能环保领域金融服务部分中明确提出"研究建立环境污染责任保险制度"。2007 年 12 月，原国家环境保护总局与中国保险监督管理委员会联合印发了《关于环境污染责任保险工作的指导意见》，部分省份开始试点推广环境污染责任保险。2011 年 10 月，国务院发布的《关于加强环境保护重点工作的意见》在实施有利于环境保护的经济政策部分中指出"健全环境污染责任保险制度，开展环境污染强制责任保险试点"，全国多个省份启动了环境污染责任保险试点工作。[④]2013 年 1 月，环境保护部与中国保险监督管理委员会联合下发《关于开展环境污染强制责任保险试点工作的指导意见》，明确规定在涉重金属企业、石油化工企业以及生产、储存、使用、经营和运输危险化学品等企业中强制推行环境污染责任保险。从上述文件的颁布不难看出，中

---

① 李志学、王小凡：《中国建立环境责任保险制度的路径与选择》，《环境污染与防治》2013 年第 5 期。

② 参见太平洋保险股份有限公司网页，http://www.cpic.com.cn/cx/upload/Attach/infordisclosure/5810481.pdf，2018 年 4 月 5 日。

③ 孟子艳、李鑫：《利益相关者理论视角下的环境污染强制责任保险》，《资源开发与市场》2014 年第 4 期。

④ 张娟、贾惜春：《我国环境污染责任保险产品现状及推进措施》，《环境保护与循环经济》2014 年第 4 期。

央政府对环境污染责任保险日益重视，并对其寄予厚望。事实上，环境污染责任保险除了能够分散投保企业的环境侵权责任风险、保护环境污染事故受害人的合法权益、监督投保企业预防环境污染外，还能减少因环境污染事故导致的社会矛盾，进而有效遏制环境群体性事件并有利于维护社会的和谐稳定。

一、分散投保企业的环境责任风险

保险的功能在于将单一主体承担的损失风险转嫁给拥有强大经济实力的保险公司承担。①从广义上讲，企业的环境风险主要包括五大类：(1)刑事责任和罚款；(2)清理费用，即清除污染物质、恢复污染地原貌而支付的费用；(3)因污染而造成的对第三者身体的伤害和财产的损失；(4)因污染而造成的本企业停工的损失；(5)因污染而对本企业名誉和公共关系的损害。②基于公共政策的考量，对于第一类风险，即企业的刑事责任和罚款，无法纳入保险的承保范围中。此外，对于第 4 类及第 5 类风险，即因污染造成的企业停工的损失及对企业名誉和公共关系的损害，因为是企业自身的损害所以也无法纳入环境责任保险的承保范围之中。因此，保险公司销售的环境责任保险单通常仅将第 2 类及第 3 类风险纳入其承保范围之中。对于众多企业而言，其投保环境责任保险的直接目的就是转移自身的环境责任风险，避免由于承担过重的环境赔偿责任而导致企业经营困难甚至陷入破产的境地。

在我国，近年来，重大环境污染事故频发并导致巨额损失。据不完全统计，2002—2012 年十年间我国环境污染事件总计达 17 543 起，每年平均发生 1 700 多起，95%以上的环境污染事发企业没有投保环境污染责任保险。③而 2005 年至 2009 年间全国发生突发性特大或重大环境污染事故就高达 653 件，且呈不断增长之势。④由此可见，近年来，我国的环境污染事故频发，造成的损害后果极其严重。例如，2003 年 12 月 23 日，发生于重庆开

---

① Benjamin J. Richardson, Mandating Environmental Liability Insurance, Duke Environmental Law and Policy Forum, 2002, v.12, p.293.

② 陶卫东：《论中国环境责任保险制度的构建》，中国海洋大学博士学位论文 2009 年。

③ 唐金成、江宏业：《环境污染责任保险运营模式研究》，《海南金融》2014 年第 1 期。

④ 胡艳香：《环境责任保险制度的正当性分析》，《法学评论》2011 年第 5 期。

县境内的天然气井喷事故，导致 243 人因硫化氢中毒死亡、2 142 人因硫化氢中毒住院治疗、65 000 人被紧急疏散安置、直接经济损失 6 000 余万元人民币的严重后果。①2004 年 2 月至 3 月，位于长江上游一级支流沱江附近的四川化工股份有限公司第二化肥厂违规技改并试生产，设备出现故障，氨氮含量超标数十倍的废水排放导致沱江流域严重污染，造成沿江县市近百万群众饮用水暂停供应，沱江鱼类大量死亡，直接经济损失为 3 亿元，预计生态环境恢复需 5 年时间。②2005 年 11 月 13 日，吉林石化分公司双苯厂硝基苯精馏塔发生爆炸，松花江受到严重污染，苯超标一度达 108 倍，被污染江水的长度超 1 000 公里，直接经济损失 6 908 万元，并引发松花江严重水污染。③

在上述环境污染事故发生后，污染企业通常承担着沉重的损害赔偿责任，仅凭企业自身之力通常无法负担如此沉重的损害赔偿责任。此时，环境责任保险的重要性就凸显出来。从本质上讲，保险是一种风险分散工具，借助该种工具，风险厌恶主体可以用支付较低保费为代价将其可能遭受的某种风险转移给风险中立主体，即保险公司承担。④虽然许多投保企业规模和实力都较为强大，但其仍然属于风险厌恶主体，因为一旦环境污染事故发生给其带来的损害会远远大于其支付的保费，从这种意义上讲，环境责任保险的存在为那些作为风险厌恶主体的投保公司提供了较为理想的风险分散方法，即以支付较低数额的保费为代价将环境污染事故发生时的巨额赔偿责任转移给保险公司承担，由此，分散了投保企业的环境责任风险。

二、保护环境污染事故受害人之合法权益

补偿受害人遭受的损害是现代侵权法最基本的功能。⑤但是应当看到

① 范卉：重庆法院明将宣判开县“12-23”特大井喷事故案，载 http://www.chinanews.com.cn/news/2004/2004-09-03/26/480281.shtml，2019 年 5 月 9 日。

② 四川沱门污染经济损失 3 亿元生态环境恢复需 5 年时间，载 http://news.sina.com.cn/c/2004-04-16/10342318194s_shhnl，2019 年 4 月 15 日。

③ 国务院对吉化爆炸事故松花江水污染作处理，载 http://news.sina.com.cn/c/2004-04-16/10342318194s_shhnl，2019 年 5 月 7 日。

④ Louis Kaplow, Steven Shavell, Fairness Versus Welfare, Harvard Law Review, 2001, v.14, p.961.

⑤ 许传玺：《中国侵权法现状：考察与评论》，《政法论坛》2002 年第 1 期。

的是，由于侵权责任本身是一种追究个人责任的机制，因此其在损害赔偿上的局限是制度性的。①即使在侵权法中广泛推行严格责任这种归责原则也没有打破受害人与侵权人的两极格局。②按照侵权法的规定，被害人所受的损害转由加害人承担，让加害人承担损害赔偿责任。该种责任承担方式着眼于加害人与被害人的关系，以加害人行为的可非难性为归责原则，标榜个人责任，因此也被称为损害移转(loss shifting)。③这种赔偿方式有点类似体内循环，并未突破受害人与加害人之间的二维格局。而责任保险的引入则将侵权损害赔偿责任从加害人转嫁给保险公司承担，最终通过保险公司这一风险中立主体转嫁给社会承担。这实际上是在同种危险制造者之间进行社会性的分散，在一定意义上可以说是损害赔偿责任的社会化，即损害分散(loss spreading)。④与损害转移相比，由于保险公司的介入将原本仅由加害人承担的赔偿责任转移给成千上万的可能遭受同种危险的投保人承担，实现了损害赔偿的社会化。

在环境污染事故中，也存在环境损害赔偿社会化的问题。所谓环境损害赔偿的社会化，是指将环境侵权所发生损害视为社会损害，通过高度设计的损害填补制度，由社会上多数人承担和消化损害，从而使损害填补不再是单纯的私法救济，既可以及时、充分地救助受害人，维持社会稳定，又可以避免加害人因赔偿负担过重而破产，保护经济发展。⑤学者苏加曼也认为，大量的事故是不可能完全通过侵权法来对受害人提供救济的。人们开始试图建立一种社会化的风险分散机制，促使个人转移风险和社会分摊风险，来解决社会生活中大量存在的环境事故灾难的补偿问题。⑥在上述情形下，法律所强调的重点已经从承担过错转移到了补偿损失，⑦即从单纯的让加害人承担赔偿责任，转向借助环境责任保险强化加害人的赔偿能力，将社会化因素引入环境侵权责任内部，更好地弥补环境污染事故中受害人遭受的损害。

---

① 薛虹：《演变中的侵权责任和人身伤亡事故问题的解决》，《民商法论丛》(第5卷)，法律出版社1996年版，第704页。

② 朱岩：《风险社会与现代侵权责任法体系》，《法学研究》2009年第5期。

③ 王泽鉴：《侵权行为法》，中国政法大学出版社2001年版，第8页。

④ 胡吕银：《从责任保险看侵权法之嬗变》，《扬州大学学报》1999年第3期。

⑤ 王明远：《环境侵权救济法律制度》，中国法制出版社2001年版，第16页。

⑥ 王利明：《我国民法典重大疑难问题之研究》，法律出版社2006年版，第579页。

⑦ [德]马克西米利安·福克斯：《侵权行为法》，齐晓琨译，法律出版社2006年版，第5页。

在保险实务中，实力雄厚的保险公司大大增强了投保企业的赔偿能力。例如，2008 年 9 月 28 日，湖南省株洲市昊华公司在清洗停产设备时，由于工作人员操作失当，使设备内的氯化氢(盐酸)气体过量外冒，导致周边村庄的大量农作物受到污染。这家企业于当年 7 月投保了由中国平安集团旗下平安产险承保的环境污染责任险。接到报案后，平安产险立即派出查勘人员赶赴现场。经过实地查勘，查证了氯化氢气体泄漏引起的污染损害事实，确定了企业对污染事件负有责任以及保险公司应当承担的相应保险责任。根据保单相关条款规定，平安产险与村民们达成赔偿协议，在不到 10 天时间内就将 1.1 万元赔款给付到村民手中。这是国内首个环境污染责任保险理赔案例。此外，2012 年 12 月 31 日，山西长治潞安集团天脊煤化工集团有限公司发生苯胺泄漏事故，经调查测算，苯胺泄漏总量为 319.87 吨，8.76 吨流入浊漳河，造成浊漳河挥发酚超标。得知消息后，人保财险山西分公司第一时间派人赶往企业调查情况，核实事故原因和经过，同时做好事故专家鉴定、保险资金赔付等准备。考虑到企业停产、资金紧张会影响到清污工作，人保财险向企业预付了环境污染责任险事故赔款 100 万元。最终，企业共获得 405 万元赔款。这是目前我国数额最大的环境污染责任保险理赔案例。①

三、监督投保企业预防环境污染

目前，环境责任保险已经成为保险公司承保的一种非常重要的险种。②在订立环境责任保险合同的过程中，保险公司要与投保企业多次接触、反复磋商。③在环境污染事故发生后，由于投保企业通常会面对数额巨大的环境侵权损害赔偿责任，这可能导致保险公司承担非常沉重的赔付风险，因此，保险公司也通常会采用比政府监管标准更为严格的准则来监督投保公司。作为风险管理者，保险公司可以要求投保企业采取必要的安全措施，以及安

① 我国数额最大环境污染责任保险理赔案例，载 http://www.chinairn.com/news/20140626/185812241.shtml，2019 年 7 月 15 日。

② See Insurers can be Environmentalists, Nat'l Underwriter: Prop. & Casualty Risk & Benefits Mgmt., Nov.8, 1993, at 26.

③ 孙宏涛:《董事责任保险对公司治理结构完善的功效分析》,《上海金融》2010 年第 12 期。

装必要的监控设备来预防损害或在损害发生后减少损失。[①]事实上，保险公司通常集中了大量的资本与众多的科技人员，其完全有能力对投保公司的行为进行直接监控。在分析已经发生事故原因的基础上，寻找企业在环境污染监督检查、设备运转和人员操作中的安全隐患，定期巡视企业的生产流程与采取的安全措施，通过等级划分等措施督促投保公司做好防灾防损工作，从而减少环境污染事故的发生。[②]

此外，保险公司完全有能力设计灾害的应对方案，其可以针对环境污染风险进行评估、量化，并提供环境污染事故发生后的快速恢复方案。除此之外，保险公司还可以控制投保企业的欺诈行为，防止它们重复投保。有学者认为，与行政机关相比，保险公司对环境污染风险的管理更为灵活，因为其能够根据相关政策和具体情况作出灵活调整，保险费率的设定也比行政管理更加灵活高效。[③]投保人对于环境污染事故预防工作的执行情况可以从其是否能够从保险人处获得环境责任保险以及保险费率的大小上得到直观反映。由于保险公司会将那些高污染风险企业排除在客户范围之外或提高其保险费率，所以保险公司为企业改进环保措施提供了经济上的直接动力。[④]

最后，即使在环境责任保险合同签订后，保险公司仍然发挥着监督作用。一方面，当投保企业因环境污染事故被提起索赔诉讼后，保险公司会针对投保企业的行为进行深入调查，如果发现投保企业故意实施了环境污染行为，则保险公司会拒绝承担保险责任，在这种情形下，投保企业仍然需要用自己的财产承担赔偿责任。因此，为了避免用自身财产承担环境污染损害赔偿责任，投保企业会尽量降低环境污染事故的发生几率。另一方面，如果投保企业发生环境污染事故并被提起索赔诉讼，即使保险公司按照合同约定赔偿了保险金，其也会利用浮动费率制度在第二年续保的时候提高保费，这在某种程度上也会督促投保企业注意自己的日常作业行为，尽量降低

---

① Benjamin J. Richardson, Mandating Environmental Liability Insurance, Duke Environmental Law and Policy Forum, 2002, v.12, p.296.

② 胡艳香：《环境责任保险制度的正当性分析》，《法学评论》2011 年第 5 期。

③ Jeffrey Kehne, Encouraging Safety through Insurance-Based Incentives: Financial Responsibility for Hazardous Wastes, 96 Yale L.J. 403, 410-11(1986).

④ Stephen Schmidheiny, Changing Course: A Global Business Perspective on Development and the Environment, 1992, MIT Press, p.65.

环境污染事故发生的风险。

综上所述，无论在订立环境责任保险合同的过程中，还是在环境责任保险合同签订后，都可以发挥保险公司的监督作用，督促投保企业更加谨慎地从事生产经营活动，以降低环境污染事故发生的几率。

四、减少社会矛盾进而维护社会和谐稳定

近年来，我国环境污染事故频发，根据有关部门的统计数据显示，2000年至2008年间，全国共发生环境污染事故12 642次，年均直接经济损失达1 200亿元。[①]在这其中，部分损失由政府买单，造成“企业污染，纳税人买单”的尴尬局面，这给政府带来了沉重的经济压力和负担，同时也不利于政府职能的正常履行。

此外，在许多环境污染事故中，受害人并没有得到充分、及时、有效的赔偿，由此引发了尖锐的社会矛盾，并导致社会群体性事件层出不穷。典型事例如：2005年4月10日，浙江东阳数万名农民因污染纠纷与东阳市政府机关、公检法部门组成的联合执法队发生冲突的事件；2008年8月4日，云南丽江因水源污染致300人群体冲突事件；2009年11月23日，广州民众因反对建立番禺大型垃圾焚烧厂集体上访事件；2011年8月14日，大连民众集体抵制化学污染工程项目事件；2012年7月28日，江苏启东市民众发起了以要求政府停止日本王子纸业工厂的排污管道修建计划为目的大规模抗议示威行动；2014年发生“余杭九峰垃圾焚烧厂事件”；2015年江西乐平，数千名群众上街抗议塔山工业园区污染情况；2016年，江苏常州外国语学校搬到新校区后，家长接送孩子闻到刺鼻气味，网络爆料该地原来是化工厂，因此引发恐慌。[②]由上述事例不难看出，环境污染事故已经成为激发社会矛盾并引发群体性事件的主要诱因之一。环境污染事故发生后，如果受害者得不到及时赔偿，可能会导致矛盾激化，出现因环境污染问题导致的社会事件，不仅影响了社会安定团结，也不利于和谐社会的建设。[③]

---

① 刘颖：《我国环境污染责任保险发展问题研究》，《经济纵横》2012年第2期。

② 张卜泓：《推进环境污染责任保险　有效遏制环境群体性事件》，《环境保护与循环经济》2013年第6期。

③ 秦宁：《中国环境责任保险制度研究》，中国海洋大学出版社2010年版，第86页。

事实上，环境污染事故受害人的救济问题无论过去、现在还是将来一段时期内仍将是影响社会稳定的主要因素之一。①环境责任保险的引入可以在很大程度上解决上述问题。由于环境责任保险的存在，在环境污染事故发生时，污染事故的受害人可以从保险公司那里获得保险赔偿金，从而得到及时、有效的赔偿。与侵权诉讼相比，保险的存在使受害人可以避免支出高额的诉讼成本，远离执行率低的困扰，并避免陷入加害人赔偿能力不足的陷阱之中。

五、结语

近年来，在发生环境污染事故时，由于侵权责任人逃逸或赔付能力不足，使得政府、社会和个人成为环境事故损害的最终承担者，不仅给政府财政造成了很大压力，也严重影响了社会的稳定与安全。②环境责任保险的存在，有利于分散投保企业的环境责任风险，保护环境污染事故受害人的合法权益，监督投保企业预防环境污染并可减少环境污染进而维护社会的和谐稳定。但是，由于目前许多企业的环境责任风险意识淡薄，很少考虑到一旦发生重大环境污染事故，数额巨大的赔偿金可能会导致其倾家荡产，甚至资不抵债并陷入破产境地。此外，相比于企业财产保险、出口信用保险、货物运输保险、火灾公众责任险等传统保险产品不到1%的保险费率，环境污染责任保险的保险费率明显偏高，由此导致企业的投保率较低。③幸运的是，2014 年 4 月 24 日通过的新《环保法》第 52 条明确规定，国家鼓励投保环境污染责任保险。这说明环境责任保险已经正式进入国家立法层面，中央政府也高度重视环境责任保险的推行。为了更好地运用环境责任保险这种风险分散工具来保护环境污染事故受害人的合法权益以及维护社会和谐稳定，应当通过建立相应的税收优惠以及财政补贴制度来推动环境责任保险市场的健康发展，从而更加充分地发挥环境责任保险的功效。

---

① 刘锐：《中国事故受害人救济机制研究》，国家行政学院出版社 2012 年版，第 10 页。

② 阚小冬：《试探“政府推动”环境责任保险的经济学依据》，《江西师范大学学报(哲学社会科学版)》2007 年第 4 期。

③ 邹琪慧、张幸：《环境污染责任保险运行效率为何不高?》，《环境经济》2013 年第 4 期。

第四节　域外环境责任保险市场发展及其对我国的启示和借鉴

环境污染责任保险制度是二战后西方工业化发达国家为解决日益严峻的环境污染问题而建立的，随后部分发展中国家也开始建立该制度。随着公民环境权利意识的不断提高，世界各国为了更好地应对环境变化所带来的问题，顺应社会的发展趋势，出台了各类环境保护法案，如美国1976年的《资源保全与恢复法》、德国1991年的《环境责任法》等。目前，世界上主要发达国家均设立了环境责任保险制度，且已经进入了较为成熟的阶段，成为该国环境损害赔偿责任问题的主要解决方式之一。诸如联合国国际法委员会等相关国际组织也在积极推动环境责任保险的发展。2006年的《危险活动引起跨界损害所造成的损失的国际责任原则草案》中规定：相关缔约国应采取必要措施，以确保经营者为偿付索赔建立并维持保险、债券或其他财政担保。[①]无论是英美法系国家还是大陆法系国家，这些国家的环境责任保险制度为我国环境责任保险的建立与发展提供了许多值得借鉴之处。

一、英美法系国家环境责任保险市场发展概况

（一）美国

美国是世界上保险市场最为发达的国家之一，无论从理论研究方面还是实际操作上都起步较早，并且发展较为全面，其环境责任保险在美国成熟的市场金融体系下得到了较快的发展，并且在立法和实践上都累积了较为丰富的经验。20世纪70年代，美国民众开始关注自然环境以及经济发展对它的影响，在这一时期出现了大量的环境立法，见表1。

① 王学冉：《国外环境污染赔偿责任保险的制度设计对我国的启示》，《上海保险》2012年第5期。

表 1 美国的环境保护立法(20 世纪 70 年代至 90 年代)

时 间	法 律 法 规
1969	《美国环境政策法》(美国最早的环境法)
1970	环境保护局成立
1972	《清洁水法》
1976	《资源保全与恢复法》
1977	《清洁空气法》
1980	《综合环境反应、赔偿和责任法》
1986	《超级基金修改和授权法》
1988	超级基金“社区有权知道条款”
1990	《防止污染法》

这一时期,随着美国相关环境保护立法和司法解释的陆续出台,环境责任逐渐扩张,越来越多的企业需要通过环境责任保险来转移其环境赔偿责任风险,环境责任保险出现了大量的市场需求,促进了美国环境责任保险制度的发展。[①]美国环境责任保险制度的发展历程一般可以分为三个阶段[②]:(1)在 1966 年以前,由一般的公众责任保险单承包环境责任;(2)1966 年至 1973 年,公众责任保险承保范围扩大,开始承保渐进性环境责任,此时,美国仍未建立单独的环境责任保险;(3)1973 年以后,公众责任保险单开始逐渐将环境责任排除其承保范围,环境责任保险从公众责任保险中分离,成为新型的保险种类,到了 20 世纪 70 年代末,美国的保险市场推出了环境损害责任保险制度,对突发性和累积性污染事故都予以承保,但是该保险以索赔型保单为基础,导致其所承包的责任范围非常有限。[③]1988 年,美国成立了专门的环境保护保险公司,并于同年 7 月开出第一张环境污染责任保险单,[④]这也就意味着美国设立了单独的环境责任保险,在此之后环境责任保险制度趋于成熟。

---

① 陈冬梅、夏座蓉:《析美国环境保护立法、司法及环境责任保险市场的发展》,《东岳论丛》2012 年第 2 期。

② 邹海林:《责任保险论》,法律出版社 1999 年版,第 101 页。

③ 马丽娟:《环境责任保险制度研究》,清华大学硕士学位论文 2004 年。

④ 秦宁:《中国环境责任保险制度研究》,中国海洋大学出版社 2010 年版,第 161 页。

(1) 在保险模式上,美国是将环境责任保险制度规定为强制责任保险的典型国家之一。1976 年出台的《资源保全与恢复法》授权国家环保局长在其依法发布的行政命令中,要求从事有害物质的企业对第三人的损害赔偿责任(包括人身损害和财产损害)、关闭的估算费用以及关闭后 30 年内可能引发的监测费用进行投保,而且投保的额度因事故的性质不同也会有所不同。[①]1980 年《综合环境反应、赔偿和责任法》规定:若在生产经营过程中可能产生有毒物质或者废弃物,企业应当投保环境责任保险,即对该类型企业实行的是强制性的环境责任保险制度。就目前而言,美国已经有 54 个州出台了推行环境强制性责任保险的规定。[②]实行强制责任保险制度规定也见于 1972 年的《清洁水法》,该法案规定:就船舶所有人或营运人而言,必须有证据证明自己具有相应的财务偿付能力,确保遭受损害的受害者得到经济补偿。[③]

(2) 在保险范围上,美国的环境责任保险主要分为环境损害责任保险和自有场地治理责任保险两种。前者即保险人与被保险人事先约定限额,当被保险人因污染环境造成任何第三人的人身损害或财产损失而需负赔偿责任时,由保险人代被保险人以约定的限额为准对第三人履行赔偿责任;后者则是指保险人与被保险人事先在保险合同中约定限额,由保险人来承担被保险人因为污染环境造成自有场地损失而支出的治理费用。实际上,环境损害责任保险和自有场地治理责任保险的规定为美国环境责任保险设定了潜在的承保范围(即保险人的保险给付范围),原则上保险人的给付范围不应超出上述规定。而且,保险人一般只对突发性的环境污染事故造成的第三人的损害承担保险责任,对于被保险人累积性的排污行为造成的污染损害一般给予特别承保,而非环境责任保险。[④]除外责任的相关规定也进一步明确了美国环境责任保险的适用范围。对于被保险人因污染环境使得自身财产或自己照管的财产遭受损失时,由其自己承担该部分损失,这一损失不属于环境责任保险单的承保范围。如涉及公共利益时,相关部门则可能

---

① 贾爱玲:《国外环境责任保险制度评析与启示》,《环境保护与循环经济》2012 年第 12 期。

② 李成伟:《我国环境责任保险制度研究——以美国法为借鉴》,山东科技大学硕士学位论文 2012 年。

③ 熊英、别涛、王彬:《中国环境污染责任保险制度的构想》,《现代法学》2007 年第 1 期。

④ 王向楠:《美国环境污染责任保险的特点及借鉴意义》,《金融与经济》2015 年第 9 期。

会做出不同的处理。[1]除此之外，对于投保人恶意造成的环境污染事故，保险人也将不予承保。总体上看，美国从环境责任保险的承保范围与除外责任两方面明确其保险适用范围，使得环境责任保险在实践推广中具有较强的可操作性。同时，保险范围的明确具体也减少了保险人与投保人（被保险人）之间不必要的纠纷。

（3）在保险机构上，美国的环境责任保险由专门的保险机构承保。在环境责任保险发展初期，美国并没有专门的承保机构对环境污染事故进行承保，而是由环境改造保险单来承保。随着环境污染问题的日益突出以及环境责任保险市场需求的不断增加，1982 年美国成立了污染责任保险协会，以污染责任保险承保联合体的形式来承保环境责任保险。1988 年，又成立了环境保护保险公司，这是一个专门为应对环境污染而承包风险的新的保险集团，由政府出资设立，不以盈利为目的，没有自负盈亏和必须盈利的压力，具有公益性，是具有美国特色的专门性的政策性公办保险机构。[2]环境保护保险公司的成立标志着美国的环境责任保险制度已经拥有较为稳定成熟的承保机构，促进了该保险制度的进一步发展与成熟。

（二）英国

英国作为典型的判例法国家，其环境立法比较零散，对于环境污染的控制，行政措施多于司法手段。[3]在保险模式上，英国与美国同属于英美法系国家，但两者环境责任保险制度不尽相同，与美国的环境强制责任保险不同，在环境责任保险制度的建设中，英国采用的是自愿与强制保险相结合的方式，以任意保险为原则，强制保险为辅。其中实行强制环境责任险的包括：(1)核反应堆事故责任保险，英国在 1965 年发布的《核装置法》中规定安装者必须负责最低限额为 500 万英镑的核责任保险；[4](2)油污损害责任保险。到了 20 世纪 70 年代，针对噪声污染英国也开发了专项的保险业务，以解决相应的侵权赔偿问题。在保险机构上，也不同于美国政策性公办保险机构，英国的环境责任保险由现有的财产保险公司自愿承保。

---

① 秦宁：《中国环境责任保险制度研究》，中国海洋大学出版社 2010 年版，第 168 页。

② 贾爱玲：《环境侵权损害赔偿的社会化制度研究》，知识产权出版社 2011 年版，第 132—133 页。

③ 马丽娟：《环境责任保险制度研究》，清华大学硕士学位论文 2004 年。

④ 杨辉：《欧洲环境责任保险法律制度审视及启示》，《中国保险》2010 年第 3 期。

二、大陆法系国家环境责任保险市场发展概况

(一) 德国

对于环境保护问题,德国有着比较完善的环境法律法规体系以及严格的立法和执法标准,也正因为如此,德国的环境法经常被人们称为“最绿的环境法”。[①]然而,德国的环境保护立法也并非一开始就是如此。20 世纪 90 年代之前,德国环境责任保险也只是在一些部门法中予以体现。1990 年德国出台了《环境责任法》,对环境污染事故的有效赔偿、环境责任的范围和性质界定作出了明确规定,使得环境责任保险有法可依。该法案扩张了环境责任保险的适用范围,要求方案所列明的企业必须投保环境强制责任保险,并要求企业为其提供相应的环境风险担保,而这部分担保金将成为环境污染风险事故中对环境污染侵权损害赔偿和场地污染治理的重要资金储备。并于 2007 年制定了一部单独的法律《避免和修复环境损害法》,该法案属于一般法,对作为特别法的专门环境法律发挥了补充和填补漏洞的作用,并进而发展出了以《环境损害保险一般条款(USV)》为主的环境损害保险。[②]此外,该法案还根据投保人的不同规定了环境责任保险投保的差异化标准,并规定了环境责任保险承保的设备范围包含了《环境责任法》附录一中所罗列的设备和《水资源管理法》第 20 条中规定的贮藏设备,相关的承保设备需要事先取得符合环境法律标准的证明。德国环境责任保险采取的是比较彻底、激进的方式,对于欧洲各国的环境责任保险制度有着很大的影响。

(1) 在保险方式上,德国环境责任保险制度采取的是强制责任保险与财务保证或担保相结合的模式。德国《环境责任法》第 19 条规定:特定设施的所有人必须通过提供责任保险、联邦或者州政府的免除或保证或者金融机构的免除或保证来预先保障其赔偿义务的履行。如该设施的所有者未履行或未充分履行该义务,主管机关可按照第 19 条第 4 款的规定全部或部分禁止该设施的运行。此外,按照第 21 条的有关规定,设施所有人还将承担相应的刑事责任。[③]此外,对于已经停止运行的设施,如果该设施引起了某

---

① 杨辉:《欧洲环境责任保险法律制度审视及启示》,《中国保险》2010 年第 3 期。

②③ 白江:《论德国环境责任保险制度:传统、创新与发展》,《东方法学》2015 年第 2 期。

种特别的危险，则主管机关可以命令停止运行时的设施所有人在此后的至多 10 年的期间内继续采取相应的保障措施。与美国等西方其他发达工业化国家的模式不同，德国仅仅将环境责任保险作为强制财务担保的方式之一，而对于其他的财务担保方式始终保持开放的政策，为企业提供了选择的余地，同时也减轻了对环境责任保险市场的压力。

(2) 在保险范围上，基于承保时间长、损害区域大、赔偿人数众多等因素，德国起初一直对"渐进性污染引起的损失"所产生环境污染责任不予保险，并将其列为责任免除范围。但是，随着环境保护机制的不断发展、法律法规的不断完善，从 1965 年起，德国保险机构对渐进性水体污染所导致的损失赔偿责任进行承保，保险责任范围开始逐渐扩大。自 1978 年，保险人对大气和水污染造成的财产赔偿责任予以承保，但如果责任事故发生在被保险企业地域之外，由可预见的经常排放物引起的损失仍列为责任免除。①

(二) 法国

尽管同属于大陆法系国家，但不同于德国，法国的环境责任保险制度在承保模式上采用的是柔性渐进的方法，以任意性责任保险为主、强制性责任保险为辅，多数情况下企业可以根据自身经营生产状况自愿决定是否投保环境污染风险，但法律规定必须投保的，则企业必须依法投保。作为 1969 年《国际油污损害赔偿民事责任公约》和 1971 年《设立国际油污损害赔偿基金国际公约》的成员国之一，法国在油污损害赔偿方面实施的是强制责任保险制度，并将此写入了 1998 年颁布的《法国环境法》。该法第 218/2 条要求：在法国港口注册、运输 2 000 吨以上散装货物船舶的船主，如不能证明其遵守公约的规定为船舶办理了足额保险或者经济担保，则该船舶不得从事商贸活动。

20 世纪 60 年代，法国尚未设立专门性的环境责任保险，而是仅在必要的时候，对企业可能发生的突发性水污染事故和大气污染事故，向保险公司投保传统一般的责任保险以分散企业风险。70 年代左右，法国保险机构将水污染、大气污染、噪声、臭气、振动、辐射、光害以及温度变化等环境损害所导致的损失排除在承保范围之外，不予承保。1977 年，为更好地处理和应

---

① 贾爱玲：《国外环境责任保险制度评析与启示》，《环境保护与循环经济》2012 年第 12 期。

对国内环境污染形势，法国设立了由外国公司和本国公司组成的环境污染再保险联营(GARPOL)，针对有毒有害物质制定了污染特别保险单，保险人的承保范围不再限于偶然性、突发性的环境损害事故，将持续性的环境污染纳入保险范围中。1988 年，《法国环境法》出台，该法案要求存在潜在油污污染风险的企业应当参保油污环境责任保险。

在承保机构上，法国设立了再保险联营(GARPOL)、高风险污染保险集团(ASSSURPOL)，对投保人的咨询进行解答，区分不同投保人、被保险人状况并进行审定和评估。1989 年，法国高风险污染保险集团成立，该保险集团由 50 个保险人和 15 个再保险人共同组建，通过这种联保方式其承保能力达到了 3 270 万美元。①

(三) 日本

同美国等西方发达国家一样，日本的环境责任保险也已经成功实施多年。日本环境法采用的是公害的概念，②1974 年，日本颁布了《公害健康受害补偿法》，其在性质上类似保险机制，对分散风险有着积极作用。该法案第 13 条第 2 款规定公害健康被害补偿协会，根据政令的规定，基于该补偿支付的支付原因者的行为和补充损害赔偿的烟尘发生设施等设置者的请求，可以免除支付相当于其补偿支付价款的全部或者部分。③日本对环境管理采取的主要方式是由中央政府和地方政府对企业提出的"行政性建议"。政府同企业之间根据工厂设备和运营情况，共同协商形成"污染控制协议"。在这份协议中将对企业的设备技术要求、排放标准、后续监管措施及应急方案等作了详细规定，但这份协议的基础在于"行政建议"，不具有法律强制力。④正是基于本国企业文化的良好氛围，企业为了自身的信誉和形象不会冒险违反自愿性协议，从而形成了具有日本本国特色的环境责任保制度体系。

---

① 李华友:《绿色保险的国际经验及发展趋势》,《环境经济》2013 年第 9 期。

② 日本《环境基本法》第 2 条第 3 款沿袭了《公害对策基本法》的规定，对公害进行了定义。所谓公害，是指随着企事业单位的活动以及其他人为活动而发生的相当范围内的大气污染、水质污染、土地污染、噪音、震动、地面下沉以及恶臭等，造成的与人的健康或生活环境相关的损害。(杨辉:《国外环境责任保险法律制度评析及启示》,《中国保险》2014 年第 12 期。)

③ [日]原田尚彦:《环境法》，于敏译，法律出版社 1999 年版，第 53 页。

④ 柯泽东:《环境法论(二)》，三民书局 1995 年版，第 359 页。

在保险方式上，由于受到自身民族文化的影响，日本在环境责任保险法律制度上更加注重自由契约的精神，采用的是柔性法则，实行任意性商业保险模式，充分尊重企业的自主意愿。换言之，渐进性和突发性的环境污染风险问题都可以由企业根据自身需要决定是否投保。在环境污染赔付上，日本环境责任保险将自有环境污染治理费用和环境污染第三人损害赔偿费用、企业对受害者的慰问、误工、治疗的延伸费用以及在公众媒体刊登抱歉广告的费用纳入其赔偿范围。

三、两大法系国家环境责任保险市场发展对我国之启示

以上对英美法系国家和大陆法系国家环境责任保险制度的比较分析，对构建我国环境责任保险制度有着积极的参考与启示作用。

（一）建立健全环境保护法律法规体系

没有规矩不成方圆，社会经济秩序的有效运行离不开法律制度的支持。任何行业的发展都离不开一个健全的法制环境，法律可以影响甚至改变社会经济秩序。环境责任保险当然也不例外，该种绿色保险的健康发展归根结底取决于立法的健全与法律法规的执行力度。从上文对各国的环境责任保险制度的分析中可以看出，除英国之外，无论是大陆法系国家还是英美法系国家均在相应的环境保护法或者资源保护法等法律法规中对该保险制度进行了明确。责任是法律的一种创造，环境责任保险的发展归根结底取决于法律的健全与执行的力度。[①]针对环境责任保险，我国目前尚未制定专项的法律法规，可以援引的相关规定散见于《民法通则》《环境保护法》《大气污染防治法》《水污染防治法》《海洋环境保护法》及《海洋石油勘探开发环境保护管理条例》等相关法律法规中。从总体上看，就我国环境责任保险立法而言，虽然全国性立法和地方性立法上对此都有所涉及，但缺少专门性立法，相关的法律法规也比较少，相关条款比较分散，且以倡导性条款居多，并没有明确的规定，对环境污染责任保险市场运行规则也呈现不完整的特点。简而言之，我国在立法上一直缺乏针对环境责任保险的系统规定，这也是我国环境责任保险制度发展缓慢的主要原因之一。

---

① 杨济世：《国外环境责任保险制度对我国的启示》，《现代商贸工业》2009 年第 6 期。

因此，我国需尽快完善环境保护立法，建立健全完善的环境保护法律法规体系，制定专门的环境责任保险法律法规，对环境责任保险制度各方面作出全面、明确、具体的规定，从而真正做到有法可依、有法可循。一方面，对现有的相关法律、法规进行全面的评估，完善现有的环境责任立法，增加环境责任保险的内容。另一方面，待时机成熟时，可以采用单行法模式，制定环境责任保险的单行法。[①]值得一提的是，2015 年新《环境保护法》中明确提出"国家鼓励投保环境污染责任保险"，虽然这一条款为倡导性条款，但是第一次为全国性实践提供了法律依据，表明我国环境污染责任保险立法上新阶段的开始，为建立国家环境污染责任保险法律体系奠定了基础。2017 年 6 月 9 日，环保部发布了《环境污染强制责任保险管理办法》(征求意见稿)(以下简称《征求意见稿》)。该《征求意见稿》共六章，分别为总则、投保与承包、风险评估与排查、赔偿、罚则以及附则，对环境污染强制责任保险的投保范围、保险责任范围、费率等作出了具体规定。[②]在此也期待我国环境责任保险法律法规的尽快出台。

(二) 明确环境责任保险的保险方式：强制性保险为主，任意性保险为辅

从整体而言，环境责任保险的保险方式不外乎强制性保险和任意性保险这两种基本方式。保险作为在风险社会中通过市场机制转移风险的一种经济手段。在市场经济环境下，政府作为"守夜人"，不应过多地对市场进行干预。然而，市场也存在着"失灵"的问题，就保险而言，投保人的逆向选择以及可能的道德风险问题就是其最大的威胁，就保险人而言，保险公司作为"理性经济人"，追求利润的最大化，是其最主要的目标。基于对利益最大化的追求，保险公司往往不愿为频繁发生且造成巨大损失的环境责任风险提供相应的保险保障。这就决定了如要克服保险市场"失灵"问题，顺利推行环境责任保险，需要政府这支"有形之手"对"无形之手"的市场进行一定程度上的干预，应以立法为手段确立以政府为主导的环境责任保险。实践中也确实如此，从已开展环境责任保险的发达国家来看，无论是英美法系国家还是大陆法系国家，强制性环境责任保险在世界各国中占据主体位置(如美

---

① 蓝寿荣：《我国环境责任保险立法若干问题释疑》，《法学论坛》2013 年第 6 期。
② 中华人民共和国环境保护部：http://www.mep.gov.cn/，2019 年 7 月 17 日。

国、德国、瑞典、芬兰等)。强制环境责任保险是世界各国环境责任保险的发展趋势,即使是在法国、英国这些以任意性保险为主的国家中,在油污污染、危险废弃物、核污染这些重大污染领域实行的仍然是强制性环境责任保险。

就我国目前的实际情况而言,环境压力大,环境突发事件频繁发生。考虑到我国大部分企业投保意识还比较薄弱,以及优先保障环境污染受害人的目的,笔者认为,我国环境责任保险可借鉴英国和法国的保险方式,即以强制责任保险为主、任意性责任保险为辅。对此,一方面,采取强制环境责任保险的方式,以政府的强制力作为该保险的后盾,这样不仅有利于保障受害人因环境损害及时获得赔偿,也有利于保证排污企业不因环境损害赔偿而陷入经营困境。在此需要注意的是,在国家与市场的关系中,市场是主要的、常态的、优先的,国家是辅助的、非常态的、候补的。[①]国家以立法的形式对市场进行干预,以克服"市场失灵"问题,是为了使市场机制在经济发展中发挥更大的作用,而非控制市场甚至是取代市场。以立法的形式规定环境责任保险采取强制保险的形式,作为国家对市场进行干预的典型类型,这种干预必须尊重市场机制的基础性作用,不得过多地干预市场和经济的正常运行,否则,很可能本末倒置。而且,如果全面实行强制环境责任保险,则使得一些污染较轻的企业失去了选择的机会,无疑加重了企业的负担,不利于我国经济的发展。所以,我国在对环境强制责任保险制度进行设计时,必须明确其是仅限于通过国家强制对"市场失灵"可能造成较大损害部分的修复与弥补,而不是对于所有的环境污染问题实行全面的强制责任保险。具体设计时,需明确环境强制责任保险适用的对象及其适用的程度等,如规定对污染程度较重的企业(石油、化工、造纸等)采取强制环境责任保险。

另一方面,以任意责任保险为辅。因为强制责任保险的高风险性,为了降低保险公司经营的风险,避免出现逆向选择,强制环境责任保险只能实现一定限度内的赔偿责任,不可能实现全额赔偿。因此,即使在我国完全实行环境责任强制保险,也无法完全满足受害者和排污企业两方面的共同需求。这也就促使我国必须考虑开展强制保险之外的任意保险。而任意保险具有营利性质,一般来说,保费付得越多,发生损害时获得的赔偿也就越多。这

① 顾功耘主编:《经济法教程(第三版)》,上海人民出版社、北京大学出版社2013年版。

样一来，排污企业可以通过投保任意保险，在更大程度上减轻甚至免除自己将来可能的赔偿责任；受害者也可以在损害发生时及时获得部分甚至全部的赔偿。而保险公司也可以通过风险评估机制对是否对排污企业进行投保，以及保费的高低来平衡自己的风险，同时可以促使排污企业对自己环保设施和管理水平的关注与提升。如可在城建、公用事业、商业等污染较轻的行业实行任意环境责任保险。[①]

（三）建立完善的环境污染责任风险分散机制

一方面，由于环境问题的特殊性，其发生风险的可能性巨大，且环境污染事故一旦发生影响范围广，损失程度可能很高，保险公司可能会存在难以偿付损失的风险。此外，在投保该保险的企业数量较少的情况下，保险公司需考虑其成本且需确保其本身能够盈利，基于对自身利益的保护，保险公司在设计保险条款时，就会出现保险的业务范围小、保险费率高、赔付率低等情况。另一方面，环境责任保险作为一种新的保险业务，根据不同行业所面临的不同类型的环境污染风险开发适应市场需求的各类环境责任保险产品，需要保险公司投入大量的人力和物力，使得保险公司的成本增加。基于此种情况，保险公司为了公司的发展可能会顾虑很多，导致偿付范围狭窄，偿付率低，保险产品比较少等问题。而这样的后果是，使得企业得不偿失，大大降低了企业投保环境责任保险的积极性，从而导致投保企业逐渐减少。企业和保险公司之间产生了一个恶性循环，二者之间最终达到一种消极的均衡策略，即企业不投保环境责任保险，保险公司对环境责任保险不承保。最终的结果，将是环境责任保险无法继续推行发展下去。因此，能否有效解决保险人的风险分散问题成为环境责任保险能否广泛开展的关键所在。在构建我国的环境污染责任保险时可以参考借鉴发达国家发展环境污染责任风险分散机制的经验，如法国的再保险联营、高风险污染保险集团；尝试建立环境污染责任再保险机制，有效分散原保险公司的风险，使得保险费率得到更好的量化和确定。对于那些难以通过单一的再保险予以应对的重大环境风险，可以由多家保险公司设立再保险池，共同分担保险责任。[②]通过再保险的机制，保险公司把一些突发性的损失巨大的环境污染事故风险转移

① 兰东娟：《国外环境责任保险制度的承包模式对我国的启示》，《中国市场》2011年第9期。

② 张兴伟：《日本环境污染赔偿责任保险的实践与启示》，《苏州大学学报》2016年第4期。

给其他的保险公司，当发生环境污染事故时，多个保险公司可以一起承担赔付义务，有效分散了个别保险公司过高的风险，解除了公司的顾虑，提高了保险公司开发环境责任保险产品的积极性，从而保证了我国环境责任保险市场的整体健康运行。

此外，为确保保险人的赔付能力，我国也可以考虑在资本市场发行与环境责任保险相关的金融衍生品，如环境损害债券、环境损害期货等，通过大额保单证券化，将潜在的赔付风险分散转移给市场中"风险偏好"的参与者。事实上，我国在 2015 年的《生态文明体制改革总体方案》中就明确提出："建立绿色金融体系……加强资本市场相关制度建设，研究设立绿色股票指数和发展相关投资产品，研究银行和企业发行绿色债券，鼓励对绿色信贷资产实行证券化。"这无疑为我国环境责任保险衍生品的开发与发展提供了依据。

（四）加大政府的财政支持与政策支持

环境问题直接影响我国社会经济的可持续发展，具有一定的公益性。考虑到环境污染责任保险具有一定社会公益性的特点以及准公共产品的属性[①]，维持该保险的供给是政府应该承担的国家环境保护义务的应有内容。而且，环境责任保险开展时间短、风险较大、保险费率较高等，保险公司提供该险种的私人成本高于社会成本，私人收益低于社会收益。因此，政府需要建立健全对环境责任保险财政政策支持力度，给予一定的财政补贴支持和政策支持，以维持环境责任保险的市场需求与供给之间的均衡。[②]此外，环境责任保险的经营风险大于一般的商业保险，一旦发生重大突发事件，保险公司将会面临巨大的赔付压力，这种情况下保险公司往往不愿甚至无力承担赔付责任，环境污染事故受害者的权利得不到有效保障。因此，环境责任保险的推行实施离不开政府的大力支持，需要政府部门的帮扶与支持。

对此，我国可以在借鉴国外环境责任保险发展的先进经验的基础上，从我国的国情出发，对保险公司和投保企业给予相应财政和政策支持，以保障环境责任保险的积极开展，让环境污染责任保险制度更好地发挥其社会管

---

① 徐临、刘金霞：《政府推动下环境污染责任保险发展困境的突破——基于政府、污染企业、保险公司动态博弈的分析》，《河北学刊》2016 年第 3 期。

② 王学冉：《国外环境污染赔偿责任保险的制度设计对我国的启示》，《上海保险》2012 年第 5 期。

理的功能，使企业加强环境风险管理，减少环境事故的发生。政府的财政支持方式可以多样化，既可以是投保环境责任险的污染企业，也可以是承担环境责任保险业务的保险公司。就投保企业而言，政府可以根据投保企业的不同类型、财务状况、保险金额等相关情况提供保险费用的补贴，减少投保企业因投保而带来的经济压力。也可以建立环境污染责任保险信贷优惠制度，优先给予投保企业信贷支持。①就目前我国环境责任保险财政补贴而言，存在立法不完善、补贴方式比较单一、补贴效率保障机制缺失等问题，补贴标准也不够明确。②对此，我国应积极改进这种问题，完善环境责任保险补贴制度，以推动我国环境责任保险的快速健康发展。就承保环境责任保险的保险公司而言，政府可以根据保险公司接受保险金额的大小等相关情况进行相应的税收减免等优惠政策，以提高保险公司的偿付能力，激励保险公司积极有效地开展环境责任保险业务，努力保障环境责任保险的供给与需求，解决其供给与需求不足的问题，促进该保险有效健康地发展。具体而言，如可以减免保险公司环境责任保险业务下（如环境责任保险赔付成本）的增值税；允许保险公司将无法取得的增值税发票中涉及环境责任保险的业务成本支出按照一定的比例进行抵扣进项税额，或者征税后将环境责任保险业务项目下的所得税予以返还。③

① 李玉玲：《论环境污染责任保险制度》，《山东农业工程学院学报》2017 年第 5 期。

② 黄小敏：《环境污染责任保险补贴的政策需求与制度供给》，《南方金融》2012 年第 9 期。

③ 马宁：《环境责任保险与环境风险控制的法律体系构建》，《法学研究》2018 年第 1 期。

第二章　环境责任保险之保险标的——环境侵权损害赔偿责任

第一节　环境侵权损害赔偿责任的归责原则

环境侵权行为作为一种特殊侵权行为，是指因产业活动或其他人为活动，对自然环境施加不良影响，造成环境污染或生态破坏，从而对他人人身权、财产权及有关环境权益有造成损害的危险或已经造成损害的一种特殊侵权行为。①关于环境侵权行为的一个基本问题就是，因权益受侵害而生的损害究竟应该由被害人承担，还是由加害人负损害赔偿责任？王泽鉴教授认为，关于此点，各国法律多采相同原则，即被害人须自己承担所生的损害，仅于特殊理由时，始得向加害人请求损害赔偿。所谓特殊理由指应将损害归由加害人承担，使其负赔偿责任的事由，学说上称之为损害归责事由或归责原则。②所谓“归责”，即确认责任归属、追究侵权行为人的民事责任。归责原则，是指以何种根据确认和追究侵权行为人的民事责任，它所解决的是侵权的民事责任之基础问题。③体现了法律对某种行为的价值判断，决定着不同责任的构成要件、赔偿范围等。可见，环境侵权损害赔偿责任的归责原则，是环境侵权制度的核心和关键，是整个环境侵权法律体系的基础问题。

---

①　孟春阳：《环境侵权民事责任归责原则研究》，载《中国法学会环境资源法学研究会 2006 年年会与学术研讨会论文集》。

②　王泽鉴：《侵权行为法》(第一册)，中国政法大学出版社 2001 年版，第 11—12 页。

③　张新宝：《侵权责任法原理》，中国人民大学出版社 2005 年版，第 24 页。

一、侵权责任的归责原则

(一) 过错责任原则

1. 过错责任原则的确立

过错责任原则,也称过失责任主义,起源于罗马法,19世纪开始逐渐发展起来,相继在英国、德国等确立,与重视私有财产和契约自由共同构成近代私法的三大基石。各国的民法基本上将其作为民事责任的一般原则。过错责任原则的基本含义是:加害人对其有过错的行为(包括故意和过失)承担民事责任,即主张"无过失即无责任"。也就是说,过错是加害人承担民事责任的基础,之所以规定由加害人承担相应的民事责任,是因为其主观上具有可以归责的事由——故意或过失。在过错责任原则下,一个人只有在其有过失的情况下才对其行为造成的损害负责。"苟不涉及过失范围之内,行动尽可自由,不必有所顾忌",如果个人已尽其注意,即使造成对他人的损害,也可以被免除责任。①

2. 过错责任原则的正当性

纵观世界各国,过错责任原则都是作为侵权法的一般归责原则。为何其能成为一般原则呢?实际上,过错责任是民事主体的护身符。一个人只要确保自己没有过错,就可以确保自己没有责任。这意味着,存在着一个由行为人自我选择的安全区。

从法律经济学角度来看,过错责任原则能成为一般归责原则,主要有以下几个正当理由:(1)过错责任原则具有门槛效应。在门槛的一边,属于行为人行为自由的安全区;跨越门槛则意味着成本的突然增加。(2)过错责任原则有助于激励主体采用预防措施。许多侵权行为都可以通过预防避免或减轻损害,但预防需要成本,抱着侥幸心理,许多人不会主动采取预防措施,因而预防需要激励。责任的施加是外部性内化的过程。外部性内化使得社会成本变成了行为人的私人成本,从而可能对行为人产生行为的激励。(3)过错责任原则有助于经济的发展。行为自由才能带来经济发展,若大范围采用无过错责任原则,那么人的行为必定受限,创新的顾虑也会增多。但

① 王利明:《侵权行为法归责原则研究》,中国政法大学出版社1992年版,第37页。

在过错责任原则下，有过错才有责任，行为人可以通过预防措施，为自己争得自由空间。①

3. 过错责任原则的发展和完善——过错推定原则

19 世纪工业革命的进行使得资本主义国家科技进步、经济发展，同时环境污染造成的损害也在迅猛增加。这种新型侵权行为的特殊性在于：它往往涉及深奥的科学知识，以致证明行为人的过失极为困难。而根据传统民法的过错责任原则，受害人只有在行为人侵权且主观上有过错时，才能获得赔偿。在这种情况下，受害人的损害根本无法得到补偿。为弥补这一缺陷，17 世纪法国法官多马创立了过失推定论，也称为过错推定原则。所谓“过错推定”，就是指行为人致人损害时，如果不能证明自己主观上没有过错，就会被推定为有过错，除非加害人能够提出证据证明存在法律规定的免责事由。它实际上将证据法上“举证责任倒置”的特殊规则引入侵权损害赔偿领域。过错推定原则是过错责任原则在现代条件下的演化和完善，在一定意义上可以说是现代社会对形式正义的扬弃，对实质公平与正义价值的追求。但它仍然属于过错责任的一部分，是过错责任原则适用中的一种特殊情形，它仍然以加害人的过错为责任的根据或标准。实际上，过错推定仅是适用过错责任原则的一项技术，相对于过错责任原则，其仅具有方法意义，即“推定”是确定过错责任的一种技术或者方法，过错推定规则的系统化、客观化和多元化，是传统过错责任原则在现代社会中的发展。②

（二）无过错责任原则

1. 无过错责任原则的确立

现代各国绝大多数将无过错责任原则作为环境侵权的损害赔偿责任予以适用。英国于 1868 年瑞兰兹诉弗莱切尔一案（Rylands v. Fletcher）中确立了布拉克本规则，这一规则被认为是严格责任原则，也就是无过错责任原则的起点。确立无过错责任原则，在环境侵权这一特殊侵权行为中对于保护受害人的利益，其意义是十分重大的。无过错责任，是指只要行为人的行为给他人造成了损害，除法律规定的免责事由以外，不论他有无过错，均应

---

① 王成：《侵权法归责原则的理念及配置》，《政治与法律》2009 年第 1 期。

② 王利民、郭明龙：《民事责任归责原则新论——过错推定规则的演进：现代归责原则的发展》，《法学论坛》2006 年第 6 期。

当对其损害结果承担责任。无过错责任原则有三个基本特征:一是法律对其适用对象予以特别规定,以与过错责任原则的适用范围区别开来;二是在构成要件方面,适用无过错责任原则,不考虑加害人的过错;三是适用无过错责任原则的案件,侵权由侵害行为、损害结果及二者之间的因果关系三项要件构成。王泽鉴先生曾指出:"无过失责任制度的基本思想,不是在于对具有'反社会性'行为之制裁。盖企业之经营、汽车之使用、商品之产销、原子能装置之持有,系现代社会必要经济活动,实无不法性之可言。无过失责任之基本思想乃是在于对不增损害之合理分配,即埃瑟教授特别强调之'分配正义'。"①

2. 无过错责任原则评析

工业化时代的到来,使危险事故发生的几率增大,产品缺陷侵害、环境污染等事件常有发生。立法者逐渐意识到有过错才有责任的模式已不能完全适应社会需求,无过错责任原则因此而产生并发展。无过错并不意味着行为人没有过错,而是行为人是否有过错与是否构成侵权行为没有关系,在司法中不予考虑。与过错责任原则相比,该原则限制了人的自由,加重了行为人的责任,因此必须有法律的明确规定才可适用,是特殊的归责原则。②

我国《民法通则》和《侵权责任法》虽然确立了无过错责任原则,但同时也规定了许多免责事由,使得加害人有诸多抗辩事由。有学者认为,立法应该严格控制无过错责任原则的适用范围,然后在该特定范围中,行为人没有宽泛的免责事由,只有证明损害是由受害者过错造成的才可以免责。③

(三) 公平责任原则

1. 适用中存在的问题

公平责任原则与过错责任原则、无过错责任原则共同构成我国侵权法三大归责原则。

我国《侵权责任法》第 24 条规定:"受害人和行为人对损害的发生都没有过错的,可以根据实际情况,由双方分担损失。"根据该条规定,公平责任

---

① 王泽鉴:《民法学说与判例研究》(第 2 册),中国政法大学出版社 1998 年版,第 162 页。

② 郭玮:《论侵权责任归责原则体系——以我国的立法为例》,《安徽师范大学学报(人文社会科学版)》2010 年第 6 期。

③ 沈幼伦:《侵权责任归责原则三元化之思考——对〈侵权责任法〉的解读》,《法学》2010 年第 5 期。

可定义为：当事人对于造成损害发生的事实都没有相应过错，同时做出行为的加害行为人又不能根据无过错责任归责要求其承担相应的赔偿责任，但是，如果加害行为人不进行赔偿的话，则对于受害人来说又属于显失公平对受害人造成极不公正，所以法院应当根据案件事实、当事人实际情况和其他考量情形，可以相应地在受害人所遭受的财产损失范围内要求加害行为人作出补偿。①

公平责任原则设立的本意是为了保护弱者，实现公平，但在适用中出现适用条件不明确、范围不当扩张而被滥用等问题。

司法实践中存在的问题归纳为：(1)适用类型突破法律限定，呈现扩张化趋势。例如缺陷产品致人损害存在免责事由，但法院仍按公平责任原则要求生产者承担责任，又如交通事故中应适用过错责任或无过错责任原则，但法院仍适用公平责任原则。实践中类似例子还有许多，挤压了过错责任原则和无过错责任原则的适用空间，损及归责原则的安定性。(2)适用条件不统一，且常常表现单一化。由于我国法律仅对公平责任原则作了概括规定，具体的适用条件并不明确，一些法院将“双方均没有过错”作为唯一适用条件，而忽视了行为与损害的因果关系等构成要件，以至于意外事件导致的损失，法院也适用公平责任原则进行审判。(3)赔偿范围扩大化，赔偿比例确定的随意化。一般的侵害人身案件中，受害人有权利提出精神损害赔偿，但适用公平责任的案件，行为人没有过错，让其承担精神损害赔偿于法无据，加重了行为人的负担。然而，实践中却存在受害人主张精神损害赔偿，法院即支持的案例。另外，立法并未规定行为人承担责任的比例，这使得赔偿比例的确定完全依法官的个人意思，甚至可能存在为减少麻烦，不对损失总额进行核算而直接判定赔偿数额的情形，损害了法律的威严性。②

为了解决上述问题，应当明确公平原则的适用条件。有学者甚至认为，《侵权责任法》第 24 条不宜直接作为裁判的依据，未来的司法解释需要对其进行限制性解释，将其适用的案件类型予以具体化，以确保法律安全价值的实现。③

---

① 何海鹏：《论我国侵权责任法中的公平责任》，西南政法大学法律硕士专业学位论文 2016 年。

② 张善斌：《公平责任原则适用存在的问题及对策》，《河北法学》2016 年第 12 期。

③ 陈本寒：《公平责任归责原则的再讨论——兼评我国〈侵权责任法〉第 24 条的理解与适用》，《法学评论》2012 年第 2 期。

2. 公平责任原则的适用条件

(1)主观上要求受害人和行为人对损害的发生没有过错。(2)客观上要求受害人有财产损失。该损失仅限于财产损失,不应当包括精神损失,且损失应当以实际损失计算,防止肆意估算。(3)行为人的行为与受害人的损失间存在因果联系,没有因果关系如意外事件造成的损失,则不能适用公平责任原则。①

需要注意的是,没有过错是适用公平原则的必要条件而非充分条件。适用过错责任原则的案件,如果证明行为人对损害的发生没有过错,则并不构成侵权行为,行为人自然不需要承担损害赔偿责任,而无适用公平责任原则的空间;适用无过错责任原则的案件,并不意味着行为人没有过错,而是无需判断其过错即可认定其行为性质,该类案件也与公平责任原则无关。

另外,从第 24 条的表述来看,立法者使用了"可以"而非"应当",表明该条的适用,法院享有自由裁量权,并不是强制性规范。也即,满足以上适用条件的案件,法官可以自由裁量是否适用公平责任原则。但对于不符合适用条件的案件,法官并没有权力适用公平责任原则。此种区别,关系到法官的行为违法与否,必须有清晰的认知。至于"实际情况",要考虑当事人的经济状况、损害产生的原因、程度等。建议以立法的形式明确公平原则的适用类型以防止其被滥用。

从公平责任原则实现公平的立法本意来看,适用公平责任原则的过程中,还要进行价值判断:适用公平责任原则的结果是否公正,是否既能保护弱者,又不会对行为人造成不公。

二、我国环境侵权归责原则中的无过错责任原则

(一) 我国的相关规定

我国《民法通则》对无过错责任作了规定,第 106 条第 3 款规定:"没有过错,但法律规定应当承担责任的,应当承担民事责任。"第 124 条规定:"违反国家保护环境防止污染的规定,污染环境造成他人损害的,应当依法承担

---

① 何海鹏:《论我国侵权责任法中的公平责任》,西南政法大学法律硕士专业学位论文 2016 年。

民事责任。”我国最早对环境侵权归责原则明确采用无过错责任原则的法律，是1982年的《海洋环境保护法》，该法第42条规定：“因海洋环境污染受到损害的单位和个人，有权要求造成污染损害的一方赔偿损失。”2014年最新修订的《环境保护法》第64条规定：“因污染环境和破坏生态造成损害的，应当依照《中华人民共和国侵权责任法》的有关规定承担侵权责任”。根据《侵权责任法》第65条的规定：“因污染环境造成损害的，污染者应当承担侵权责任。”该条并没有提到污染者主观过错的因素。此外，在《水污染防治法》中规定：“造成水污染危害的单位，有责任排除危害，并对直接受到损失的单位或者个人赔偿损失。”在《大气污染防治法》《海洋环境保护法》等各单项污染防治法律中也作出了类似规定。也就是说，不论造成环境污染危害的主体是否存在主观过错、行为是否违法，只要危害出现就应当承担责任。1991年10月10日国家环保局在《关于确定环境污染损害赔偿责任问题的复函》中指出：“承担污染赔偿责任的法定条件，就是排污单位造成环境污染危害，并使其他单位或者个人遭受损失。现有法律法规并未将有无过错以及污染物的排放是否超过标准，作为确定排污单位是否承担赔偿责任的条件。”“至于国家或者地方规定的污染物排放标准，只是环保部门决定排污单位是否需要缴纳超标排污费和进行环境管理的依据，而不是确定排污单位是否承担赔偿责任的界限。”根据这一复函可以看出，过错要件在环境侵权责任中被否定。

（二）采用无过错责任的理论基础

1. 维护社会安全

环境侵权不同于传统的一般侵权。在侵权诉讼中被告应当支付的损害赔偿，是一种对做了某种错事而进行的惩罚。所以说，过错责任在性质上是一种道义责任。[①]法律要调整和规制的是这样一种道义责任，这正是“矫正正义”的观念。

但是随着科技的进步，生产过程和技术工艺越来越复杂，很多情况下因环境污染而给他人造成损害的风险并非人为所能控制，却又是社会生产生活所不可避免的。对于这一类污染环境致人损害的事故，一方面，致害人即使尽到合理的注意义务也难以完全避免，因而难以认定其主观上存在过错；

① 丁凤楚：《论现代侵权损害赔偿新的二元归责体系》，《法学》2007年第2期。

而另一方面，受害人的损失又十分巨大，为了维护社会的安定，不能不对其予以救济。法律在衡量相关利益得失后，采用了无过错责任归责原则，要求致害人即使没有主观上的过错也要对该环境污染活动所造成的损失承担责任，这是给他人造成特定损害后果的代价。可以认为，无过错责任原则与过错责任原则的不同在于，它在性质上“已经不再是一种道义责任，而应归入社会责任的范畴”，①体现了社会连带思想下对“不幸损害”的合理分配。②它不再以解决侵权责任的归属为目的，而是为了解决损失的分配，反映了现代工业社会的分配正义和社会正义。

2. 遵循公平原则

在污染环境造成他人损害的情况下，如果仍固守传统的过错责任原则，那么受害人的利益将无法得到保护。将无过错责任原则引入环境侵权损害赔偿中符合公平合理的要求，在现代社会中得到广泛的认同。在环境侵权案件中，污染企业的获利，很大程度上是建立在污染环境和造成他人损害的基础上的，这些营利企业自然应当对其获取利益过程中造成的损害承担责任，加害人只是承担了其理应支付的防治污染的成本而已。并且这一责任制度不仅有利于使受害人的损失得到有效补偿，也有利于污染企业关注其生产经营活动中可能造成的污染危害，增强他们对保护环境的责任感，并促进企业积极采取措施进行污染防治。

因此，为体现公平原则，法律必须在每一个案件中以“如果这个损害事件发生将会对谁造成危险”来代替“它的发生是由于谁的过失”。③

三、域外环境侵权的归责原则

（一）域外环境侵权归责原则简介

环境侵权领域由过错责任原则到过错责任原则与无过错责任原则并行的二元化格局转变，是世界的发展趋势。许多国家针对环境侵权中原因物

---

① 邱聪智：《从侵权行为归责原理的变动论危险责任的构成》，中国人民大学出版社 2006 年版，第 202 页。

② 吴祖祥：《侵权行为的归责原则——兼论我国侵权行为归责原则体系的构建》，《兰州学刊》2004 年第 5 期。

③ [英]彼得·斯坦、约翰·香德：《西方社会的法律价值》，王献平译，中国法制出版社 2004 年版，第 123 页。

质的风险程度，区分归责原则的适用情形。在民法典等一般法中规定过错责任原则，在特别法中多数围绕具有较富风险的物质，规定了严格责任原则的适用。①

（1）日本原本以故意或过失作为侵权责任包括环境侵权的基本要件，即采取过错责任原则，后来通过制定特别法引入严格责任原则，适用于特定的环境侵权。一方面，《日本民法典》采取了过错责任原则，但其在适用中逐渐发现，如果仍按此传统，则难以对环境侵权受害人的损失进行填补。于是，日本法学界与实务界通过修正与发展传统民法学理论，形成了以“过失客观化”“违法即过失”“过失推定论”为中心的公害过失理论。“过失客观化”使过失脱离主观心理状态而成为客观性的问题，即没有采取防止超过忍受限度的侵害即具有过失；“违法即过失”指出应该采用“忍受限度”这一新的一元论判断基准，来处理从来都是根据“故意、过失”以及“违法性”的二元论判断基准处理的有关事项；“过失推定论”则针对环境侵权案件证据难以取得的现实，主张减轻受害者的过失举证责任。另一方面，为救济受害人，日本也展开了公害无过错责任的讨论，并逐渐从理论探讨进入立法过程，在特别法，如《大气污染防止法》《水污染防止法》等中规定了无过错责任原则。日本将无过错原则作为环境侵权的特殊原则，保持了与其民法典的一致。②

（2）德国的《公害防治法》第14条将干扰侵害分为两种：一为经许可的营业活动造成的环境污染损害；二为一般活动造成的环境污染损害。前者依特别法适用无过错责任原则，后者则根据德国民法典的规定适用过错责任原则。在司法实务中，对于环境侵权归责原则的适用，德国司法采用的也是两种归责原则混合、补充的方法，即受害者在提起诉讼后，法官以过错责任原则为主要原则来审查，以无过错责任原则为补充。③

（二）我国环境侵权归责原则的完善

在环境侵权归责原则方面，我国《民法通则》第124条的规定不够明

---

① 李昱：《环境侵权民事责任比较研究》，大连海事大学博士学位论文2015年。

② 李玉平、罗丽：《环境侵权民事责任归责原则研究——以中日法的比较为中心》，《北京理工大学学报（社会科学版）》2004年第5期。

③ 曾祥生、赵虎：《环境侵权民事责任归责原则研究》，《武汉大学学报（哲学社会科学版）》2011年第6期。

确,致使法学理论界产生意见分歧,司法实践中也极易造成标准不一、同案不同判的混乱局面,从而对当事人权益的司法保护不能趋于一致。虽然《侵权责任法》第 65 条明确规定了无过错责任原则,但其适用范围仅限于“污染环境”的侵权责任。[①]环境侵权从分类上看,应当包括环境污染和生态破坏两种,但我国《侵权责任法》仅对环境污染规定了无过错责任原则,生态破坏则没有明确规定。为了体系的完整构建,也为了指导生态破坏侵权案件的审理,我国应当在法律中同样明确生态破坏侵权所适用的规则原则。我国应当借鉴上述国家的有益经验,完善我国环境侵权的归责原则。

上述国家在特别法中规定某些环境侵权适用严格责任原则,但这并不意味着对过错责任原则的替代,除特别法中规定的特定情形外,其他类型环境侵权仍适用过错责任原则。

过错责任原则作为一般归责原则,仅在有特别理由时才会排除适用。环境侵权并不是所有的类型都有排除适用的合理理由。我国也应在《侵权责任法》中规定,环境侵权中过错责任原则作为一般原则适用,然后针对危害性大的环境侵权类型制定特别法,规定适用无过错责任原则。这样,既能保护环境,维护个人利益,又不过分限制自由,有利于经济的自由发展。

另外,有学者以环境学为依据,根据不同污染类型的特质,将环境污染侵权区分为拟制型污染侵权和实质型污染侵权。具言之:(1)对于拟制型污染侵权,在以超过国家强制性标准作为侵权构成前提的同时,应当实行过错推定和过错客观化,超标排放视为具有过错;如果没有相关标准,则实行一般过失的认定方法,受害人应当证明加害人具有过错;如果达标排放但又造成损害,则通过公平责任分配损害。(2)对于实质型污染侵权,适用无过错责任,即使其行为符合相关标准,造成损害时亦应当承担相应的责任。这种归责体系在法律和政策上的正当性,将在下文叙明。[②]

---

① 戴茂华:《论进一步完善我国环境侵权民事责任立法的必要性——兼评〈侵权责任法〉中环境污染责任条款》,《河北法学》2011 年第 1 期。

② 张宝:《环境侵权归责原则之反思与重构——基于学说和实践的视角》,《现代法学》2011 年第 4 期。

第二节　环境侵权损害赔偿责任的构成要件及免责事由

一、环境侵权损害赔偿责任的构成要件

关于民事责任的构成要件，传统的侵权行为的民事责任构成要件包括侵害行为、损害结果、侵害行为与损害结果之间的因果关系、加害人的主观过错。传统的侵权行为理论采用过错责任的归责方式，在过错责任原则下，加害人的主观状态成为其行为成立侵权行为的构成要件之一。目前，我国与世界上绝大多数国家都将无过错责任原则作为环境侵权损害赔偿责任的归责原则予以适用。由此在无过错责任原则下，不再考虑加害人的主观过错，侵权即由侵害行为、损害结果及二者之间的因果关系三项要件构成。而环境侵权行为作为特殊的侵权行为，其侵害行为表现为对环境的污染，即污染行为，以及由该污染行为对人身、财产和环境所造成的危害。综上，环境侵权损害赔偿责任的构成要件应当是污染行为、污染行为所造成的危害以及污染行为与危害之间的因果关系。

(一) 污染行为

1. *不以违法性为构成要件*

环境侵权是一种特殊侵权行为，其适用的是无过错责任原则，把加害人的主观过错排除在其构成要件之外。就违法性与过错的关系上，过错是指行为人主观上的故意或过失，而违法行为强调的是行为人的作为或不作为违反了法律规定，若人们的意识活动尚未表现为外在的行为时，不构成违法行为。[①]可以说，有过错不一定是违法的，但违法一定是有过错的。所以在内涵和外延上，过错都应当是吸收违法性的。那么，在无过错责任原则下，既然过错被排除了构成要件，包含于过错的违法性自然更要被排除在构成要件之外。

根据《民法通则》第 124 条的规定："违反国家保护环境防止污染的规

---

① 王利明:《侵权行为法》，法律出版社 1996 年版，第 74 页。

定，污染环境造成他人损害的，应当依法承担民事责任。”这一规定看似合理，因为按照一般侵权行为责任来看，只有违法行为才能产生损害赔偿的民事责任，也就是说不具有违法性的行为不需要负民事赔偿责任。但是在环境侵权损害赔偿责任中具有特殊性，即使企业按照国家法律法规的规定进行排污，也不能保证所有合法排污的行为都不会造成损害。在这种情况下，如果坚持行为的违法性要件，环境侵权行为人以自己的排污行为符合国家有关法律、法规标准主张自己不应对由此造成的损害承担民事赔偿责任，受害人的利益就难以维护，将会使受害人处于极为不利的境地。“在环境污染损害赔偿中，只要造成环境污染危害，不管行为人主观上有无过错，也不管行为人的行为在客观上是否违法，行为人都得承担损害赔偿责任。”①

虽然存在侵权责任应以行为具有违法性为构成要件的观点，但我国学界的共识却是否认违法是环境损害民事责任的构成要件。将行为违法性作为要件，实际上增加了一个不确定的构成要件，增加了救济的难度，如果法律对某种致人损害行为没有来得及规范，此时强求违法要件，就会导致受害人难以接受。尤其是在环境侵权损害赔偿领域，如果苛刻地要求该侵权责任的违法性要件，将导致受害人难以得到救济。环境侵权行为作为不断发生的新型侵权行为，如果苛刻地要求该侵权责任的违法性要件，将导致受害人难以得到救济。②任何组织和个人的行为都不得损害他人的合法权益，凡损害他人合法权益的行为，除法律规定可以不承担责任者外，造成损害本身就意味着违法。《民法通则》规定：“违反国家保护环境防止污染的规定，污染环境造成他人损害的，应当依法承担民事责任。”对此，法律只规定了违反法规造成损害的赔偿责任，并没有规定不违反现行环境保护法规的污染行为造成损害便不承担责任，因此它不具有违法阻却性。更何况《环境保护法》相较于《民法通则》是特别法，其中已删除了“违反国家保护环境防止污染的规定”这样的要求。更有学者认为，企业的排污行为是否合法仅仅是其承担行政责任的依据，而不应成为其承担民事责任的依据。1991 年 10 月 10 日国家环保局在《关于确定环境污染损害赔偿责任问题的复函》中也明确指出：“承担污染赔偿责任的法定条件，就是排污单位造成环境污染危害，

① 陈泉生：《环境法原理》，法律出版社 1997 年版，第 225—226 页。
② 王利明：《侵权责任法制定中的若干问题(下)》，《当代法学》2008 年第 5 期。

并使其他单位或者个人遭受损失。现有法律法规并未将有无过错以及污染物的排放是否超过标准，作为确定排污单位是否承担赔偿责任的条件。”“至于国家或者地方规定的污染物排放标准，只是环保部门决定排污单位是否需要缴纳超标排污费和进行环境管理的依据，而不是确定排污单位是否承担赔偿责任的界限。”

2. 对环境侵权责任中污染行为的界定

我国学者对环境侵权行为的定义是，由于行为人从事污染环境的行为，导致他人人身、财产、人格及环境等权益遭受损害的特殊侵权行为。①通说认为其侵犯的客体包括财产权、人格权以及环境权，从事的侵权行为主要体现为对环境的污染，广义的环境侵权行为还包括对环境的破坏行为。②在认定污染环境行为上，法国法院通过判例创造而形成了一种“忍受限度论”。判断是否超过了“忍受限度”，要从受害者方面遭受损害的性质及轻重程度、加害者方面的加害行为的社会评价（社会的公共性、有用性）、防止损害设施的设置和遵守国家限制标准的情况，以及企业所在地状况等因素作综合考虑。③1968 年日本学者在“四大公害”诉讼中也提出了以忍受限度的理论来认定污染行为，这一理论为日本的公害判例所接受。按照这种标准，如果损害的发生已超出了社会生活中一般人的忍受限度，则不论污染行为人在主观上是否具有预见可能性，也不论污染行为人能否防止损害的发生，更不论其是否遵守了国家规定的排污标准，均可直接责令污染行为人承担损害赔偿的民事责任。可见这一理论实际上是不承认将污染行为违反法律作为环境侵权责任的构成要件的。忍受限度论已成为当今许多国家审理环境污染损害赔偿案件时认定环境污染行为的判断标准。这一标准对我国的司法实践也具有参考和借鉴意义。

（二）以“危害”代替“损害结果”

传统侵权行为民事责任以损害结果为要件，“有损害，始有救济。无损害，即无责任”。一个人只有受有损害的情况下，才能够请求民事法律补救；

---

① 陶盈：《环境分别侵权行为的法律适用》，《国家检察官学院学报》2016 年第 5 期。

② 吕忠梅：《沟通与协调之途——论公民环境权的民法保护》，中国人民大学出版社 2005 年版，第 262 页。

③ 罗典荣、吴微：《环境法制中的民事责任》，《政法论坛》1988 年第 2 期。

未造成任何损害的行为或事件,不可能引起侵权责任的发生。[①]

环境污染的危害后果通常表现在以下三个方面:(1)财产损害;(2)人身损害;(3)环境损害。王泽鉴教授认为,损害"系指权利或利益受侵害时所生之不利益。损害发生前状态,与损害发生后之情形,两相比较,被害人所受之不利益,即为损害之所在"。[②]张新宝教授认为:"损害就其本质而言,是侵害行为所造成的一种后果,这一后果具有对于受害人不利益的属性,具体体现为受害人的死亡、人身伤害、社会评价降低、精神痛苦、疼痛以及各种形式的财产损失。"[③]在学者们看来,损害是受害人所遭受的不利益,而这种不利益是受害人在遭受侵害行为前后状态的差异,是已经发生的改变。然而,环境侵权行为的损害结果的出现具有渐进性,即环境污染损害结果是长期环境污染的结果,从排污企业排污到损害结果的形成并出现,往往有一段时间。而在这一段时间里,只要受害人发现排污企业的排污行为对其人身或财产构成威胁,就应有权要求排污企业采取措施以防止损害结果的发生,不能也不应等到损害结果发生时,才给予其以民事救济。当然,在这一段时间里,受害人可以要求行政法律救济,但也没有理由不给予其以民事救济。如前所述,环境污染损害其危害性极大,采用事后救济,只能是一种没有办法的办法,是一种消极的救济方法。消除将要发生的危害,即防患于未然,才是一种积极的救济方法。同时,这也符合环境保护法中的"预防为主、防治结合、综合治理原则"。[④]因而,将"损害"所包含的不利益解释为既包括实际已经造成的损害,也包括那些虽然没有造成实际损害结果却已构成足够的危险或妨碍之状态。将造成损害的危险也纳入环境侵权责任的要件,才能够为这一情形提供救济,防患于未然。因此,在环境侵权案件中,用"危害"一词比"损害结果"更为恰当。

在我国的环境侵权责任立法中已经存在使用"危害"代替"损害"的法例。《环境保护法》第 41 条第 1 款规定:"造成环境污染危害的,有责任排除危害,并对直接受到损害的单位或者个人赔偿损失。"相较于《民法通则》第 124 条的规定,也许是立法者也认为"损害"一词难以包涵"环境污染给他人

---

① 佟柔主编:《中国民法》,法律出版社 1990 年版,第 565 页。
② 转引自王利民:《侵权行为法归责原则研究》,中国政法大学出版社 1992 年版,第 360 页。
③ 张新宝:《中国侵权行为法》,中国社会科学出版社 1998 年第二版,第 92 页。
④ 晋海、王文俊:《环境侵权民事责任构成要件分析》,《南京大学法律评论》2000 秋季号。

所带来的危险状态”的原因。

（三）因果关系

侵权行为中的因果关系，是指加害行为与损害事实之间存在的原因与结果的客观联系。各国侵权法都承认，因果关系是使人对某种损害的结果或不良状态负民事责任的必备条件。数世纪法律演进所形成的一个普遍观念是，除非法律另有特别规定，一个人对不是他造成的损害不存在法律上的责任。①

1. 环境侵权因果关系认定的难题

侵权行为中的因果关系所找寻的是加害人的行为与损害结果之间所具有的法律上的因果关系，而非事实上的因果关系。对于传统侵权行为来说，人们在检验某一行为或事件是否为某一损害或不良状态的事实上的原因时并没有多大的困难，但在该行为或事件是否成为该损害或不良状态的法律上的原因时却是困难重重。导致损害结果的行为有多个，但终究哪一行为能够“脱颖而出”成为损害结果，法律上的原因则难于认定。根据传统的因果关系理论，人们要证明某一行为或事件与某一损害或不良状态之间存在事实上的因果关系，就必须给出严格的、严密的证明，该损害或不良状态是此行为或事件造成的，在该案中绝无可能是其他行为或事件造成。

同时，根据“谁主张，谁举证”的举证责任原则，在侵权中受害人负有证明侵权行为与损害结果之间因果关系的责任。而在环境侵权案件中，情况则发生了很大的变化，环境侵权往往牵涉到高深的科技知识，非普通受害人所能了解，再加上受害人有限的财力也使得受害人寻求更多的外界帮助化成了泡影。环境侵权的复杂性以及受害人举证能力的局限性导致了受害人在证明因果关系方面面临着重重困难。

2. 环境侵权因果关系认定制度

在环境侵权案件中，如果仍然要求受害人证明严格的法律上的因果关系，最终就很容易出现封闭受害人获得民事救济途径的状况。解决这一困境有两种方式：第一是降低对环境侵权证明标准的要求；第二便是采用举证责任倒置的方式将举证责任由受害人转嫁给加害人。因果关系推定属于前者，证明责任倒置属后者。在因果关系推定方式下，只要原告对因果关系的

① 王家福、梁慧星主编：《民法债权》，法律出版社 1991 年版，第 476 页。

存在作出表面性的证据，即证明其存在的可能性，而不是必然性，则推定因果关系存在，被告如果否认的，则应由其作出令人信服的实质性证明。而在举证责任倒置这一方式之下，由污染者对其污染环境的行为与损害之间没有因果关系承担绝对的证明责任，否则就应承担环境侵权责任。

德国、日本以及美国等国家在环境侵权因果关系认定方面采取了因果关系推定的方式，而我国采取的则是举证责任倒置的方式。最高人民法院1992年颁布的《关于适用〈中华人民共和国民事诉讼法〉若干问题的意见》第74条规定，“因环境污染引起的损害赔偿诉讼”由被告负责举证。2002年4月1日起施行的最高人民法院《关于民事诉讼证据的若干规定》第4条第1款第3项规定：“因环境污染引起的损害赔偿诉讼，由加害人就法律规定的免责事由及其行为与损害结果之间不存在因果关系承担举证责任。”2010年实施的《侵权责任法》第66条也规定：“因污染环境发生纠纷，污染者应当就法律规定的不承担责任或者减轻责任的情形及其行为与损害之间不存在因果关系承担举证责任。”有学者认为这是因果关系推定在我国环境侵权案件中的具体落实，然而这应当是部分研究者对证明责任倒置与因果关系推定的误读。由侵权人承担因果关系的证明责任而观，证明责任倒置与因果关系推定的确达到了相同的效果，但二者最根本的区别在于因果关系推定仍然要求受害人提出能够证明因果关系存在的初步证据，而证明责任倒置却不需要。①

基于对环境侵权中加害人比受害人更具有经济优势地位的认识，我国在环境侵权中认定因果关系采用了举证责任倒置的方式，然而与受害人相对而言，加害人在经济方面具有相对优势，在证据距离上，其未必具有优势。举证责任倒置的方式是环境中心主义下的必然产物，在我国当前更多地关注于人、经济、自然协同发展的情境下显得过于激进，忽略了证明责任倒置机制本身可能存在矫枉过正的危险。随着实践的发展，我国明显意识到了采用举证责任倒置方式所产生的弊端，从我国近年司法实践来看，法院往往设置原告必须对因果关系承担初步的证明责任这一前提，弱化证明责任倒置(转而采取因果关系推定)。在最高人民法院2015年6月1日发布的《最

① 张旭东：《环境侵权因果关系证明责任倒置反思与重构：立法、学理及判例》，《中国地质大学学报》2015年第5期。

高人民法院关于审理环境侵权责任纠纷案件适用法律若干问题的解释》(以下简称《解释》)中规定,“被侵权人根据侵权责任法第六十五条规定请求赔偿的,应当提供证明以下事实的证据材料:(一)污染者排放了污染物;(二)被侵权人的损害;(三)污染者排放的污染物或者其次生污染物与损害之间具有关联性”,该条要求原告(受害人)提供证明加害行为与损害结果之间关联性的证据,是我国在环境侵权因果关系认定方面由举证责任倒置向因果关系推定的纠偏。

因果关系推定与举证责任倒置都是对环境侵权中“谁主张、谁举证”的证明责任的调整,并没有本质的区别,前者可以视为“举证责任的部分倒置”,而后者则属于“举证责任的完全倒置”。在举证责任部分倒置的情形下,证明责任首先属于原告(受害人),原告的证明责任在于证明侵害行为与损害结果之间具有关联性,如果原告不能证明这一基本的关联性,则原告应当承当举证不能的不利后果。当原告证明这一关联性之后,举证责任由被告(加害人)承担,加害人的举证责任在于证明加害行为与损害结果之间并无实质的因果关系,否则加害人应承担举证不能的不利后果而承担侵权责任。而在举证责任完全倒置的情形下,证明责任则完全在被告(加害人),如果被告不能举证否认加害行为与损害结果之间的因果关系,其应承担举证不能的不利后果而负担侵权责任。很明显,采取完全举证责任倒置的方式减轻受害人的举证责任存在矫枉过正的弊端,过分地加重了加害人的举证负担,容易导致“滥诉”,忽略“利益衡平”(企业正常生产经营活动)的“后现代”式环境侵权损害救济方式是背离制度设计初衷的。

二、免责事由

免责是指因侵权而发生的法律责任的免除,主要是指针对侵权人的民事责任的免除。常见的民事责任的免责事由有:正当防卫和紧急避险等合法行为、受害人同意、自助行为、不可抗力、第三人过错、意外事件、受害人过错和权利行使不能等。环境侵权损害赔偿责任的免责事由是指环境法所规定的在因环境侵权造成他人财产和人身损害时,加害人可以不承担民事赔偿责任的事由,又称抗辩事由。这种抗辩是针对承担环境民事责任的请求并由致害一方当事人提出的,其目的是抵消受害人提出的赔偿请求,最终使加害人不承担环境侵权的赔偿责任。各国法律对相对无过错责任的适用范围都进行了规定。相对无过错责任也就是说环境侵权如果完全是由加害人意志或能力以外的原因造成的,则行为人不承担赔偿责任。

我国现行法律对环境侵权损害赔偿责任的免责抗辩事由的规定比较混乱。对此,《民法通则》和《环境保护法》中没有规定。《侵权责任法》第68条规定:"因第三人的过错污染环境造成损害的,被侵权人可以向污染者请求赔偿,也可以向第三人请求赔偿。污染者赔偿后,有权向第三人追偿。"《大气污染防治法》第63条规定:"完全由于不可抗拒的自然灾害,并经及时采取合理措施,仍然不能避免造成大气污染损失的,免于承担责任。"《海洋环境保护法》第92条规定:"完全属于下列情形之一,经过及时采取合理措施,仍然不能避免对海洋环境造成污染损害的,造成污染损害的有关责任者免予承担责任:(一)战争;(二)不可抗拒的自然灾害;(三)负责灯塔或者其他助航设备的主管部门,在执行职责时的疏忽,或者其他过失行为。"《水污染防治法》第85条第2、3、4款分别规定:"由于不可抗力造成水污染损害的,排污方不承担赔偿责任;法律另有规定的除外。水污染损害是由受害人故意造成的,排污方不承担赔偿责任。水污染损害是由受害人重大过失造成的,可以减轻排污方的赔偿责任。水污染损害是由第三人造成的,排污方承担赔偿责任后,有权向第三人追偿。"根据上述法律规定大致可以将我国环境侵权损害赔偿责任的免责事由分为以下三类:

(一) 不可抗力

1. 不可抗力作为免责事由的一般规定

不可抗力是指不能预见、不能避免并不能克服的客观情况,不可抗力作为一般侵权的免责事由规定在《民法通则》第107条,"因不可抗力不能履行合同或者造成他人损害的,不承担民事责任,法律有特别规定的除外"。《侵权责任法》第29条也有规定:"因不可抗力造成他人损害的,不承担责任。法律另有规定的,依照其规定。"《民法通则》第153条确立了如何判断不可抗力的原则标准,依该条,不可抗力是指"不可预见,不能避免,并不能克服的客观情况"。"不能预见"是指根据现有的科学技术水平,一般对事件的发生没有预知能力。"不能避免并不能克服"是指当事人已经尽最大努力和采取一切可以采取的措施,仍不能避免事件的发生或者克服由此带来的损害后果，表明事件及其损害发生的必然性。不可抗力作为免责事由，必须是损害结果发生的原因，只有损害后果完全是由不可抗力引起，才能表明实行的行为与损害结果之间无因果关系，并因此被免除责任。另外不可抗力应是损害发生的原因而非损害扩大的原因，如果不可抗力仅导致损害扩大，则加害人仍应当对扩大之前的损害承担责任。

2. 不可抗力作为环境侵权免责事由的争议

虽然不可抗力作为一般侵权的免责事由已经被普遍接受，但对于不可抗力能否作为环境侵权的免责事由则存在争议。持否定观点的学者认为，在传统侵权责任中，不可抗力成为免责事由的理论依据是因果关系和过错责任，不可抗力是人们不能预见的客观情况，行为人主观上无过错，损害结果的发生来源于外来原因，被告的行为与损害的发生不存在任何因果关系，因此行为人不应承担赔偿责任。而在环境侵权责任中，实行的是无过错责任原则，即只要行为人有排污行为，并且造成他人人身或财产权益的损害，就应当承担相应的侵权责任，而不管行为人主观上是否有过错。在环境侵权责任因果关系认定方面，除污染损害是由受害人故意造成的以外，只要被告的排污行为被确定为“条件”，其就成为应当承担相应侵权责任的“原因”，即“条件即为原因”，这一认定方式使得侵权行为与损害结果之间建立起因果关系，因而，不可抗力不能作为环境侵权责任的免责事由。①

持否定态度的学者从过错责任和因果关系出发得出了不可抗力不宜作为环境侵权免责事由的观点，虽然不可抗力界定为不受人的意志控制，但是，这并不表示强调不可抗力可以作为免责事由等同于强调行为人的主观上无过错。之所以将不可抗力作为免责事由，是因为不可抗力的发生切断了当事人的行为与损害后果之间的因果关系。根据侵权法的原理，当不可抗力是导致损害的唯一原因，不可抗力导致免责。其次，“条件”与“原因”在因果关系认定中的作用是不同的，条件不能等同于原因。“条件”属于一种事实陈述，证明一个行为或事件是某个损害事实发生的条件，只要两个事实之间存在“没有 A 即没有 B”的关系时，A 即是 B 的条件，但并不能因此就判定 A 为 B 法律上的“原因”，作为 B 发生原因的 A 应当为 B 的发生提供足够的原因力。事实上的原因行为或者事件即“条件”是否在法律上成为承

① 晋海：《不可抗力为环境侵权民事责任免责条件的质疑》，《当代法学》2001 年第 7 期。

担责任的“原因”应该根据法律的明文规定来判定。因此，持否定观点的学者认为环境侵权应当采用“条件及原因”的方法认定因果关系并不恰当，据此否定不可抗力作为环境侵权的免责事由更是缺乏依据。

3. 不可抗力可作为环境侵权免责事由

不可抗力作为环境侵权的法定免责事由，在我国《环境保护法》《水污染防治法》《大气污染防治法》《海洋环境保护法》等法律中已有规定。《环境保护法》第 41 条第 3 款规定：“完全由不可抗拒的自然灾害，并经及时采取合理措施，仍然不能避免造成环境污染损害的，免予承担责任。”《海洋环境保护法》第 92 条规定：“完全因战争和不可抗拒的自然灾害，经过及时采取合理措施，仍然不能避免对海洋环境造成污染损害的，造成污染损害的有关责任者免于承担责任。”《水污染防治法》第 56 条规定：“完全由于不可抗拒的自然灾害，并经及时采取合理措施，仍然不能避免造成水污染损失的，免于承担责任。”《大气污染防治法》第 63 条规定：“完全由于不可抗拒的自然灾害，并经及时采取合理措施，仍然不能避免造成大气污染损失的，免于承担责任。”从上述法律规定可以看出，适用不可抗力这一免责事由须符合两个条件：第一，该免责事由是引起损害的唯一原因，即“完全”由于某种“不可抗拒的自然灾害”造成，否则不能免责；第二，行为人在自然灾害发生时已及时采取合理措施，但仍不能避免环境污染。

（二）受害人自身的责任

1. 受害人自身的责任作为免责事由的一般规定

受害人的自身责任是指受害人由于自己的过错，包括故意或过失，而导致侵权事故的发生，并使其人身或财产权益受到损害。在一般侵权责任中，受害人自身的责任对加害人免责的情形有部分免除和全部免除两种。部分免除即适用过错相抵原则减轻侵害人的民事责任，对此，《民法通则》第 131 条明确规定，“受害人对于损害的发生也有过错的，可以减轻侵害人的民事责任”；《侵权责任法》第 26 条也规定，“被侵权人对损害的发生也有过错的，可以减轻侵权人的责任”，这种免责方式是在加害人与受害人混合过错的情形下考虑双方的过错程度。全部免除即只要受害人对于损害的发生存在故意就全部免除行为人的责任，《侵权责任法》第 27 条规定，“损害是因受害人故意造成的，行为人不承担责任”。

2. 受害人自身的责任作为环境侵权的免责事由

尽管环境侵权损害赔偿责任实行的是无过错责任，追究加害人的侵权责任不考虑加害人主观上有无过错，但考察受害人的过错以及过错的程度，对于确认加害人承担何种程度的侵权责任还是有意义且公平合理的。然而，受害人的过错作为环境侵权的免责事由却不能适用于所有的环境侵权，仅在法律有明确规定的情形下才能适用。对此，《民法通则》第123条规定："从事高空、高压、易燃、易爆、剧毒、放射性、高速运输工具等对周围环境有高度危险的作业造成他人损害的，应当承担民事责任；如果能够证明损害是由受害人故意造成的，不承担民事责任。"《水污染防治法》规定："水污染损失由受害者自身引起的，排污单位不承担责任。"根据《民法通则》和《水污染防治法》的规定，受害人自身的责任作为免责事由可以适用于高危险作业引起的环境污染和水污染两种情形，两种情形下对于受害人的主观过错要求并不相同，前者要求受害人为故意，后者的情形下过失也可以。虽然对于受害人主观过错的要求不同，但两种情形均采用全部免除加害人责任的免责方式。

《民法通则》和《水污染防治法》都没有规定加害人与受害人双重过错情形下的责任承担，此时，能否依据《民法通则》第131条和《侵权责任法》第26条的规定部分免除加害人的侵权责任？对此，笔者认为环境侵权是一种特殊侵权，能否减轻应当有法律的明确规定。而在有关环境保护的法律、法规中，对混合过错问题均无明文规定。原则上讲，由于损害后果中有一部分与侵权人的行为无因果关系，因此，应根据受害人和侵权人各自的过错程度、过错原因及其后果，分别承担相应的责任，或者减轻其对于整个损害后果的责任。综上，一般原则能否适用于环境侵权这一特殊领域，以及如何确定混合过错各方的具体责任，法律应当明确规定，在法律没有明确规定的情形下或者不免除加害人的侵权责任，或者完全免除加害人的侵权责任。①

（三）第三者的过错

1. 第三人的过错作为免责事由的一般规定

第三人的过错，是指第三人因过错致人损害所应当承担的责任。《侵权责任法》第38条规定："损害是因第三人造成的，第三人应当承担侵权责任。"第三人的过错包括故意和过失。第三人是指与行为人没有监护、隶属、

① 王素云：《我国环境侵权法定免责事由评析》，《环境保护》2008年第14期。

劳务等任何关系的人。如果存在监护、隶属或者劳务关系,则不能适用此抗辩理由。因第三人过错致人损害,由第三人承担责任,行为人不承担责任。但为了保护受害人的利益,受害人拥有选择权,可以选择行为人或者第三人承担赔偿责任,行为人承担责任后可以向第三人追偿。

2. 第三人的过错作为环境侵权免责事由

环境侵权中的第三者过错是指由排污人和受害人之外的人,因其故意或过失致使排污人排出的有毒物质造成受害人的人身或财产的损失,由该第三者承担赔偿责任,排污人的责任则被免除。否认第三人的过错可以作为环境侵权免责事由。笔者认为,第三人过错未改变侵权人行为与损害结果之间的因果关系,侵权人造成损害结果的事实并不因第三人过错行为而改变,侵权人的侵权行为与损害结果之间仍符合法律规定的因果关系。此外,大部分环境侵权人为企业,在污染物达到可排放标准时才能对外界排放,企业应对可能造成污染的物质进行妥善保管,如企业未尽到注意义务造成环境侵权,不应适用第三人过错来免责。在没有完善的环境污染损害赔偿机制的条件下,假如第三人无能力或能力不足以赔偿受害人,而有赔偿能力的企业却因第三人过错而免责,致使受害人自行承担侵权行为造成的损害,不符合公平原则。然而,环境侵权中的第三人过错免责应当是指加害人因第三人的行为导致侵权的情形,在此情形下,第三人的行为是造成环境侵权的唯一原因,加害人的行为与损害结果之间的因果关系已经为第三人的行为所切断。当加害人自身有过错时,并不能因第三人的行为而免责;若加害人未尽到注意义务则仍应承担侵权责任,并不会发生否定论者所担忧的情形。

第三人的过错作为环境侵权的免责事由已经为我国立法所承认。《侵权责任法》第68条规定:“因第三人的过错污染环境造成损害的,被侵权人可以向污染者请求赔偿,也可以向第三人请求赔偿。污染者赔偿后,有权向第三人追偿。”我国《海洋环境保护法》规定:“造成海洋环境污染损害的责任者,应当排除危害,并赔偿损失;完全由于第三者的故意或者过失,造成海洋环境污染损害的,由第三者排除危害,并承担赔偿责任。”《水污染防治法》规定:“水污染损失由第三者故意或者过失所引起的,第三者应当承担责任。”这里第三者的行为必须是造成环境污染的唯一原因。当排污人自身也有过错时,不能适用加害人因第三人过错免责的原则。

第三节　环境侵权损害赔偿中的惩罚性赔偿责任

自20世纪70年代末实行改革开放政策以来，中国的经济一直处于持续、高速发展的态势，但由于片面地追求国内生产总值的增长而不顾环境的损害，加之环境破坏惩罚较轻、执法不严等原因，近年来，环境侵权事件层出不穷。另外，环境侵权本身又具有长期性、潜伏性、持续性和广泛性的特点，①因此，如何充分保护环境侵权事件中受害人的权益，遏制侵权行为的再度发生，是值得我们认真探究的一个重大课题。

一、问题引入

21世纪以来，在我国出现多起重大环境污染事件，给国家和人民造成严重的人身伤害与巨大的财产损失，但根据我国法律规定的补偿性赔偿原则，这些肇事企业所付出的代价却是远低于其违法行为所产生的收益。表2以五个重大环境污染事件为例：

表2　五个重大环境污染事件

时间	名　称	单位	损　　失	赔偿	收益
2005	松花江重大水污染事件②	现中国石油天然气有限公司吉林石化分公司	8人死亡、70人受伤、造成重大水污染，直接经济损失6 908万元，之后五年国家累计投入治污资金78亿元。	向吉林省政府捐助500万元，向环保总局缴纳100万元罚款	吉林石化2004年净利润25亿元，中石油2005年净利润1 333亿元
2008	云南阳宗海砷污染事件③	云南澄江锦业工贸有限责任公司	治理阳宗海砷污染需要花费三年以上时间与几十亿元，还影响了阳宗海沿岸2.6万余人的饮水安全。	刑事罚金1 600万元、罚款、行政罚款71万元	2005年至2008年6月利润总额4 003万元

① 王胜明：《中华人民共和国侵权责任法解读》，中国法制出版社2010年版，第335页。

② 2005年松花江水污染事件，载 https://baike.baidu.com/item/2005年松花江水污染事件/18450217，2019年3月4日。

③ 中国近年来最严重的十大环境污染事件，载 http://www.sohu.com/a/137614654_683361，2019年3月7日。

(续表)

时间	名　称	单位	损　失	赔偿	收益
2009	湖南浏阳镉污染事件①	长沙湘和化工厂	数百人镉中毒，多地爆发儿童血铅超标。	122.86 万元补偿	年营业额 3 000 万元以上，利润数百万元
2010	福建紫金矿业溃坝事件②	紫金矿业集团股份有限公司	信宜全市受灾人口达 35 万人，直接经济损失约 4.6 亿元。	赔偿损失 2.45 亿元③	2010 年利润总额 73.31 亿元
2011	康菲石油公司漏油事件④	中海油、康菲石油公司	使当地的水产养殖业受到毁灭性的冲击，未来 3 至 5 年该海域的渔业出口损失难以估计。	赔偿损失 16.83 亿元	中海油 2011 年净利润 40.39 亿元、康菲石油当年盈利 122 亿美元

从表 2 可以看出，肇事企业因管理不善或有意为之导致重大环境污染事件的发生，给受害人造成巨大的人身、财产损失，也使生态环境遭受重创。但企业赔偿的金额却往往远不够损失填补，最后由国家和人民“买单”。不仅如此，多数企业在事件发生当年依然可以有数千万元、几十亿元的收益。因此，笔者认为我国环境侵权责任制度出现了这样的法律尴尬，尽管赔偿“顶破天”，但仍便宜了责任人。

二、补偿性赔偿制度之弊端

在我国的侵权行为法中，环境侵权虽属于特殊侵权，但责任承担仍遵循补偿性赔偿原则。补偿性赔偿指损害赔偿的目的、内容及方法在于填补被害人权益遭受他人侵害所生的损害，⑤赔偿的数额以受害人的实际损失为准。其在普通民事侵权案件中适用起来的确游刃有余，但结合环境侵权的

---

① 龙军：浏阳镉污染悲剧：百万利润诱惑下的政府缺失，http://china.huanqiu.com/roll/2009-08/542892_3.html，2019 年 3 月 4 日。

② 顾鑫、李若馨：紫金矿业污染事故影响十年难消，《中国证券报》，2010 年 7 月 16 日。

③ 李丹阳：紫金矿业溃坝事件赔偿 2.4 亿，《中国证券报》2012 年 9 月 14 日。

④ 刘其昌：蓬莱漏油事件六年后：山东渔民与美国康菲石油公司对簿公堂　索赔 1.7 亿元，http://news.sina.com.cn/o/2017-09-15/doc-ifykynia7326153.shtml，2018 年 5 月 4 日。

⑤ 王泽鉴：《损害赔偿法》，北京大学出版社 2017 年版，第 355 页。

特殊性，该制度便不能实现侵权法的填补、预防功能。

（一）环境侵权的特性决定了适用补偿性赔偿无法实现填补功能

侵权责任法的填补功能是指侵权责任法具有填补被侵权人所遭受之损害的作用。[①]填补不仅意味着恢复被害人被减少的财产额，更意味着使受害人回到“倘若损害事件没有发生时应处的状态”，这是各国损害赔偿法共通的、最高的指导原则。[②]通常情况下，补偿性赔偿足以填补损害，但在环境侵权案件中，适用该制度却不能实现这一基本功能。

首先，环境侵权对象具有广泛性，适用补偿性赔偿无法实现对所有主体的补偿。一方面，与一般侵权行为的特定侵害对象相比，环境侵权的对象具有社会性。因为生态系统牵一发而动全身，环境侵权通常会造成整个生态系统的损害，侵害广泛地域内不特定多数人的利益。如：康菲石油公司漏油事件使得整个渤海湾海域遭受污染，给沿海渔民及背后整个产业链造成损失；松花江重大水污染事件给松花江流域造成严重水污染，对流域内千万人产生了不利影响。这使得环境侵权具体损害情况难以充分统计。另一方面，由于环境的累积性与流动性，侵权行为不仅对当代人而且可能对后代人的权益造成不可逆的负面影响，这对后代人的权益、未来造成的损失更是无法估计。[③]

其次，环境侵权后果具有潜伏性与持续性，适用补偿性赔偿不足以实现对个体的完全充分补偿。相较一般侵权行为后果的短期显现性，环境侵权的后果更为隐蔽且复杂。多数情况下，其损害后果并不会全部立即显现出来，有很大一部分会缓慢而持续地发生作用，严重程度与恶劣影响不容轻视，若适用补偿性赔偿，只能在表面上弥补受害人的短期损失，而持续性的损失和潜伏性的损失，却是适用补偿性赔偿制度难以弥补的。以紫金矿业溃坝事件为例，虽然紫金矿业进行了赔偿，但生态环境并未得到完全修复，附近村庄约有 40 人在之后十年内患癌，因高昂的费用而导致倾家荡产。[④]

---

① 程啸：《侵权责任法》（第二版），法律出版社 2016 年版，第 23 页。

② 曾世雄：《损害赔偿法原理》，中国政法大学出版社 2001 年版，第 14—17 页。

③ 李征：《论环境侵权的民事赔偿模式——以惩罚性赔偿为视角》，《江海学刊》2011 年第 4 期。

④ 杨传敏：《紫金矿业污染再调查》，《南方都市报》2010 年 9 月 2 日。

(二) 环境侵权的逐利性决定了适用补偿性赔偿无法起到预防功能

侵权责任法的预防功能也称“阻止”或“威慑”的功能，是指侵权责任法具有预防侵权行为发生的作用。通常情形下，通过令侵权人承担侵权责任尤其是损害赔偿责任，侵权法既可以使侵权人今后小心行事，避免再次侵害他人权益，也可以威吓、阻止其他为社会所不期待的侵权行为的发生。[①]但在环境侵权责任中，补偿性赔偿制度却失去了应有的预防功能，这主要是通过法经济学进行的考察。

法经济学认为，成本—收益的计算引导主体的选择与商事秩序的形成，对企业行为的解读，首先应准确把握主体在交易中通过成本—收益的计算所作出的理性选择。[②]理性选择理论的基本思想便是经济行为人能够比较各种可能行动方案的成本与收益，从中选择那个净收益最大的行动方案。[③]若适用补偿性赔偿制度，企业在仔细进行成本—收益的计算之后便发现，不采取预防环境事故发生的有效措施更符合利益最大化的要求。因为即使酿成环境污染事故，污染事故导致的赔偿成本也远低于守法经营的成本(购置治污设备、运营维护等)。

侵权法的经济本质就是“通过责任的运用，将那些由于高交易成本造成的外部性内部化”。[④]在美国，如果环境污染发生，肇事企业不仅要赔偿受害者的损失，而且还要对受污染的生态进行修复，这些高昂的赔偿和修复费用便通过惩罚性赔偿让肇事企业支付。而在国内，企业支付的损害赔偿金，无法完全填补其造成的损害，最后损害后果还要由国家与人民“买单”。可见，补偿性赔偿制度使得一些本该由企业承担的内部化成本转移到公众身上。因此有学者认为，“在与商业有关的侵权中，制造商也许发现赔偿打入成本比改正缺陷更为有利可图”。[⑤]

在损害频繁的现代社会，预防损害的功能是非常重要的，美国学者卡拉布雷西认为：“事故法的首要功能就是减少事故成本与避免事故发生的成本

---

① 程啸：《侵权责任法》，法律出版社2016年版，第27—28页。

② 潘林：《“对赌协议第一案”的法律经济学分析》，《法制与社会发展》2014年第4期。

③ 魏建：《理性选择理论与法经济学的发展》，《中国社会科学》2002年第1期。

④ [美]盖多·卡拉布雷西：《事故的成本》，北京大学出版社2008年版，第24—26页。

⑤ 张骐：《产品责任中的损害与损害赔偿——一个比较研究》，《法制与社会发展》1998年第4期。

的总和。"①而在我国现行法律制度下，环境侵权赔偿仅适用补偿性赔偿制度，这远不能达到预防的有效水平，其造成的"违法成本低，守法成本高"的现象甚至还会诱惑严格遵守环保规定企业走向违法。②因此，我国环境侵权制度必须加大对环境侵权的惩罚力度，提高违法成本，只有这样才能从经济角度遏制环境侵权行为的发生。

三、环境法中惩罚性赔偿制度的引入

鉴于环境侵权的严重性与补偿性赔偿的无力，笔者以为，我国有必要在环境侵权领域引入惩罚性赔偿制度。所谓惩罚性赔偿，即在补偿性损害赔偿外，在一定条件下，尤其是加害人的行为出于恶意、轻率不顾他人权益时，为惩罚加害人，令其对被害人另外支付的金额。③

（一）惩罚性赔偿的必要性

惩罚性赔偿金既可以鼓励原告起诉，又能惩戒侵权行为，从而抑制被告的侥幸心理，使其惮于从事构成惩罚性赔偿的行为。④

1. *有效预防侵权行为*

惩罚性赔偿制度可以有效预防侵权行为的再度发生。环境侵权现象的泛滥，其背后有着深层次的经济利益驱动，是侵权人在衡量违法成本与经营收益的基础上作出的理性选择。而惩罚性赔偿通过剥夺加害人的非法利益，加大其侵权成本，使其无利可图，甚至得不偿失，从而在经济上遏制其从事侵权行为的冲动，产生特定威慑。⑤如此，侵权行为再度发生的可能性自然会降低。

但有的学者认为惩罚性赔偿会使被告方采取过度的预防措施，导致效率低下，这样的结果从社会整体上来讲是得不偿失的⑥。对此，笔者以为当前我

① [美]盖多·卡拉布雷西：《事故的成本》，北京大学出版社 2008 年版，第 9 页。

② 唐红：《环境侵权诉讼中惩罚性惩罚制度之引入及其规制》，《人民司法》2014 年第 21 期。

③ 王泽鉴：《损害赔偿法》，北京大学出版社 2017 年版，第 355 页。

④ M. Rustad: The Social Function of Punitive Damages and the Law of Evidence, Harvard Law Review, 1986, 53。

⑤ 程啸：《侵权损害赔偿法》，法律出版社 2016 年版，第 24 页。

⑥ 阳庚德：《私法惩罚论——以侵权法的惩罚与遏制功能为中心》，《中外法学》2009 年第 6 期。

国已经把生态环境建设摆在更加突出的位置，中央也提出了“宁要绿水青山，不要金山银山，而且绿水青山就是金山银山”的大政方针。我们应认识到做好环境侵权的预防，即使降低经济发展速率，对当前的社会整体利益也是有利的，否则，国家花费78亿元处理松花江重大水污染事件的教训便还会上演。

2. 更好地填补损害

由于环境侵权的广泛性、间接性与持续性，补偿性赔偿往往无法给予原告完全的救济，无法实现侵权法的损害填补功能。①而惩罚性赔偿制度可以解决补偿性赔偿的这一困境。

对此，一方面，惩罚性赔偿可以补偿被害人不能证明或难以证明的损害（生态损失、精神痛苦），或补偿被害人提出诉讼主张权利所支出的律师费、诉讼费用，生态损失，等等。

另一方面，惩罚性赔偿制度的确立也与我国国情密切相关。由于我国的整体经济实力弱、损害事故频发等，责任保险、社会保险、国家补偿等救济制度不健全，对受害人的补偿力度比较小。因此，众多学者认为，在当前国情下，侵权责任法的损害填补功能仍然具有非常重要的地位。②而在环境侵权领域，由于补偿性赔偿不能填补全部损失，加之被害人难以寻求其他救济途径，导致最后由政府“买单”。在这种情形下，固守补偿性赔偿不仅加重了被害人的不幸、也严重有违公平正义。

3. 执行法律

惩罚性赔偿的鼓励私人执法功能又被称为激励功能，是指通过使原告从胜诉中获得超过其受到的损失及诉讼所花费的费用，给予私人以经济诱因，鼓励私人利用其所掌握的信息以“私人检察长”身份提起诉讼，填补公共执法的不足，实现执法目的，进而维护受害人权益及整体的社会公共利益。③原告在寻求法律救济时会进行理性选择，考虑的成本包括：律师费、车旅费、误工费、诉讼时间以及对于胜诉的不确定性等。而且在环境侵权案件中，鉴于侵权行为具有长期性、隐蔽性等特点，诉讼程序具有鉴定费用庞大、耗时较长等特殊性，即使原告胜诉，其获得的损害赔偿与救济成本相比，实际获得的赔偿较少，甚至得不偿失。况且，侵权后果常表现多数人的小额损

---

①③　冯汝：《民法典背景下我国环境侵权惩罚性赔偿制度的建立》，《环境与可持续发展》2016年第3期。

②　王利明：《侵权责任法制定中的若干问题》，《当代法学》2008年第5期。

失，在很多情况下由于被害人实际损害甚为微小，或者只存在环境公共利益的损害，私人因没有经济动力，往往不愿提起诉讼。耶林在其《为权利而斗争》一文中指出，“在私法上要求每个人在各自的岗位上维护法律”。[①]但当救济成本与预期的赔偿相比得不偿失时，原告只会以“理性的冷漠”对待环境侵权。从这个角度理解，在环境侵权责任中引入惩罚性赔偿可以增强私人提起诉讼的动力，鼓励私人环境维权。

（二）理论上可行性

在理论上，惩罚性赔偿的反对者主要有三种观点：一是它与“任何人不得因损害而获得利益”的理念相违背；二是受害人取得超出其损害的赔偿的正当性基础难以证成；三是它与既有的补偿性的损害赔偿制度难以协调。[②]但在环境侵权中，这三个理由似乎并不能站住脚。

1. 禁止得利原则

禁止得利原则指的是损害赔偿之目的在于排除损害，恢复损害发生前的原状，不能使被害人因此受有不当的利益。惩罚性赔偿因为其赔偿数额会超出实际损害，所以被反对者认为是被害人得利。但在环境侵权中，一方面，由于环境侵权的特性，实践中往往存在原告不能证明或难以证明的损害（生态损失、精神痛苦）。那么所谓“超出受害人实际损害”的赔偿实际上是对这些无形损害的赔偿，只是因为无形损害难以用金钱衡量，而以可见损害的合理倍数予以计算。[③]另一方面，美国夏基（Sharkey）先生认为，由于被告造成的广泛损害而引起的应当予以赔偿的社会性损害，尽管远远超出了原告人蒙受的损害。但原告只是作为社会成员的代表享受对于社会性损害的损害填补，之后可以通过后续辅助性的技术手段分割这些损害填补，使得所有社会成员得到共享。[④]如美国部分州法律规定的分立式赔偿制度，原告要将他们所获得的部分惩罚性赔偿金上交给州或基金会。[⑤]鉴于此，环境侵权

---

① ［德］鲁道夫·冯·耶林：《为权利而斗争》，胡宝海译，中国法制出版社 2004 年版，第 53—54 页。

② 王利明、周友君、高圣平：《中国侵权法责任法教程》，人民法院出版社 2010 年版，第 368 页。

③ 马新彦、邓冰宁：《论惩罚性赔偿的损害填补功能——以美国侵权法惩罚性赔偿制度为启示的研究》，《吉林大学社会科学学报》2012 年 5 月。

④ Catherine M. Sharkey：Punitive damages as societal damages，Yale Law Journal，2003，389。

⑤ 王泽鉴：《损害赔偿法》，北京大学出版社 2017 年版，第 372 页。

案件中的原告通过惩罚性赔偿制度获得赔偿也就不存在所谓的过分获益或多重赔偿问题。

2. 正当性论证

惩罚性赔偿的正当性在于其损害填补的功能。惩罚性赔偿虽然有迷惑性的名称——"惩罚性"赔偿，但其作为损害赔偿的本质决定了它的损害填补功能。程啸教授认为："即便是惩罚性赔偿，也不是以惩罚为目的，它只是要通过剥夺加害人的非法利益，加大其侵权成本，使之得不偿失，从而在经济上遏制其从事侵权行为的冲动。"换言之，惩罚性赔偿对于侵权人制裁的根本目的是要填补受害人的损害并预防侵权行为的再次发生。值得注意的是，德国联邦最高法院也明确强调对精神痛苦和身体痛苦的赔偿金并不是一种惩罚的手段。另外，在环境侵权中，损害还包括社会性的生态损害、环境破坏和个体的无形财产损失等，这些损害均是补偿性赔偿无法填补的。而惩罚性赔偿只不过在补偿性赔偿的基础上填补了无法证明或难以证明的损害。

除此之外，关于惩罚性赔偿正当性的论证还有"精神损害赔偿与部分惩罚性赔偿功能等同论"与"私人协助执法报酬论"。前者认为"超出被害人实际损害"的部分其实是对被害人精神损害赔偿的填补。后者认为高额的赔偿金是因私人协助国家执法而给予其的报酬。①

综上所述，经过重新解释和改造的惩罚性赔偿制度符合正当性的要求。

3. 与补偿性损害赔偿关系

王泽鉴教授指出惩罚性赔偿与补偿性损害赔偿的关系是：(1)惩罚性赔偿请求权的发生须以补偿性损害赔偿的存在为要件。惩罚性赔偿与补偿性损害赔偿系两个请求权基础，前者附属于后者，若无补偿性损害赔偿请求权时，则不发生惩罚性赔偿。惩罚性赔偿不能单独存在。(2)惩罚性赔偿的数额系以补偿性损害作为基础，现行法系依赔偿额的一定倍数计算惩罚性赔偿，以维持合理的比例关系。由此可见，惩罚性赔偿与补偿性赔偿并无冲突可言。

---

① 张保红：《论惩罚性赔偿制度与我国侵权法的融合》，《法律科学(西北政法大学学报)》2015年第2期。

四、环境侵权中惩罚性赔偿制度的构建

在确定引入环境侵权惩罚性赔偿的基础上，我们可以借鉴国内外的立法现状，以建立既符合我国国情又走在立法前沿的环境侵权惩罚性赔偿制度。

（一）美国立法的借鉴

自1784年吉内诉诺瑞斯案（Genay v. Norris）开始，在美国的50个州中，已有45个州的法律确立了惩罚性赔偿制度。其惩罚性赔偿制度的司法实践值得我们借鉴。

1. 分立式赔偿制度

在美国，有8个州要求原告将惩罚性赔偿金的一部分上交给州。其中佐治亚州、印第安纳州以及爱荷华州要求原告将惩罚性赔偿金的75%交给州立基金。在爱荷华州，倘若被告的行为未针对原告时，惩罚性赔偿金只交给民事赔偿信托基金。阿拉斯加州、犹他州要求惩罚性赔偿金的50%上交给州立信托基金，密苏里州要求上交50%给受害人赔偿基金。俄勒冈州要求惩罚性赔偿金的40%支付给原告，其中包括最高20%是支付律师费和相关费用，60%上交给刑事损害赔偿的账户。在伊利诺伊州，原告要上交的金额完全根据审判法院的自由裁量，将惩罚性赔偿分配给原告、原告律师以及伊利诺伊州的公共服务部。除此之外，在俄亥俄州的一个案件中，法官在判决中阐述：原告只能获得三分之一的惩罚性赔偿金，其余部分要上交给法院所设立的癌症研究基金。王泽鉴教授认为："诸此规定系认为惩罚性赔偿设计公益，赔偿金不能全归被害人，其中部分应用于公共用途。"①

由此可见，美国惩罚性赔偿金的作用是多元化的，既担负着生态系统修复的作用，也担负着损害赔偿的作用。

2. 惩罚性赔偿金的数额被严格限制

美国法律对惩罚性赔偿金进行了严格限制，限制的方式分为两种：一是设定金额上限。一些州已经通过法律规定来限制惩罚性赔偿的金额。如新

---

① 王泽鉴：《损害赔偿法》，北京大学出版社2017年版，第372页。

泽西州将金额限定于35万美金或五倍于实际损害之内。[①]二是通过设定惩罚性赔偿金和补偿性赔偿金之间的合理比例予以限制惩罚性赔偿金的数额。例如2008年在审理埃克森航运公司诉贝克一案(Exxon Shipping CO. et al. v. Baker et al.)所确定的比例为1∶1。[②]

3. 对于精神权利的救济

在1973年的美国诉挑战管制机构程序学生协会案件中(United States v. Students Challenging Regulatory Agency Procedures),5名法学院学生联名起诉联邦州际商务委员会,反对该委员会批准铁路部门加收2.5%附加运费的决定。他们认为,增加运费将导致很多可循环利用的物质得不到运输,从而引起伐木、采矿活动和垃圾的增加。这些都危害他们享用华盛顿州山区自然环境的利益。他们还认为,由于这项决定,国家的自然资源要遭到更多的开发和浪费,国家的环境质量要受到损害。最高法院认为,原告所称损害是一种"特定的和可觉察的损害","实际损害的范围和程度无关紧要,只要存在某种实际损害就行"。法院通过对于原告诉讼资格的认可确认了"原告对环境的精神权利构成了法律需要保护的权利"。[③]

(二)我国产品责任的借鉴

环境侵权责任与产品侵权责任之间具有相当多的共性(长期性、持续性和广泛性),而我国的产品责任制度却早已吸纳惩罚性赔偿制度,包括:《侵权责任法》第47条、《食品安全法》第148条第2款、《消费者权益保护法》第49条、第55条。这些惩罚性赔偿的规定是对我国传统民事侵权补偿性赔偿的一个重大突破,为在环境侵权中引入惩罚性赔偿提供了重要依据和参考。

1. 惩罚性赔偿的适用条件

《侵权责任法》第47条可以看作惩罚性赔偿的一般条款,其中有三点可以为环境责任借鉴:(1)惩罚性赔偿请求权的发生以一般侵权损害赔偿请求权的存在为前提,要求具备侵权行为、损害结果、因果关系与违法性要件。

---

① 杨瑞英:《初探惩罚性赔偿在美国环境侵权中的适用》,《2004年中国环境资源法学研讨会(年会)论文集》2004年第1217页。

② 吕忠梅:《环境损害赔偿法的理论与实践》,中国政法大学出版社2013年版,第270页。

③ 王曦:《美国环境法概论》,武汉大学出版社1992年版,第149—150页。

(2)产品责任是无过错责任,但是若适用惩罚性赔偿则要求具备主观过错要件。(3)惩罚性赔偿中的具体计算标准如何,交由法官判断结合具体案件确定赔偿数额。

2. 惩罚性赔偿金额的量定

《消费者权益保护法》第55条是关于惩罚性赔偿金额的确定。需要注意的有三点:(1)惩罚性赔偿的数额系以补偿性损害作为基础,在填补其受到的实际损失的基础上,受害人可以另外行使惩罚性赔偿请求权。(2)具体赔偿数额的确定不完全依据被侵权人的实际损失而定,而是由法官结合各种因素综合判断。(3)对惩罚性赔偿金额的限制分为两种,一类是未造成人身损害的,以产品或服务价格的三倍为限,并规定了最少额度;另一类是造成人身损害的,以所受损失二倍为限,具体数额可由法官裁量。

(三) 环境侵权惩罚性赔偿的设立

在借鉴美国环境侵权惩罚性赔偿制度及我国现存惩罚性赔偿制度的基础上,笔者对我国环境侵权惩罚性赔偿制度的设立提出以下建议。

1. 惩罚性赔偿的适用条件

鉴于惩罚性赔偿的惩罚作用,环境侵权责任中惩罚性赔偿要比补偿性赔偿的适用条件严格,主要表现在须以主观过错为要件。在适用补偿性损害赔偿时,行为人的行为违反排污的国家标准或地方标准不能作为污染者承担补偿性损害赔偿的理由。①但在适用惩罚性赔偿时,笔者以为只有当行为人主观过错外在客观表现为行为的违法性时,才可以适用惩罚性赔偿。故环境侵权惩罚性赔偿的适用条件应包括:环境侵权行为人客观上实施了污染环境的行为且具有违法性、存在环境侵权损害事实、二者之间存在因果关系、环境侵权行为人有故意或者重大过失的主观过错。②

2. 惩罚性赔偿金额的量定

对惩罚性赔偿金额的确定是惩罚性赔偿制度的关键,其多少既要对侵害人产生实际的威慑力,又不能使企业的经济能力受到根本性打击,挫伤社会经济的发展动力。③惩罚性赔偿金额的设置方式通常有两种:与补偿性赔

---

① 王胜明主编:《中华人民共和国侵权责任法解读》,中国法制出版社2010年版,第326页。

② 前水苗、侯轶凡:《惩罚性赔偿在环境侵权中的适用——以责任竞合为视角》,《甘肃政法学院学报》2011年第6期。

③ 李征:《论环境侵权的民事赔偿模式——以惩罚性赔偿为视角》,《江海学刊》2011年第4期。

偿额之间设置一定的比例和设定最高限额。对于这两种设置方式,笔者认为,在确立惩罚性赔偿金的数额时,可以规定补偿性损害赔偿金或生态修复费用的一定比例作为惩罚性赔偿金。具体而言,法律应规定比例的上限,但并不应设立数额的上限。原因在于,环境损害的修复费用往往数额巨大,如松花江重大水污染事件,国家总共投资78亿元用于生态修复。除了考量比例关系,法官在确立惩罚性赔偿金时还须综合考虑以下因素:(1)行为的违法性;(2)行为后果的严重性(环境损害程度,受害人人身、财产损害的程度);(3)行为人的经济状况和事故发生时的处理措施;(4)行为人因该侵权行为所获利益与守法经营需要的成本;(5)行为人承担其他行政责任或刑事责任的情况,其金额总和要足以起到个别预防与一般预防的作用;(6)原告的诉讼费用,要能够起到鼓励原告提起诉讼的作用。

3. 精神损害赔偿

除了财产和人身损害以外,环境侵权的损害后果还包括环境享受损害,它通常包括两个方面,一是妨碍他人依法享受适宜环境的权利或正常生活,二是对环境要素造成非财产性损害,降低环境要素的功能或价值。环境侵权案件给受害人造成的精神损害是显而易见的,这种精神上的痛苦甚至伴随终身,可能比身体的伤害更为严重,对于这样真实存在的精神损害,法律不予以救济显然不符合法律的正义。因此,对于环境侵权所造成的受害者的精神损害和环境权益损害等也应当被纳入损害赔偿的范围才更加合理。这种精神损害的价值的无形性和抽象性使得对其的金钱赔偿不具有可衡量性,因而呈现出惩罚的特征。对精神损害的赔偿就其范围而言,是对于补偿性赔偿原则的扩大,因此可以看作是惩罚性赔偿的一部分。

4. 惩罚性赔偿金的归属

惩罚性赔偿金应当如何分配,理论界存在很大争议。有观点认为,惩罚性赔偿应当完全归属受害人;①有观点主张应当全部上交政府;②有观点支持部分归属受害人,部分上交政府。③笔者认为,美国的分立式赔偿制度有很多可以借鉴之处。第一,受害人的损失需要弥补,惩罚性赔偿金首先应当

---

① 王立峰:《论惩罚性损害赔偿》,载梁慧星主编:《民商法论丛》第15卷,法律出版社2000年版,第85页。

② 王利明:《美国惩罚性赔偿制度研究》,《比较法研究》2003年第5期。

③ 李平:《惩罚性赔偿在我国侵权法领域的适用》,《江海论坛》2006年第5期。

支付这一部分的费用，包括支付律师费、车旅费、误工费等。第二，恢复环境良好状态需要政府，所以惩罚性赔偿金中有一部分的费用应当归属政府。当然，如果条件允许，也可以用于成立相关基金。第三，在环境公益诉讼中，应给予原告适当金钱，相当于为公众起诉的服务报酬。由此，个人的损害补偿归个人，政府或基金的环保支出归政府或基金，公益组织的服务报酬归公益组织，各得其所。

第三章　环境责任保险合同之当事人分析

“凡公司，企业或个人，在从事各项业务经营和日常生活中，由于疏忽，过失等行为造成他人的损害，根据法律应对受害人承担的经济赔偿责任，都可以由负有赔偿责任的人，投保有关的责任保险。”①环境责任保险是责任保险的一种，属于财产保险的范畴，是我国尚在构建完善的责任保险制度，既有传统责任保险的特征，又具有其独特的特质。环境责任保险又称为环境污染责任保险，《国家环境保护总局、中国保险监督管理委员会关于环境污染责任保险工作的指导意见》认为“环境污染责任保险是以企业发生污染事故对第三者造成的损害依法应承担的赔偿责任为标的的保险”。

第一节　环境责任保险之保险人研究

一、保险人的公共属性

我国《保险法》第10条第3款规定：“保险人是指与投保人订立保险合同，并按照合同约定承担赔偿或者给付保险金责任的保险公司。”由此可见，环境责任强制保险的保险人应当是指“与投保人订立保险合同，并按照合同约定，承担被保险人因环境污染造成的对第三人的赔偿或者给付保险金责任的保险公司”。由于环境责任保险的特殊性，其保险人显示出了相对于一般保险人的更为显著的公共属性。

首先，环境责任保险的标的具有明显的社会性。环境污染责任保险的保险标的是企业发生污染事故对第三者造成的损害依法应承担的赔偿责

① 王书江：《中国商法》，中国经济出版社1994年版，第409页。

任，即环境侵权责任。而现代环境侵害事故呈现出四大特征：原因行为的合法性；损害的巨灾性和受害者的广泛性；事故频率的高发性；事故的潜伏性、累积性和迁延性。这四大特征决定了环境侵权责任具有社会性。

其次，环境责任保险的受益群体具有公共性和广泛性。从微观方面来看，一方面，环境责任保险对保障受害者的合法利益具有重要的作用，另一方面，环境责任保险有利于企业合理有效地分散风险从而促进企业的持续经营和合法地扩大再生产；从宏观方面来看，有利于减轻政府负担，对经济之发展以及政治之稳定亦具有重要意义。因此，环境责任保险的利益相关者范围非常广泛且不特定，是达到保险人、被保险人、受害人和社会共赢的有效方式。

最后，现阶段环境责任保险的发展与推行亦具有公共属性，其需要国家法律和政府政策的强制力量来支持，通过完善的法律推广普及。此外，由于环境污染事故损害的严重性和持续性，纯粹的商业保险公司无法独自承担保险责任。借鉴国外成熟的环境责任保险制度，通常由国家财政扶持的保险公司作为保险人。国家政府的参与凸显了环境责任保险的公益性。

环境责任保险保险人的公共属性决定了保险人不仅是一般商业性保险合同中的合同当事人，还需承担一定的政策公益性的责任。这体现在环境责任保险合同中缔约义务、承保责任范围、除外责任、责任期间和保险费率等合同条款受到一定的限制，此外，政府往往要求环境责任强制保险的保险人在确定保险费率时坚持“无盈无亏”或“保本微利”的原则，对保险人的准入也严格限制审批，这无疑都加重了保险人的责任与义务。

二、保险人的运营方式

从环境侵权责任保险的承保主体看，目前主要有三种运营模式：一是美国式的专门保险机构，即 1988 年成立的环境保护保险公司；二是意大利式的联保集团，即其 1990 年成立由 76 家保险公司组成的联合承保集团；三是英国式的非特殊承保机构，其环境侵权责任保险由现有的财产保险公司自愿承保。①

① 周珂、刘红林：《论我国环境侵权责任保险制度的构建》，《政法论坛》2003 年第 5 期。

我国现有环境责任保险仍属于商业保险范畴，且只对突发性环境污染事故承保。而保险机构运营方式则类似于英国式的非特殊承保机构模式，虽然立法上确定了保险公司的筛选标准，但依然是由普通的商业公司进行承保。参照已有的险种，环境责任保险机构的运营方式包括一般的商业保险公司和互助式保险机构。例如，我国国务院《防治船舶污染海洋环境管理条例》第 53 条第 3 款规定："承担船舶油污损害民事责任保险的商业性保险机构和互助性保险机构，由国家海事管理机构征求国务院保险监督管理机构意见后确定并公布。"交通部 2013 年 8 月 31 日修改实施的《中华人民共和国船舶油污损害民事责任保险实施办法》第 9 条和第 10 条对商业性保险机构和互助性保险机构应当满足的资质和条件也进行了规定。①

参照国外经验和国内国情，建议我国以政府扶持商业保险公司为主，以互助式保险机构为辅；先承保突发性环境污染，再承保渐进式环境污染。

（一）以政府扶持商业保险公司为主，以互助式保险机构为辅

之所以要以政府扶持商业保险公司为主，是因为环境责任保险的承保风险远远大于一般的商业保险，其赔付金额更是远超其他类型的商业保险，加之环境侵害事故认定的复杂性和专业性加大了保险人的成本，所以纯粹的商业保险公司无力也没有积极性去主动开拓市场，此时需要政府力量的介入。采用政府扶持的办法能保持环境责任保险的公信力和国家注入资本的畅通性，同时将发挥市场力量，利用民间资本，最大限度地控制风险，获得效率和利益的双赢。可以采取政府出资参股、控股方式设立官办政策性保险公司的方式，亦可以采取政府补助、税收减免等形式鼓励承保。我国现阶段的国情及环境责任保险的公共属性注定了我们建立和推广环境责任保险机制不可能不依赖政府的力量。

但与此同时，也应当注意避免过于依赖政府，积极探索互助式联保集团的方式进行承保。意大利米兰 76 家保险公司组成的联合承保集团开始承保环境污染责任后，迅速抢占了 90%以上的市场份额，而我国目前已有的中国核保险共同体和中国航天保险共同体，由于具有资金优势和分工合作

① 阳露昭：《我国环境污染责任保单承保渐进性污染的法律思考》，《海商法保险法评论》（第5卷）。

的优势，在两大高风险尖端技术产业已经发挥了非常重要的作用，有效地横向分散风险。这充分证明联保集团可以充分利用现有的市场资源，避免政府过度干涉，具有较高的市场竞争力。

此外，再保险也是一种分散风险的有效方式。保险人在原保险合同的基础上，签订分保合同，将超过其自身业务承受能力的部分风险和责任向其他保险人投保，把不规则的、偶发性的自然灾害和意外事故的责任在同业之间共同分担，取得大面积的地区之间的平衡以及各类保险业务之间的平衡。①环境责任保险的保险人可以将环境污染责任这一小概率大损失的风险通过再保险进行分散，同时再保险人可将超过自身承受能力的风险再次转分保出去，达到风险的依次、有效分散。

（二）先承保突发性环境污染，再承保渐进式环境污染

之所以要先承保突发性环境污染，再承保渐进式环境污染，是因为相对于突发性的污染，渐进式污染事故的风险更为不可控，赔付率也更高，且赔付过程也更为繁琐，保险公司更不愿意承保渐进式污染风险，有些学者甚至认为渐进式环境污染不具有可保性。因此，我国目前的环境责任保险仍以突发性环境污染作为主要的承保范围，实践中现有的保单也能说明这一点，如中国人民财产保险股份有限公司湖北分公司《环境污染责任保险条款》中第 3 条、第 7 条明确将渐进式污染损失排除在赔偿范围外，《平安环境污染责任保险条款》也有类似规定。

但渐进式环境污染时有发生，渐进式环境责任保险存在其市场需求。此外，从国际现状和趋势来看，渐进式环境污染的风险正不断纳入保险范围内。我国亦并未回避这一问题，《关于开展环境污染强制责任保险试点工作的指导意见》将重金属污染企业纳入必须承保的试点企业范围内，而重金属污染企业主要造成的损害便是渐进式污染损害，由此可见，将渐进式污染损害纳入环境责任强制保险已经取得一定的共识。但由于渐进式环境责任保险的经营需要较高的成本、环境风险复杂性高、损失评估难度大，往往保险人开展此业务的积极性不高。因此，还有赖于政府相关部分基于一定的政策及财务扶持，才能逐步推进渐进式环境责任保险的发展与适用。

---

① 徐文虎、陈冬梅主编：《保险学》，北京大学出版社 2008 年版，第 193 页。

三、保险人的权利义务

(一) 保险人的权利

我国《保险法》第14条规定:“保险合同成立后,投保人按照约定交付保险费,保险人按照约定的时间开始承担保险责任。”从该法条可以看出,保险人最基本的权利和义务即收取保费和承担保险责任。此外保险人还在特殊情况下享有法定合同解除权。第16条第2款规定:“投保人故意或者因重大过失未履行前款规定的如实告知义务,足以影响保险人决定是否同意承保或者提高保险费率的,保险人有权解除合同。”除了以上由法律直接规定的权利以外,由于环境责任强制保险中保险人的特殊性,还应强调其享有的责任保险人特有的权利。

1. 环境责任强制保险人的监督权

因为控制风险是环境侵权责任保险的要旨,控制风险应当从预防风险和分担风险两方面来考虑。我国《保险法》将风险变动作为投保人告知义务中的重要内容,并且赋予了保险人在被保险人故意或重大过失中的解除权或免赔权,从另一个角度来讲,是鼓励保险人利用保费利益来促进被保险人加强风险防范。现代保险理论认为保险兼具金融流通和社会管理的作用。“由保险的基本功能派生的类似于政府或其他社会管理组织承担的一些功能,比如稳定社会秩序、再分配、防灾防损等功能,它是政府或者其他社会管理组织职能的补充、替代、辅助和延伸。”①

强调保险人的监督权,一方面是出于保险人自身利益的考虑,毕竟降低环境损害发生的几率意味着保险公司利润的增加,也意味着其履行职责的积极性会提高;另一方面则是出于预防风险、降低环境污染事故的考虑,在环境责任保险合同履行过程中,保险公司不定期监督检查投保人是否恪守对污染防治设施的注意义务,可以强化投保人遵守环境与安全法律法规,增强控制污染危害的意识。②同时,与行政管理部门相比,由于保险人具有经营风险的顾虑,对于预防风险更具有动力、专业性更强。

---

① 彭金柱、蒲海成:《论现代保险的社会管理功能及其实现途径》,《保险研究》2004年第4期。

② 阳露昭、田其云:《论环境侵权责任社会化救济的理论依据及其实现途径》,《学术交流》2006年第8期。

环境责任强制保险人的监督权体现在投保时和承保期间这两个时段：

一方面，投保前保险人可以对被保险人的相关措施进行监督核查，要求企业必须遵守法律、法规的规定采取防止环境污染事故的措施，根据对污染危险程度及状态的评估，保险人可选择拒绝承保、承保或调整保险费率等不同方法予以应对。此外保险人可以通过在保单中对投保人的污染防治设施和义务做出明确要求来起到监督之作用，保险人可以约定若损害事故是由于违反相关环境法律法规的保险人不予赔偿等条款约束被保险人的行为，引导其恪守注意义务。

另一方面，承保期间保险人仍有跟踪监督的义务，根据不定期进行的对企业环境保护状况进行评估，根据风险的变化情况决定是否调整保险费或者解除保险合同，这亦可间接起到强化投保人遵守环境法律法规、增强污染危害意识的效果。这种监督不仅仅包括检查被保险人即企业是否符合环境法律法规规范标准，也包括是否采取了积极的措施降低环境污染事故发生的几率。如德国学者芬克(Fink B)所言，保险人可以检查工厂是否建立了环境管理的有效预警机制以及是否具有定期的生态审计。此外，由于环境责任保险人的公共属性，这种监督权的范围应予以放大，包括向被保险人的警示和建议，以及向环保监管部门举报等行为。

环保部和保监会于 2013 年 1 月发布的《关于开展环境污染强制责任保险试点工作的指导意见》中规定："保险公司应当按照保险合同的规定，做好对投保企业环境风险管理的指导和服务工作，定期对投保企业环境风险管理的总体状况和重要环节开展梳理和检查，查找环境风险和事故隐患，及时向投保企业提出消除不安全因素或者事故隐患的整改意见，并可视情况通报当地环保部门。"所以强制保险人实际上应起到在事故发生前控制风险的重要工具之作用，准确来讲，环境责任强制保险人对被保险人的监督工作不只是一项权利，也是一项义务。

2. 环境责任强制保险人的参与权

"责任保险中，保险人最终赔付金额的发生还受到诉讼风险等后期的法律风险的影响，例如因不积极应诉而导致的不利判决等。为此，各国的保险法普遍赋予保险人在责任险中的参与权，以便在诉讼理赔中扮演更积极主动的角色，减少不必要的法律成本。"①这种参与权在环境责任强制保险具

① 张梓太、张乾红：《我国环境侵权责任保险制度之构建》，《法学研究》2006 年第 3 期。

体而言体现为“强制保险人有权介入保险事故纠纷的认定或处理的权利，使得强制保险人不再消极等待被保险人与受害第三人之间的纠纷处理结果，而是直接代为处理保险事故纠纷或至少是参与到被保险人对受害第三人之间的保险事故处理过程之中”。①

保护保险人的参与权在环境责任强制保险中也具有重要的意义。不但可以减少诉讼成本，降低保险诉讼纠纷发生的几率，还可以更快速、更精准、更可靠地进行保险事故的评估和认定，对于保护第三人受损利益，实现环境责任强制保险价值具有重要的意义。此外，从法定权的角度进行考虑，环境责任强制保险是由法律规定强制推行的，承保成为保险人的法定义务，依照权利义务的平衡性，应当同时保证环境责任强制保险人的合法权利。保险人的参与权正是保险人合理履行合同的约定义务应当赋予的权利。

环境责任强制保险人的参与权包括四方面的内容：

其一，要保障保险人的及时参与，首先应当保障保险人的知情权。我国《保险法》第22条明确规定：“投保人、被保险人或者受益人知道保险事故发生后，应当及时通知保险人。”此条从侧面保护了保险人的参与权，具体而言，被保险人就环境侵权赔偿责任的有关诉讼、仲裁，尤其是有关赔偿责任的承认、和解及权利放弃等事项，应当及时告知保险人。虽然法律未对违反该告知义务的法律后果予以明确，但此举显然不符合保险合同中的最大诚信原则，在司法实践中不能不予以考虑。若被保险人未告知其被索赔的事实，而与第三人和解或被法院判决承担责任，保险人因不知该事项的发生而未予参与或者未经保险人的书面同意，保险人应该不受约束，有权根据法律及责任保险合同，重新核定保险理赔金额及赔偿责任；当然，保险人也可以依据意思自治原则，自愿给付保险金。②

其二，应当保障保险人的抗辩权及和解权，即保险人可以参与到诉讼、仲裁等赔偿事项中的，或者进一步可以取得被保险人所享有的抗辩权及和解权。由于我国法律尚未明确规定责任保险人的抗辩权及和解权，前述两种权利尚产生于保险合同约定的抗辩及和解条款。此外，笔者认为此种抗辩权及和解权是一种参与权而非控制权，无论是诉讼中还是在和解、调解过

① 丁凤楚：《论机动车交通事故强制责任保险制度的完善》，《江西财经大学学报》2007年第1期。

② 董惠江、徐广海：《责任保险人参与赔偿模式的路径选择》，《法学研究》2013年第1期。

程中，保险人均应以平等的第三方主体之地位参与其中，平等地表达意见、提出抗辩，诉讼之裁判及和解、调解之结果均应在综合考虑三方意见与抗辩的基础上作出。如此，可以保证各方当事人之间的利益平衡。应当注意的是，保险人在进行抗辩或达成和解时应当做到善意及合理，在保护自身利益的同时应以被保险人权益保护作为基本出发点，“经通知未参与”及“恶意拒绝和解”均属于不当行使参与权的情形，①保险人应对由此给被保险人造成的损失承担赔偿责任。此外，保险人在弃权、违反禁反言条款及行使选择权的情况下亦可能出现丧失参与权的情形。

其三，被保险人对保险人行使参与权具有协助义务。由于环境责任保险的专业性与特殊性，投保人、被保险人不仅需及时告知保险人保险事故的发生及索赔相关事项，还应当向保险人提供一切所需资料与协助，包括向保险人提供其所能提供的与确认保险事故的性质、原因、损失程度等与抗辩有关的证明与资料。保险人询问相关信息的，被保险人也应当作出如实陈述。

其四，可以仿照韩国等国从各种配套制度规定中保障保险人的直接参与权，如在保险人向被保险人理赔之前，可以和第三人进行沟通，告知赔偿事项和赔偿工作进度，甚至直接依照第三人的请求自主判断是否向第三人支付部分理赔款。

（二）保险人的义务

1. 保险人的缔约义务

在环境责任强制保险合同中，保险人的缔约义务有两层含义：

一是指保险人的强制承保义务。由于环境责任保险的强制性，保险人具有强制承保义务，这与投保人的强制投保义务相对。这是对保险合同当事人双方在缔约自由上的强制，投保人必须投保，而保险公司也有应相对人的请求，与其订立保险合同的义务。环境责任强制保险作为与目前较为成熟的交强险类似的第三人责任险，也可以采用其有益经验，一旦保险人被国家指定为环境责任强制保险的合格保险机构，则必须履行与投保企业缔约的义务。当然，此种强制承保义务亦不是无限度、不加区分的，对于不符合法律法规规定的承保范围的、有损于社会公共利益，仍应排除在强制承保义务范围之外。

---

① 董惠江、徐广海：《责任保险人参与赔偿模式的路径选择》，《法学研究》2013年第1期。

二是指保险人在缔约过程中对保险条款的说明义务以及对免责条款的明确说明义务。《保险法》第17条规定:“订立保险合同,采用保险人提供的格式条款的,保险人向投保人提供的投保单应当附格式条款,保险人应当向投保人说明合同的内容。对保险合同中免除保险人责任的条款,保险人在订立合同时应当在投保单、保险单或者其他保险凭证上作出足以引起投保人注意的提示,并对该条款的内容以书面或者口头形式向投保人作出明确说明;未作提示或者明确说明的,该条款不产生效力。”由于环境责任的专业性、技术性,环境责任保险合同比普通保险合同具有更为显著的信息不对称,更需要用最大诚信原则来保护投保人的利益、防止道德风险。因此,在环境责任保险中,保险人的此种说明义务之提示注意程度相比于一般的责任保险应当更高,笔者认为应当达到一种“理性的内行人标准”,即具有一般知识的内行也可以明确了解保险人对合同条款所作出的说明及解释,即认为保险人已履行说明义务。

2. 保险人的保密义务

我国2002年《保险法》第32条规定保险人或再保险人接受人对保险业务中知道的投保人、被保险人的业务和财产情况负有保密义务。此款在现行《保险法》中已经删去,但是并不意味着保险人不用再承担此项义务。实际上,保险人的保密义务不仅有其现实必要性也具有法理依据。首先,保险人的保密义务不仅是保险人职业道德的体现,更是法律上最大诚信原则的要求。保险法领域对于当事人的诚信要求远远高于其他领域,因此,保险人的保密义务实际是最大诚信原则的具化要求之一。其次,从《合同法》的角度来看,保密义务作为合同的附随义务,是在法律允许的范围内并可自由约定的。但从《合同法》的基本原则来看,无论是诚实信用原则,还是不损害公共利益原则,都天然地要求合同当事人,为合同相对人保守在合同履行过程中获知的相应秘密。再次,商业秘密等保密信息是被保险企业的合法财产,往往可以给企业带来无形或有形的经济利益,保险人的保密义务亦是对企业合法财产的保护。

我国现行《保险法》规定保险人在订立保险合同时可以就保险标的或者被保险人的有关情况提出询问,投保人应当如实告知。因此,为了保险合同的更好履行,保险人在办理保险业务中必然了解投保人、被保险人的业务、财产以及个人身体等情况,而这些情况往往又是投保人、被保险人因其是商业秘密、个人隐私或者其他原因而不愿公开或传播的。在环境责任保险中，由于被保险人行业的特殊性，保险人的保密义务之履行显得尤为重要。根据环保部和保监会于 2013 年 1 月发布的《关于开展环境污染强制责任保险试点工作的指导意见》来看，试点中的许多强制被保险人都涉及化工制造、核工业等高新技术。而保险人对风险评估过程中必然对被保险人所拥有的专利技术的成熟度、产业规模等商业机密有所涉及。

投保人可以通过在保险合同中约定保密义务条款的方式来约束保险人的行为，此种保密信息的范围可以借鉴《反不正当竞争法》中关于“商业秘密”之界定，将其定义为不为公众所知悉、能为权利人带来经济利益，具有实用性并经权利人采取保密措施的技术信息或经营信息。《著作权法》《商标法》《专利法》中亦有关于知识产权的明确权利内容，或者，可根据被保险人的实际经营情况及行业情况作出特别约定；此外，保密期间的长短亦视实际情况作出具体约定。关于保密义务的主体范围，为了维护投保人、被保险人的合法权益，保险人及其工作人员对其知道的上述情况依法负有保密义务。同理，在联合承保集团及再保险模式中的联保人、再保险人亦负有同等的保密义务。

第二节　环境责任保险之投保人与被保险人分析

一、投保人与被保险人的范围

（一）投保人与被保险人的法律定义

我国《保险法》第 10 条第 2 款规定：“投保人是指与保险人订立保险合同，并按照合同约定负有支付保险费义务的人。”第 12 条规定：“被保险人是指其财产或者人身受保险合同保障，享有保险金请求权的人。投保人可以为被保险人。”我国《保险法》对投保人和被保险人规定得比较笼统，在环境责任保险的实践中，应给予具体、明确规定，因此对其范围的法律界定很有必要。

研究环境责任保险法律关系的主体是研究环境责任保险的前提。只有确定了主体，才能够更好地分配权利、义务和法律责任。环境责任保险法律关系涉及三方当事人即被保险人、保险人与第三人。其中,保险人自然是保险公司无疑,被保险人通常是有可能造成污染的企业,而第三人则是由于被保险人环境侵权行为损害了自身权益,因而能够向被保险人提出赔偿要求的人。①环境责任保险的投保人为企业,这里的企业应该是广义上的。对于轻重工业类的企业,由于污染极易产生,经常发生污染事故,是环境责任保险的潜在投保人,而养殖类与农副产品加工类企业虽不如工业企业的污染事故概率高,但也有可能发生污染事故,也能成为环境责任保险的潜在投保人。②广义上的企业,并不是指所有的企业,这与德国对投保人的界定有明显区别,这里的广义上的企业指的是对环境有污染的企业,环境污染的危害程度涉及是否投保强制险的问题。

在环境责任保险中,每个国家对投保人法律范围设定明显不同。德国的所有企业都是投保人,在环境责任保险这一领域,德国政府实行的是强制保险。美国政府则有选择性的法律规定环境责任保险的投保人,在美国环境责任保险的投保人主要集中在有毒、有害废弃物、核燃料、火力发电、石油化工等重污染企业。针对我国的具体国情和保险业的现状,当前的情况下采取类似美国的做法更具有可行性和可操作性。2013 年中华人民共和国环境保护部、中国保险监督管理委员会出台的《关于开展环境污染强制责任保险试点工作的指导意见》中就已经体现了这样的设计思路。文件要求涉重金属企业应作为我国环境强制责任保险首批参保试点的对象。针对重有色金属冶炼业、重有色金属矿采选业、化学原料及制品制造业、铅蓄电池及皮革制造加工业的相关企业应优先作为环境污染责任保险试点的投保人。

(二) 政府作为投保人的必要性

在环境损害保险中,政府管理的公共环境与资源,如江河、湖泊、土地、自然保护区、水库、鱼塘等,也常常受到环境侵害,政府也可以作为投保人。我国三峡库区有三千多个工矿企业,每年排废水量达到 10 亿吨,排放 50 余种污染物,库区沿江城市生活污水基本没有治理。工业废水处理率很低,按照目前排放量计算污水全部治理费用高达 28 亿元,但是国家所收取罚款、治污超标费等不足以进行环境治理,因此需要界定政府在环境损害保险中

①② 侯娟:《我国农村环境责任保险法律问题研究》,华中农业大学经济法学硕士学位论文 2013 年。

的投保人地位。

我国是实行社会主义市场经济的国家，因此，我国政府具有特殊的地位：一方面是国家和社会的管理者，成为行政主体；另一方面有时有可能以自己的名义参与到经济活动中，成为平等民事主体。在后者中，我国的政府并没有超然的地位，而应该按照等同于其他企业的相关规定，平等地享有权利，平等地履行义务，在环境损害保险中亦是如此，可以作为投保人，进行相关的经济活动。我国政府可以作为环境损害保险的投保人的理由是：第一，环境责任保险是一种商业产品。政府作为民事主体应该与其他民事主体地位相同，不能因为政府的强势地位而将其排除在外。第二，宪法赋予国家保护和改善环境的责任，政府作为公共环境的管理者承担了沉重的环境责任。在以往的环境治理中政府通常采用行政手段，利用行政资源进行环境风险规避，但总是受到各种因素的限制。当地政府将一些公共财产投保环境保险，可以利用社会资源进行损害的社会化，同时启动保险公司的监督职能减轻政府压力。第三，既然政府是作为平等民事主体参与环境保险，那么必然要遵循市场规律，根据合同缔约自由原则，政府和保险公司可以双向选择。

政府作为环境损害保险的投保人的特殊地位以及所管理财产的庞杂必然受到限制。首先，在标的范围上，政府只能在小范围、小数额内进行投保，同时必须将环境侵害对象特定化、具体化，通过缴纳保险金来进行损害社会化。其次，环境损害保险必须采用任意保险模式，保留企业的选择权。最后，对于因为政府出台相关法律规范或政策而导致的环境损害，保险公司可以免责。通过对政府投保的限制，促进环境保险制度的顺利实施。

通过国家相关的法律规定或司法解释可以大体确定投保人和被保险人的范围，另外保险法中的保险利益这一保险法理也能够在一定程度上确定其相应的范围。保险利益又称可保利益，指的是投保人对保险标的应具有法律上承认的利益。通说认为，保险利益原则有双重含义：其一是指对保险标的有保险利益的人才能具有投保人或被保险人的资格；其二是指保险利益构成保险合同的生效条件，投保人或被保险人对保险标的不具有保险利益的保险合同无效。①在环境责任保险中，保险事故发生时，被保险人需承

---

① 马丽娟：《环境责任保险制度研究》，清华大学民商法学硕士学位论文 2004 年。

担环境污染引起的民事赔偿责任这一不利的后果,因此,环境责任保险合同订立时,并不要求投保人对保险标的具有保险利益,在投保人与被保险人不是同一人的情况,投保人对于保险标的更没有保险利益。①在环境责任保险合同存续期间,被保险人享有保险利益。环境责任保险合同中,被保险人(潜在污染者)通常比保险人更充分地拥有关于他们风险概况的信息。因此,环境责任保险中,对被保险人诚实信用的要求显得更为迫切,主要包括如实告知和保证履行的义务。

(三) 投保人、被保险人的具体规定

环境责任保险中,投保人、被保险人和受益人往往都是同一人,即污染企业。②依据我国环保部和保监会 2013 年发布的《关于开展环境污染强制责任保险试点工作的指导意见》来看,纳入试点中强制保险范围的企业包括:

(1) 涉重金属企业,其中"重金属污染防控的重点行业是:①重有色金属矿(含伴生矿)采选业:铜矿采选、铅锌矿采选、镍钴矿采选、锡矿采选、锑矿采选和汞矿采选业等;②重有色金属冶炼业:铜冶炼、铅锌冶炼、镍钴冶炼、锡冶炼、锑冶炼和汞冶炼等;③铅蓄电池制造业;④皮革及其制品业:皮革鞣制加工等;⑤化学原料及化学制品制造业:基础化学原料制造和涂料、油墨、颜料及类似产品制造等"。意见中强调上述行业内涉及企业,应当按照国务院有关规定,投保环境污染责任保险。这些行业在我国工业占比较高,其污染的损害影响时间跨度大,危害程度深,例如臭名昭著的世界十大环境污染事故中,有日本的汞导致的水俣病事件和镉导致的骨痛病事件,此外莱茵河的剧毒物污染事件和切尔诺贝利核泄漏事件也涉及重金属污染。

2009 年湖南保监局与湖南省环保厅联合下发了《关于深入开展环境污染责任保险试点工作的通知》,要求各市州环保局对辖区内属于试点范围内的化工、有色、金属矿采选、砷制品、涉镉等高环境污染风险企业进行环境安全隐患大排查。③从以上可以看出国家及地方各省对有色重金属企业实施严格监管。从以上不难看出,无论是从中央,还是地方,都严格把涉重金属

---

① 兰虹:《保险利益原则在保险合同适用中的差异性》,第 46—49 页。

② 马丽娟:《环境责任保险制度研究》,清华大学民商法学硕士学位论文 2004 年。

③ 陈方淑:《环境责任保险法律制度研究》,西南政法大学环境与自然保护法学博士学位论文 2010 年。

的企业纳入投保的范围，使其成为环境责任保险中重点的监管对象。同时，环境保险中存在着一种逆选择，即污染风险高的企业为避免环境损害带来的巨额赔付责任，利用保险费来转嫁损害而进行积极投保，但污染风险低的企业，由于保险费的厘定不合理而导致其无力投保，从而导致所参加保险的投保人是风险高的企业，保险费数额不足以进行损害赔偿或环境净化，保险公司将失去其运营的基础。因此，针对2013年发布的《关于开展环境污染强制责任保险试点工作的指导意见》规定的重金属污染企业这一投保人时，应根据我国的国情，具体问题具体分析投保人的投保能力，可以根据投保人的具体营业能力等相关的标准来确定不同的投保人的投保额度，以此减轻投保人的资金压力，避免一刀切。针对不同类型的企业，尤其是重金属污染企业，可以采取差别制：高污染的高收费，低污染的低收费。这样可确保涉重金属企业都强制投保，符合法律规定和国家环保政策，又具有灵活性，确保不同行业、不同地域的涉重金属企业正常经营。

（2）按地方有关规定已被纳入投保范围的企业。地方性法规、地方人民政府制定的规章或者规范性文件规定应当投保环境污染责任保险的企业，应当按照地方有关规定，投保环境污染责任保险。这是赋予地方灵活调整的权力。环境污染事故也存在地域性。比如在环境敏感区，可能轻微的污染排放都会造成较大的损失，那么在该地区环境责任强制保险的范围也应当适当扩大。我国大连、沈阳、吉林、长春等城市于20世纪90年代初进行了环境责任保险试点。未取得成功的一个重要原因就是采取的是自愿投保方式。在任意保险模式下，企业是否投保取决于其自身意愿，不具有强制性，很多企业为了追求自身利益最大化，而置环境损害于不顾，不愿意投保。因此，从试点的失败，我们可以看出任意保险模式不适合我国目前的国情，在遵循上位法的前提下，各地方应该具体制定符合本地的地方法，具体规定纳入投保企业的范围。

我国在环境污染责任保险领域的具体做法是先规定几个城市在小范围内试点，一旦试点成功，就在全国大范围推广，这有利于节约成本。作为环境污染责任保险全国首批试点城市之一，沈阳是国内第一个将环境污染责任保险上升到地方立法的城市。沈阳市环境责任保险试点的亮点在于，率先在地方性法规《沈阳市危险废物污染环境防治条例》中明确规定：支持和鼓励保险企业设立危险废物污染损害责任险种，并鼓励相关单位投保。此外,《沈阳市危险废物污染环境防治条例》还对国家固体废物、污染环境防治法中危险废物的定义进行了必要的补充,增加了地方标准,一方面填补了上位法的空白,另一方面有利于实践中的具体实施。

2009年8月23日,湖南省长沙市环保局发布《环境风险企业管理若干规定》(以下简称《规定》),这是国内首部环境风险企业管理办法。该办法规定污染企业按照风险等级购买环境责任保险,《规定》实施后,长沙在全国率先对环境风险企业进行界定和分类,并据此要求企业购买环境风险责任保险。根据《规定》,一类环境风险企业包括涉及剧毒、危险化学品、重金属采选和冶炼等排污企业;二类风险企业包括电镀、制革、医疗、有色冶金等排污企业;三类风险企业包括使用放射性物质的、仓储有毒、有害及化学危险品等排污企业。一、二类风险企业应当购买环境风险责任保险,三类企业可根据自身情况酌情购买。

2008年11月,重庆市环保局、重庆市保监局制定了《重庆环境污染责任保险试点工作实施方案》(以下简称《方案》),开展环境污染责任保险试点工作。按照《方案》规定的原则,在化工、危化品、危险废物运输处置单位、一二三类放射源使用单位、电镀重金属含铅企业、制药企业以及造纸企业中各选择五个具备行业代表性的35个企业参加。

2009年,宁波市出台了《关于印发宁波市环境污染责任保险试点工作实施方案的通知》(甬环发〔2009〕52号),作为宁波市推行环境责任保险试点工作的具体方案,正式启动了环境责任保险试点。宁波先期在镇海、北仑和大榭3个主要的化工区,以危险化学品企业、石油化工企业、危险废物处置企业和行业为主。

2013年2月25日,甘肃保监局联合甘肃省环保厅下发《关于开展环境污染责任保险试点工作的意见》,从2013年起开展环境污染责任保险试点。首先在以下范围内开展试点工作:(1)涉及危险化学品生产、重金属冶炼、易发生污染事故、涉铅、存在环境安全隐患的企业。(2)饮用水源地保护区范围内的所有工业企业。(3)高危行业和重点区域企业,并纳入环境突发事件应急工作体系。①

① 陈景庄:《论ISO14000对我国企业参与国际竞争的影响》,《广播电视大学学报》2001年第3期。

2015年4月,南京市人民政府发布关于批转市环保局《南京市开展环境污染强制责任保险实施办法》的通知第六条规定:“以下具有较大环境污染风险的企事业单位应参加环境污染强制责任保险:(一)饮用水水源地一、二级保护区的企业;(二)工业(园区)集中污水处理厂,危险废物处置企业,危险废物处置企业,危险化学品生产、运输、存储企业;(三)化工、冶金、火电、焦化、造纸、印染等行业的排污重点企业;(四)危险废物管理重点企业;(五)有重金属污染物排放的企业;(六)生产、使用放射性物质企事业单位。”从以上可以看出地方法对环境污染保险的高度重视,这有利于加强环境的保护,有利于南京地方的可持续发展,有利于发挥地方法的规范性作用。

(3) 鼓励其他高环境风险企业投保环境污染责任保险:石油天然气开采、石化、化工等行业企业;生产、储存、使用、经营和运输危险化学品的企业;产生、收集、贮存、运输、利用和处置危险废物的企业,以及存在较大环境风险的二噁英排放企业;环保部门确定的其他高环境风险企业。

昆明市环保局在前期重点选择了约20家滇池流域环境危害大、最易发生污染事故和损失容易确定的化工企业,率先开展环境污染责任保险试点工作。投保企业的范围包括:滇池流域范围内从事生产、经营、储存、运输、使用危险化学品的企业,以及钢铁、有色金属冶炼、电镀、化工、焦化制气、制药等企业;滇池流域以外从事生产、经营、储存、运输、使用危险化学品的企业。2009年10月1日起,昆明市首批强制要求340家企业购买环境污染责任保险,并鼓励56家企业自愿购买。这意味着滇池流域2 920平方公里范围内的17种行业将被纳入投保企业范围,一旦参保企业发生环境污染事故,受害人将得到及时合理赔付。①

在此款中列举的三种行业也属于环境污染风险较高的行业,多数属于突然性污染事故,比如我国松花江流域污染事故、各国海域石油泄露事件。突发性污染事故一旦爆发就会产生一系列问题,带来不可估量的直接和间接损失,我国对此高度重视,其中的水污染又最为严重,一旦扩散,带来的损害可能影响几代人,鉴于此,我国在立法上予以高度重视。1996年《水污染

---

① 黄崔:《我国强制性环境责任保险制度的构建研究》,中南林业科技大学硕士学位论文2013年。

防治法》禁止新建无水污染防治措施的小型造纸、印染、染料、制革、电镀、炼油、农药等企业。国务院在 1995 年 8 月发布命令，在 1996 年 6 月 30 日以前，关闭淮河流域所有年产 5 000 吨以下纸浆的造纸厂的制浆设备；1997 年在全国范围内关闭这类企业的设备，并准备将关闭范围扩大到年产 1 万吨以下纸浆的造纸厂。1996 年 8 月发布的《国务院关于环境保护若干问题的决定》中明确规定：在 1996 年 9 月 30 日以前对现有年产 5 000 吨以下的造纸厂、年产折牛皮 30 000 张以下的制革厂、年产 500 吨以下的染料厂，采用"坑式""萍乡式""天地罐"和"敞开式"等落后方式炼焦、炼硫和土法炼砷、炼汞、炼铅锌、炼油、选金和农药、漂染、电镀及生产石棉制品、放射性制品的企业，予以取缔或者责令其关闭或停产。在"九五"期间，我国狠抓了"三河""三湖"流域治理为代表的重点流域、重点水域的水污染整治，推出相应的政策和决定，仅就淮河一带，就直接使得 4 987 家污染企业倒闭，其中小造纸厂 1 111 家。①

二、保险费率

（一）保险费率的定义和种类

从理论上讲，保险费率是根据大数法则从大量数据精算出来的损失概率来制定的。但是，参加保险的人要达到一定数量，费率才能接近准确，按照费率收取的保险费才能抵付损失赔款，否则保险费收入与保险金的给付就会偏离。这对承保机构有较高要求，承保机构在面对不同的被保险人的情况时，需要具备相应的专业知识和技术储备，在对企业充分评估和调查的基础上设定不同的保险费率。保险费率的高低直接决定环境保险合同对企业环境风险分散的能力，过高或者过低的保险费率都不利于发挥环境责任保险设立的功能。因此，在每一份环责险的合同中，保险人都需要对被保险人的特性具体分析，并针对性地制定出环责险合同成立的条件、环境风险事故发生的赔付标准以及相应的保险费率。②

制定保险费率要遵循客观情况，遵照相关的原则。我国台湾学者陈慈

① 夏座蓉：《构建有效运行的环境责任保险制度》，复旦大学硕士学位论文 2009 年。

② 吴一帆：《我国环境责任保险法律制度研究》，山东大学硕士学位论文 2016 年。

阳教授分别从监理和经营者的角度确定了不同环境责任保险费率的订立原则。从监理的角度讲，环境责任保险费率的确定应当遵循：(1)不偏高原则。(2)公平性原则。(3)足够原则。从经营者的立场讲，费率的厘定应当遵循：(1)稳定性原则。(2)弹性原则。(3)损害控制原则。(4)维持清偿能力原则。(5)一致性原则。(6)简明性原则。[①]遵循了相关原则，并不一定会激发企业投保的积极性。企业购买环境责任保险所遵循的必然法则就是，只有企业获得了相应的回报才会投保。[②]企业的利润最大化才是企业关注的焦点，如果企业投保没有相关的利润回报，造成企业的经营困难，带来沉重的资金压力，甚至亏损、倒闭或破产，这会使相关企业消极投保，甚至退保、逃保，逃避相应的企业法律责任。反观我国环境责任保险市场，极高的保险费率和极低的赔付率之间的差额使得企业当然不愿意投保。鉴于此，我国环境责任强制保险应当实行差别费率和浮动费率。

我国目前实行的环境侵权责任保险费率是有管制的浮动制。实行差别费率，要求保险人对被保险人的排污行为进行客观的了解和评价，充分考虑险种的不同及被保险人所处区域、排污程度、环保设施水平、过往事故发生率等因素，合理地设置差别保险费率，使保险费率这一杠杆能真正起到促使被保险人积极采取环保措施，降低环境侵权道德风险。

从我国环境责任保险长期的制度设计角度来看，应当设定环境保险的浮动差别费率。首先，设置环境责任保险的差别费率。具体而言，环境差别费率又可以分为环境责任保险的行业差别费率和环境责任保险企业差别费率。行业的差别费率，顾名思义，是针对企业所处行业来具体考量企业的环境风险级别，进而确定其承保费率。针对有毒、有害、废弃物、核燃料、火力发电、石油化工等领域的高风险性污染企业，应在费率考量中体现出“高风险性高保费”的原则。环境责任保险的企业差别费率是指处于相同行业的企业，保险人针对企业环保重视程度、环境风险评级等因素进行评估，适用不同的费率标准。[③]

在我国环境责任保险制度更为成熟时，再在不同行业的费率的基础上，充分考虑企业的生产经营特点、所处地理位置、环境风险评级、环境保护及

---

① 陈方淑：《环境责任保险法律制度研究》，西南政法大学博士学位论文 2010 年。

② 安平：《我国环境责任保险制度研究》，东北财经大学硕士学位论文 2007 年。

③ 吴一帆：《我国环境责任保险法律制度研究》，山东大学硕士学位论文 2016 年。

防护措施等予以增减。①在浮动费率的设置上可以借鉴我国交通强制责任险的经验，如果被保险人在承保当年度中未发生环境的风险事故，承保机构应该在其下一个年度中调低保险费率。以此类推，依据被保险人的表现逐渐递减至最低的保险费率标准。反之，如果在当年度发生了环境污染事故，则保险人可以根据被保险人发生环境事故的危害程度、次数来相应地提高其保险费率。事实上，在我国江苏的南京、无锡等地的环境责任保险试点中，浮动费率已经被逐渐引入。②2015 年 4 月，南京市人民政府发布关于批转市环保局《南京市开展环境污染强制责任保险实施办法》的通知第十三条实行浮动费率机制。上年未发生环境污染事故的，下年续保费率实行优惠，累计优惠不超过 30%。上年发生环境污染事故的，下年续保费在基准费率上实行上浮，累计上浮不超过 36%。在环境责任保险中，实行浮动费率制，南京最为典型。

深圳市保监局与深圳市环保局的《关于开展环境污染责任保险试点工作的通知》(深环〔2008〕487 号)规定，根据各类风险因素实行差别费率和浮动费率，建立与危险废物经营单位风险相匹配的保险费率体系。③从是否存在市场自由支配的角度讲，保险费率的确定有两种方式，一种是自由费率制，另一种是有管理的浮动制。我国目前基本都是有管理的浮动制，不同行业确定不同费率。如大连市保险公司按不同行业确定了 6 种费率，最高为石油、化工和印染等行业，保险费率为 36%，最低的是城建和公用事业，为 22%。④但由于环境污染损害的特性，学者提出环境责任保险应实行自由费率制，认为这样才符合市场决定价格的原则，并有利于促进投保人采取措施降低环境污染损害风险。⑤

逆向选择则需要通过风险区分的方式，给质优以风险低的保险费率待遇，同时提高质劣风险的保险费率，以实现风险共担集合的细分。具体到环

---

① 高桂林：《公司的环境责任研究——以可持续发展原则为导向的法律制度建构》，中国法制出版社 2005 年版，第 91 页。

② 竺效：《环境责任保险的立法研究》，法律出版社 2014 年版，第 178 页。

③ 陈方淑：《环境责任保险法律制度研究》，西南政法大学博士学位论文 2010 年。

④ 刘耀棋：《开展污染责任保险的意义及途径》，载《中国环境管理干部学院学报》1995 年第 2 期。

⑤ 周珂、刘红林：《论我国环境侵权责任保险制度的构建》，《政法论坛：中国政法大学学报》2003 年第 5 期。

境风险领域应区分环境风险的危险性行为和非危险性行为，一方面对导致环境损害具有一般性、内在的固有危险性的行为采用无过失归责原则。而对环境损害不存在固有风险性的行为采用过错责任归责原则。[①]另一方面借鉴国外的相关实践，根据企业对环境保护的注意程度区分保险费率。[②]在保险市场中，保险费率是投保人、被保险人和承保公司都十分关注的焦点，不同的保险产品，会设计不同的保险费率。一般来说，一般的保险产品的保险费率大约为千分之几，与一般的保险产品不同，环境责任保险的保险费率是按行业划分的，大约在2.2%至8%之间。环境保险费率与其他保险产品费率之间的差别，与保险行业"高风险、高保险费率、高赔付，低风险、低保险费率、低赔付"这一行业惯例有内在相关性。

在环境责任保险的任意责任险领域，周珂教授认为应采用自由费率制，因为自由的保险费率符合市场决定价格的原则，也因为自由的保险费率有利于促进投保人采取措施降低环境风险。[③]针对不同的保险产品应当具体问题具体分析，分情况制定相应的保险费率。一般而言，针对强制责任保险，一般按照固定保险费率来执行。针对任意责任保险，一般按照差额保险费率来执行。由于在环境责任保险的特殊性，主要保险费率应按照不同行业的风险程度来厘定。与一般的工业企业相比，化工、电力、煤炭、冶炼和造纸等高危重金属行业所产生的环境污染的可能性比较大，因此对高危行业实行高保险费率，对一般工业企业实行较低的保险费率，这符合我国现阶段的国情。保险公司应当综合考虑投保企业的环境风险、历史发生的污染事故及其造成的损失等方面的总体情况，兼顾投保企业的经济承受能力，科学合理设定环境污染责任保险的基准费率。

环境责任保险中的保险费率，是决定承保机构和投保企业之间能否实现双方互利共赢、可持续发展的关键，也是我国构建环境责任保险制度设计中的重要一环。环境责任保险的费率在实践中存在很大的认定难度。归其原因，在于承保机构在承保前对企业的风险评估和实地调研需考虑诸多因

---

① 竺效：《论环境侵权填补责任归责原则的两分法及其配套措施》，《政治与法律》2007年第3期。

② 吴恺：《环境责任保险的法律制度研究》，南京大学硕士学位论文2012年。

③ 周珂、刘红林：《论我国环境侵权责任保险制度的构建》，《政法论坛：中国政法大学学报》2003年第5期。

素,诸如企业的性质、规模、所处行业、企业环保设施水平、企业所处区域、企业环保行为记录、企业环保评级等。在渐进性的环境责任保险中,由于其时间周期跨度大,甚至还需要考虑到货币通货膨胀、法律法规政策变化的因素。①

(二)保险费率的影响因素

保险公司根据企业环境风险评估结果,综合考虑投保企业的环境守法状况(包括环境影响评价文件审批、建设项目竣工环保验收、排污许可证核发、环保设施运行、清洁生产审核、事故应急管理等环境法律制度执行情况),结合投保企业的行业特点、工艺、规模、所处区域环境敏感性等方面情况,在基准费率的基础上,合理确定适用于投保企业的具体费率。参考《意见》的规定,保险费率应当考虑以下几个因素。

1. 风险程度

被保险人业务和产品性质不同,产生民事赔偿责任的可能性和污染后果的严重性也不相同。环境责任强制保险的保险费率应当根据风险程度有所差别,由保险人针对不同的情况在国家所确定的保险费率范围内调整。除了不同的高危行业费率不同之外,还应当注意以下几个因素:其一,不同地域的企业根据环境损害风险程度实行差别费率。在环境敏感区实行较高的保险费率,这样可以促进该区企业提高环保等级,进行环保技术革新,防止重大环境污染事故的发生。其二,对于同行业的不同企业也要根据其环境保护意识的高低、环境保护措施的强弱,实行差别费率,即由保险公司在环境责任强制保险合同所规定的某一行业保险费率的范围内,根据被保险人的企业安全管理状况、危险程度、事故记录等情况实行差别浮动费率。其三,对于相同企业的不同时间也要实行不同费率。保险合同成立后,由于环境的变化,风险也会不断变化,体现在环境责任保险中尤为突出,气候、水文、温度等不可控的自然变化都可能导致风险的增加。保险人应当监督被保险人及时做好应对,并可相应地提高保险费率。

2. 其他因素

包括但不仅限于保险赔偿限额和免赔额的高低;法律的特殊规定;历史事故的污染数据;保险人承包范围;保险业务量的多少、保险公司的风险评

---

① 翟胡萍:《环境责任保险制度研究》,南京航空航天大学硕士学位论文2012年。

估经验；等等。同时，在实行市场化保险费率的背景下，市场竞争程度也是费率的重要影响因素之一。

在环境责任保险中，保险费率事关保险主体的切身利益，应该在保险实践中不断探索出适合中国国情的保险费率制，为我国环境责任保险的大范围实施提供支撑。

第三节　环境责任保险之第三人探析

一、环境责任强制保险第三人之范围界定

有别于一般保险事故，当环境污染事件发生时，环境保险责任的承担不仅仅涉及保险合同中的当事人、关系人等常见主体，还牵扯到受害的第三人。因而，受害第三人范围的界定与环境保险责任的承担有着密切的联系。故在分析环境责任强制保险时，有必要先对环境强制保险合同中的第三人的范围予以明确。

从本质而言，环境保险合同仍是一种合同，其应当遵循一般保险合同对第三人的界定逻辑。保险合同的第三人通常可以被理解为保险合同当事人及其关系人以外，因发生保险合同中的约定事由而受到人身或财产的损害，并享有赔偿请求权的第三人。如《机动车交通事故责任强制保险条例》第 3 条的规定："交强险合同中的受害人是指因被保险机动车发生交通事故遭受人身伤亡或者财产损失的人，但不包括被保险机动车本车车上人员、被保险人。"据此，环境强制责任保险中的第三人应指，环境强制责任保险合同中约定的当事人以外，因发生合同中约定事由而遭受人身或财产上损害的第三人。同时，环境强制责任保险第三人须注意以下几点：

（一）环境责任强制保险第三人应对被保险人依法享有赔偿损害请求权

环境强制保险具有弥补被保险人因为对第三人承担责任所遭受损失的利益的作用。[①]环境强制责任保险的第三人能够获得保险赔偿的基础是第三人对保险人依法享有赔偿损害请求权。因此，在受害第三人与被保险人

① 邹海林：《责任保险论》，法律出版社 1999 年版，第 47 页。

之间须符合《侵权责任法》意义上的环境侵权构成要件，即被保险人存在侵权行为、第三人受到人身或财产上的损害、两者之间存在因果关系，并且被保险人不具有免责事由等。如果第三人对被保险人不享有赔偿请求权，则其并非适格的环境责任强制保险第三人。例如，空气并非传统意义上的个人财产，不能成为所有权的客体，第三人如果仅以空气污染为由则其不具有赔偿损害请求权。与此相对应，若第三人以空气污染造成人身损害为由则其可能不享有向被保险人的赔偿损害请求权。

（二）环境责任强制保险第三人应当为受到损害的第三人

毋庸置疑，即使环境责任保险具有促进经济发展、保护环境等社会功效，但环境责任保险仍隶属责任保险，其天生肩负着责任保险的使命——保护第三人利益。详言之，虽责任保险诞生于19世纪，其被设立的初始目的是为了填补被保险人对第三人承担赔偿责任后而受到的损失，即单纯填补损失，但随着市场经济的发展，侵权事故大量频发，例如因机动车数量增加而导致的大量交通事故，传统责任承担方式越发难以保护受害人权益。因而，注重对受害人权益的保护越发成为责任保险的发展趋势，其价值定位不再是传统的填补损害。最直接的体现便是，在交强险中，受害人对保险人赔偿金的请求不再依附于被保险人，被保险人是否已经向受害人实际赔偿也不再影响受害人对保险人赔偿的请求。此外，我国《民用航空法》第169条、第170条亦体现了此种趋势。故在责任保险的此种发展趋势下，环境责任保险亦应就保护第三人利益的功效层面作出回应。

其中，扩大第三人的范围是有力保护第三人利益的最直接体现。通常而言，在环境侵权事件中，被保险人为侵权人，受到环境侵权损害的第三人为环境责任强制保险第三人，其可以是自然人、法人或其他组织。从各国的立法趋势看，环境强制责任保险的第三人的范围具有扩大化的趋势，逐渐由厂区外扩大到污染企业的工作场所内，现普遍主张应当包括被保险人以外的第三人，即包括污染企业的受害职工以及被保险人的家庭成员。①基于责任保险越发重视第三人利益保护的趋势，笔者基本认为环境责任保险第三人应是因环境污染或破坏行为而受损害享有赔偿请求权的任何单位、个人或其他组织。但需要提出的是，此种定义在某些情景下，或有违损害填补原

① 邹雄：《环境侵权救济研究》，中国环境科学出版社2004年版，第122页。

则。例如，如果职工在工作期间，因污染企业而受到健康的损伤，其就医等医疗费用可能既能通过工伤保险获得救济，也能通过环境强制责任保险获得救济。此时，便有违保险法的基本法理。故笔者认为，立法者应对此种例外进行列举，并在对第三人的定义中予以排除。例如在所举例的情景下，就应分情况讨论。根据《工伤保险条例》的相关规定，职工在工作时间和工作场所内，因工作原因而受到的损伤应认定为工伤，当污染企业的受害职工因工作原因受到损害则其可以通过工伤保险的救济途径获得救济，而如果受害职工非因工作原因遭受损害，则其应当同其他第三人一样适用环境强制责任保险。

此外，关于国家是否可为受害第三人，笔者亦持有赞同的态度。原因在于，当环境侵权行为使得国家的财产等权益受到损害时，国家同一般的自然人、单位并无身份上的明显差异，其亦需要环境强制责任保险为其损失进行“提前买单”。对此，各级政府的环境与资源保护部门可承担“受害第三人”的代理人身份，进而向保险人提出索赔请求。①

二、第三人直接请求权之赋予

在2009年《保险法》修订前，我国保险市场上的环境污染责任保险商品较少有关于第三人直接请求权的约定，普遍是由被保险人先行履行向第三人赔偿义务，其后，保险人才向被保险人支付保险金。该种情况明显不利于第三人合法利益的保护。因而，我国于2009年在原先《保险法》第50条的基础上新增了第2款和第3款，通过修订后的《保险法》第65条对责任保险中的第三人请求权进行了规定。依据我国《保险法》第65条，除法律另有规定或合同另有约定外，在被保险人怠于请求时，第三者有权就其应获赔偿部分直接向保险人请求保险金给付。虽此次修改赋予了第三人含有前置性条件的直接请求权，更有利于第三人利益的保护，但这一规定在环境责任保险被强制化的背景下，仍未改被保险人先行给付模式的诸多弊端，难为第三人的合法利益进行有效保障。因此，赋予受损第三人更进一步的直接请求权是环境强制责任保险发展的必然方向。

---

① 陈舒娟:《环境责任保险第三人直接求偿权探析》,《山东审判》2010年第3期。

(一) 被保险人先行给付模式下的弊端

之所以要赋予第三人直接请求权的原因在于被保险人先行给付的模式存在诸多弊端,具体如下:

1. 难以保障第三人合法利益

上述已论及,鉴于当下侵权事故的频发和事故发生所带来的强负面效应,责任保险的价值定位愈发侧重第三人利益的保护。事实上,相比于其他责任保险,环境责任保险更需侧重第三人利益的保护。原因在于,一般情况下,环境污染事故涉及面较广,对周围第三人的影响较大。一旦环境污染事故发生,污染企业须赔偿的金额十分巨大。因而,许多污染企业会在环境侵权事故发生后,故意拖延赔偿甚至是拒绝赔偿,受害人难获得受偿。对此,环境责任强制保险设立的目的除了将被保险人风险转移之外,还在于保障第三人的合法权益,可确使受害的第三人能获得补偿。此谓责任保险救济之功效。但需要说明的是,“填补损失”仅是救济功效良好发挥的最基本之义,“及时填补损失”方为救济功效良好发挥之真义。即使是在现行《保险法》第 65 条规定下,受害第三人亦未有不受约束的直接请求权。相应地,环境责任保险及时填补第三人损失的功效便难以实现,强制实施环境责任保险的目的也会落空。

2. 索赔程序繁琐

除第三人合法利益难以被及时维护外,被保险人先行给付模式的施行还会加大受害第三人的其他索赔成本。在被保险人先行给付的模式下,被保险人须先向保险人支付保险金之后再向保险人索赔,这使得受害的第三人取得保险金须经过两个程序,势必造成审查受害第三人是否构成索赔时的重复审查。若其中涉及诉讼,则增加了诉讼成本,造成司法资源的浪费。此外,若被保险人及保险人在审查过程中出现不同的认定结果,则会产生被保险人理赔后保险人不予同意的情况。因此,被保险人为了保障自身利益则会严格审查,提高赔偿门槛,延缓赔付进程。

3. 易造成保险人的不当得利

在受害第三人不享有直接请求权的情况下,合同具有相对性,受害人只能向被保险人请求损害赔偿,被保险环境污染侵权事件通常需要支付巨额的赔偿费用,而先行支付赔偿金的模式会极大影响企业的资金链,限制企业事件后生产经营的恢复,若企业出现赔付不能的情况,则被保险人无法向保险人主张环境保险责任获得赔偿金，进而出现被保险人支付保险金后保险人却不承担保险责任，获得不当得利的结果。

经过上述分析，在环境保险领域适用被保险人先行给付的模式在实际履行过程中会产生其他问题。与之相对，若赋予受害第三人直接请求权，特别是未有前置条件的直接请求权，则受害第三人可不必经过被保险人先行赔付而直接请求保险人承担赔偿责任。对受害第三人而言，直接向清偿能力更好的保险人请求赔偿，其获赔几率更大，并且赔偿过程中并不需要经历保险人和被保险人的审查，避免程序繁琐。对被保险人而言，被保险人订立环境责任保险合同具有转移环境责任风险的目的，先行给付模式下并未确实实现风险转移，其还存在赔付不能的可能，赋予受害第三人直接请求权的模式，能更好避免因环境污染事件造成的企业生产经营的停滞。何况在收益成本的视角下，受害第三人直接请求权的赋予可有效地保证保险人对环境损害的早期介入，其是最具经济合理性的损害控制方式，亦有益于最终减轻保险人的赔付责任。①

（二）赋予受害第三人直接请求权的理论基础

事实上，赋予受害第三人直接请求权并不是不具有可行性，其具备一定的法理基础。

1. 学理基础

赋予受害第三人直接请求权相对被保险人先行给付模式具有优势，但设立第三人直接请求权需要有其法理基础，对此目前学术界对该权利主要有以下几种学说，下面笔者将分别阐述：

（1）法定权利说与原始取得说

法定权利学说认为，“受害第三人的请求权的范围和条件，由法律和责任保险契约规定，属于法定权利”。②这种学说为《法国保险法》第 53 条所用，并为原始取得学说奠定基础。原始取得学说在法定权利学说的基础上进一步提出了主张，受害第三人在损害发生的同时，依据法律和保险合同，取得了与被保险人等同的、独立的请求权。③这也逐渐成为日本的通说观

① 马宁：《环境责任保险与环境风险控制的法律体系建构》，《法学研究》2018 年第 1 期。

② 邹海林：《责任保险论》，法律出版社 1999 年版，第 245 页。

③ 李薇：《日本机动车事故损害赔偿法律制度研究》，法律出版社 1997 年版，第 244 页。

点。邹海林教授认为,"强制责任保险的第三人直接请求权不附抗辩事由,保险人不得以自己对抗被保险人的事由来对抗第三人"。[①]在责任强制保险的框架下,这两种学说具有其优势,可以解释受害第三人直接请求权的产生的渊源,并且能够解释强制责任保险不附抗辩事由。但对于任意责任保险而言,其保险范围和行使条件均由合同约定的,在此情况下保险人对受害第三人享有附抗辩事由的直接请求权,若将其权利基础视为法定权利或原始权利有所不妥。

(2) 债权让与学说

有学者认为,受害第三人直接请求权,其实就是被保险人依保险合同约定或法律规定而转移给第三人,原属于保险合同项下的给付请求权。[②]债权让与行为是双方行为,在被保险人和受害第三人之间达成合意,受害第三人可以基于转让后的权利向保险人行使请求权。关于债权让与须通知债务人才对其发生效力的问题,有学者解释为债务人(保险人)在订立合同时已经知悉,故并不存在障碍。[③]该学说已成为英国主流学说,《1930 第三人法案》中规定:"被保险人的权利法定移转给受害第三人,受害第三人取得被保险人的地位而获得对保险人的直接请求权;移转于第三人的权利,不是被保险人基于保险合同享有的所有权利和义务,而必须以被保险人应当承担的责任为限。"[④]

但该学说亦存在其弊端,杨立新教授认为"该权利发生移转后,保险人基于保险责任有权享有全部或任何抗辩,对受害第三人享有的权利不少于保险合同的约定,承担的责任也不得多于保险合同的约定"。[⑤]在债权让与学说中,债权人的权利转让于第三人,债务人的抗辩权同样可以对第三人行使。如若被保险人在订立环境责任保险合同时存在虚构事实等抗辩事由,则保险人可以据此来对抗受害第三人。同时,保险人对于被保险人有债权,并且该债权早于或者与保险金请求权同时到期,保险人甚至可以向第三人主张抵销。这种债权让与学说下,一般的责任保险尚可解释,但在责任强制

---

① 邹海林:《责任保险论》,法律出版社 1999 年版,第 222 页。

② 覃有土、樊启荣:《保险法学》,高等教育出版社 2003 年版,第 264 页。

③ 邹海林:《责任保险论》,法律出版社 1999 年版,第 246 页。

④ Murray V., Legal & General Assurance, Sy Ltd, 1970, pp.495—503.

⑤ 杨立新:《侵权法热点问题法律应用》,人民法院出版社 1997 年版,第 325 页。

保险领域,受害的第三人须受限于保险人对被保险人的抗辩,有失责任强制保险的初衷,并不能合理解释直接请求权的法理基础。

(3) 责任免脱给付说与债务承担说

责任免脱是指避免推脱责任,该学说认为,为了使受害第三人能及时获得赔偿,将保险人引入承担连带保证责任。该学说的本质是将民法中的连带保证理论引入解释受害第三人的直接请求权,该学说认为,受害第三人为赔偿请求权的债权人,被保险人为债务人,保险人为保证人,保险人、被保险人之间成立连带保证关系,在连带保证中,受害第三人可以选择债务人与保证人中的任何一方行使赔偿请求权。债务承担是指,第三人与债权人或债务人订立合同由第三人承担债务。债务承担具体可分为免责的债务承担和并存的债务承担。该学说认为,受害第三人的直接请求权可以视为并存的债务承担,环境保险合同视为保险人与被保险人之间存在债务承担的合意,对受害第三人承担连带责任。

连带保证责任和债务承担的理论虽然可以赋予受害第三人直接请求权,但这两者中,承担保证责任或者债务责任后通常对债务人享有追偿权,但责任保险恰恰实现的是风险的转移,不承认保险人对被保险人的追偿权,这也是该学说最大的诟病之处。

2. 合同相对性的突破

合同的相对性起源于罗马法,是指合同的效力只限于合同的当事人之间,对于合同当事人之外的第三人不发生效力,合同的内容不能对第三人的利益进行处分,在大陆法系国家合同的相对性又称为“债的相对性”,由于债权的相对性使得债权人只能向债务人要求为一定行为或不为一定行为,而不能直接向第三人主张权利。一般情况下,环境责任保险合同也应遵循合同相对性的原则,在环境责任保险合同中,双方具体的权利义务包括:保险人享有按照保险合同的约定向被保险人索取保险费的请求权,被保险人享有当发生环境保险合同约定的环境污染事故时向保险人主张保险赔偿金的权利。由于环境责任保险合同中的权利义务限于合同的当事人,因此双方当事人无须对第三人承担责任。

但合同的相对性并非绝对,其在诸多领域发生突破,如合同保全中的代位权与撤销权,债权让与和债权承担等。随着经济的发展,法律关系的不断复杂化,环境责任保险合同也存在突破合同相对性的可能。德国《保险合同法》第108条第2款规定，投保人可以将对保险人的偿付请求权转让给受害的第三人，这一转让的权利不能通过保险合同的一般条款被予以排除。[①]这已经突破了合同的相对性，而在传统的责任保险中，只有经过保险人的同意，被保险人的赔偿请求权才得以被转让。同时，该法第115至117条还规定，在下列两种情况下第三人可直接针对保险人提起他的损害赔偿请求权：(1)当针对投保人的财产已经启动了破产程序，或者由于投保人缺乏财产启动破产程序的申请已被拒绝了，或者一个临时的破产管理人已被指定了；(2)当投保人已下落不明的。这种直接请求权自然会存在于一些环境责任保险和环境损害保险中，条件是德国联邦或州的法律规定了这些强制责任保险义务。[②]从总体上看，合同相对性的突破，是社会经济发展趋势下的产物，同时环境责任保险愈发重视和保障受害第三人权益，这也为受害第三人直接请求权赋予奠定基础。

（三）第三人直接请求权的内容

环境责任保险中的受害第三人对保险人的直接请求权，性质上为债权，其结构上包括给付请求权、给付受领权和债权保护请求权。[③]

1. 给付请求权

给付请求权是指第三人因被保险人的环境侵权行为而遭受到人身或财产上的损害时，有向保险人要求支付保险金的权利。被保险人发生环境污染事故对第三人造成损害时，被保险人应当承担赔偿责任，同时被保险人和保险人之间存在环境责任保险，被保险人享有要求保险人支付保险金给付的请求权。赋予受害第三人直接请求权，则受害第三人可以绕过被保险人直接向保险人请求赔偿，这是第三人直接请求权的最基本内容。在受害第三人享有直接请求权的同时，保险人也享有与之相对应的抗辩权，虽然在环境责任强制保险中，受害第三人的直接请求权不附抗辩理由，保险人无法以对抗被保险人的抗辩理由对抗受害第三人，但环境责任保险是以环境侵权责任赔偿为基础，保险人依旧可以凭借自身对抗第三人的事由进行抗辩。

---

① 白江:《论德国环境责任保险制度:传统、创新与发展》,《东方法学》2015年第2期。

② Proelss/Martin, Versicherungsvertragsgesetz, 28. Aufl., 2010, § 117 Rn 1.

③ 邹雄:《环境侵权救济研究》,中国环境科学出版社2004年版,第140页。

2. 给付受领权

给付受领权是指受害第三人有权依法律规定或合同约定受领保险人给付的保险赔偿金，以弥补因环境侵权带来的损失。我国《保险法》第 65 条规定："保险人对责任保险的被保险人给第三者造成的损害，可以依照法律的规定或者合同的约定，直接向该第三者赔偿保险金。"根据民法理论，受领权是一项自然权利，并不受诉讼时效的限制。因此，即便受害第三人并未在规定的时效内进入索赔程序或提起诉讼，保险人在给付保险赔偿金后也不能要求受害第三人返还。据侵权责任的基本原则，侵权人对第三人的利益造成损失，应当对其进行赔偿以填平第三人遭受的经济利益损害。在环境责任保险中，保险人根据法律规定或合同约定，代替被保险人履行赔偿义务，受害第三人的给付受领权同样也应当以符合填平原则。

3. 债权保护请求权

债权保护请求权指保险人未在规定期限内赔付保险金或者拒绝赔付时，第三人有权请求司法机关予以保护，强制保险人履行。债权保护请求权是为了保障第三人的请求权得以顺利行使。我国新保险法赋予了受害第三人直接请求权，因此受害第三人可直接向法院起诉保险人，也可以以被保险人和保险人为共同被告起诉，同时被保险人可以以无独立请求权第三人的身份参与诉讼以维护自身权益。此外，当受害第三人仅起诉被保险人时，法院认为确有必要时可以依职权追加保险人作为共同被告。

（四）第三人直接请求权行使的制度保障

为实现第三人直接请求权的顺利行使，立法者还需在相关立法中为其搭建配套制度，具体体现在被保险人的协助义务和索赔时效的延长两方面。①

1. 被保险人的协助义务

之所以要对被保险人施加协助义务要求，原因在于：对于受害人而言，受害人往往处于信息盲区。如果被保险人不协助受害第三人，则受害第三人将很难获知保险人的相关信息。自然，受害第三人求偿权的实现也将受到阻碍。对于保险人而言，为确保风险与收益的相配，保险人往往会根据被保险人从事的活动对环境的影响来调整保险费率。因而在发生污染，却并不对被保险人继续经营产生重大影响的情况下，被保险人为获取更低的支

① 陈舒娟：《环境责任保险第三人直接求偿权探析》，《山东审判》2010 年第 3 期。

出成本，其会倾向于向保险公司隐瞒环境侵权事故已发生的事实。该种行为将对受害第三人直接求偿权的行使造成更为严重的阻碍。故为保证受害第三人直接求偿权的妥善行使，被保险人应负有在环境侵权事故发生后，协助保险人的义务。

具体而言，此种协助应体现在如下方面：其一，及时告知保险人侵权事故的事实。此乃保险合同对双方权利义务安排下的应有之义。被保险人在侵害环境而导致环境责任保险事故发生或在受害第三人主张损害赔偿时，应及时向保险人告知损害或请求保险给付的事实。其二，向保险人和受害第三人提供必要的信息情况。信息不对称同样存在于保险人、受害第三人及被保险人的三者关系之中。作为环境侵权事故信息的优势方，被保险人应尽可能对其他二者进行协助。对于保险人，被保险人应尽可能提供与被保险人侵害或破坏环境的行为以及损害的后果相关的文字材料。对于保险人额外的信息提供要求，被保险人应在能力范围内同样予以满足。其三，不得以刻意损害保险人利益为对价，来保护受损第三人的利益。例如被保险人不得主动放弃其对受害第三人享有的抗辩权。又如被保险人在未经保险人同意前，不得私自与受害第三人达成和解。这些行为虽直接损失的是保险人的利益，但保险人所受到的损失仍可通过提高保费等其他方式分摊至投保人、受损第三人身上，最终受到伤害的仍是环境责任保险的发展前景。总而言之，被保险人相关协助义务的履行是保险人可及时赔付受损第三人的前提。

2. 延长索赔时效

在一般的人身保险或财产保险中，受害第三人的受损利益组成较为单一，易及时被受损第三人确定，继而可寻求确定性的赔偿。故针对一般侵权事故，《民法总则》规定的3年诉讼时效可以较为充分地保护受害第三人的索赔请求权。但不同于一般的人身保险或财产保险，环境责任保险的保险利益较为复杂。详言之，环境侵权事故的发生既有突发性的，也有累积性的，还有转化性的。[1]是故，受损第三人所受到的损失是难以确定的，相应，如果将索赔期间限定在较短时间则难以保全受损第三人的合法权益。事实上，针对环境侵权赔偿难确定的这一特征，域外保险公司多在环境责任保险保单中采用了“日落条款”，即即使保险合同失效，保单的责任期间仍不结

① 陈舒娟：《环境责任保险第三人直接求偿权探析》，《山东审判》2010年第3期。

束，最长可持续至保单失效之日起 30 年。对此，为更好保护受害人合法权益，保证受害第三人直接请求权的妥善行使，我国也应借鉴域外保险公司的做法，一方面，可试让保险监管机构出台相应保单范本，在范本中对环境责任保险的责任期间进行特殊规定；另一方面，如可能，在立法中对环境侵权事故的诉讼时效进行特别规定。

三、对受害第三人直接请求权的抗辩

需要说明的是，对受害第三人赋予完全不受约束的直接请求权亦可能过度偏袒对受害第三人权益的保护，故为平衡受害第三人与保险人之间的关系，需要规定直接请求权不发生功效的情形，即保险人的抗辩事由。此举常见于责任强制保险。因为在责任强制保险中，受害第三人的直接请求权是不附抗辩事由的，保险人不能以对被保险人的抗辩事由对抗受害第三人，但其仍可以以自身抗辩事由对抗第三人。“一方当事人行使请求权，要求相对人为特定的作为或不作为时，相对人得提出各种抗辩，因而形成了‘请求权’与‘抗辩’的对立。”①因此，当受害第三人向保险人提出直接请求权时，很可能受到保险人的抗辩。

（一）法律规定的免责事由

1. 不可抗力免责

我国《侵权责任法》第 29 条规定：“因不可抗力造成他人损害的，不承担责任。法律另有规定的，依照其规定。”《环境保护法》《大气污染防治法》并未对不可抗力有所规定，《海洋环境保护法》第 91 条规定：“完全属于下列情形之一，经过及时采取合理措施，仍然不能避免对海洋环境造成污染损害的，造成污染损害的有关责任者免予承担责任：（一）战争；（二）不可抗拒的自然灾害；（三）负责灯塔或者其他助航设备的主管部门，在执行职责时的疏忽，或者其他过失行为。”《水污染防治法》第 96 条规定：“由于不可抗力造成水污染损害的，排污方不承担赔偿责任；法律另有规定的除外。”因此，不可抗力在绝大多数情况下可以成为免责事由，但在海洋污染事故中，还需符合

① 王泽鉴：《法律思维与民法实例：请求权基础理论体系》，中国政法大学出版社 2001 年版，第 175 页。

“及时采取合理措施”的条件。

2. 受害人过错免责

我国《侵权责任法》第27条规定:“损害是因受害人故意造成的,行为人不承担责任。”虽然环境侵权适用无过错责任原则,但当环境污染是由受害第三人的故意引起时,即便造成了第三人人身或财产的损害,被保险人也不承担赔偿责任,进而保险人也不承担环境保险责任。例如我国的《水污染防治法》第96条规定:“水污染损失由受害者自身引起的,排污单位不承担责任。”

(二) 被保险人环境侵权构成欠缺

受害第三人行使直接请求权的前提是环境侵权的成立。若被保险人不符合环境侵权的构成要件,则保险人亦无须承担保险责任。具体而言包括以下几个方面:

1. 不存在污染行为

污染行为不同于违法行为,其并不强调行为人是否违反法律的规定,这是由于即便企业按照国家规定进行排污并无任何违法行为,也无法保证第三人不会因此遭受损害。若以违法性为构成要件,则会造成许多受害人的权益无法保护。但若能证明被保险人不存在污染行为,则保险人亦不用承担保险责任。例如,证明排污行为仅限于某一地域,在另一地域并不存在污染行为。

2. 没有损害事实

有损害则有救济,无损害则无责任。第三人若没有损害事实,则保险人不承担保险责任。环境侵权的损害事实包括因环境污染导致的人身、财产受到的损害事实。如果受害第三人无法举证证明自身受到切实损害,或者保险人提出反证,证明被保险人的行为不可能造成损害,则保险人就能以此对抗第三人的直接请求权。

3. 污染行为与损害结果之间不存在因果关系

“法律上的因果关系是指损害结果和造成损害的原因之间的关联性,它是各种法律责任中确定责任归属的基础。”[①]确定各类法律责任须确定法律上的因果关系。环境侵权在因果关系举证上实行举证责任倒置,被保险人可以通过举证证明污染行为与受害第三人的损害不存在因果关系,进而抗辩第三人的直接请求权。

---

① 王利明:《侵权行为法归责原则研究》,中国政法大学出版社2004年版,第491页。

第四章　环境责任保险当事人的先合同义务

第一节　环境责任保险合同中投保人的告知义务

一、投保人告知义务之基本规范

投保人告知义务是指投保人在保险合同订立时，应当就保险标的足以影响到保险人决定是否承保或者所应适用保险费率的有关情况如实向保险人进行陈述的一项法定义务。作为保险法最大诚信原则的基础性内容之一，投保人告知义务在保险合同领域内具有极为重要的意义，也成为世界各国保险法立法实践中不可或缺的一部分。

我国关于投保人告知义务的主要规定见于《保险法》第16条，其中第一款指出："订立保险合同，保险人就保险标的或者被保险人的有关情况提出询问的，投保人应当如实告知。"就环境责任保险关系而言，尽管我国目前尚无配套法规对其进行规范，但在2017年6月7日环境保护部和保监会联合发布的《环境污染强制责任保险管理办法(征求意见稿)》第10条中可以看到，环境污染强制责任保险合同是规范环境责任保险行为、确定各方权利义务的法定依据。申请投保的环境高风险企业应当依照《保险法》的相关规定履行告知义务。①

---

① 参见《环境污染强制责任保险管理办法(征求意见稿)》第10条："环境高风险企业投保环境污染强制责任保险，应当与保险公司依法订立环境污染强制责任保险合同(以下简称保险合同)。环境高风险企业与保险公司订立保险合同时，双方应当依照《中华人民共和国保险法》的有关规定履行告知和说明义务。保险合同订立后，保险公司应当书面通知投保的环境高风险企业所在地的环境保护主管部门。"

(一) 投保人告知义务的特性

从现有规定来看,投保人的告知义务具有以下几个特点:(1)法定性,即投保人的告知义务是由法律明文规定的,投保人不履行该项义务的法律后果是保险人享有合同解除权,不承担赔偿或给付保险金责任。(2)先合同性,即从《保险法》第16条来看,"订立保险合同"时,投保人应履行的如实告知义务是一项先合同义务,其制度之功效在于"估测危险",这与保险合同成立之后危险增加时的通知义务显然不同,后者是一项"附随义务",其功能在于"控制危险",两者不可混为一谈。[①](3)间接性,即当投保人不履行告知义务时,保险人并不能请求其履行或对其行使损害赔偿请求权,仅能在投保人违反该项义务时,享有解除契约的权利或免除给付义务。

与普通的财产保险和人寿保险相比,环境责任保险的一大特殊性体现在其保险利益具有极大的不确定性,因为一般而言,环境侵害的发生既包括突发性污染事件,也包括一些长年累月式的渐进性污染事故,[②]在这一过程中,保险人对保险合同有效期内被保险人造成的污染损害相比普通责任保险的保险标的更加难以把握,这便对投保人告知义务的相应规范提出了更为严格的要求。

(二) 投保人告知义务的法理基础

关于投保人如实告知义务的法理基础,学理上存在合同要素说、瑕疵担保说、最大诚信说等多种主张。合同要素说认为,保险合同的成立须以双方当事人对合同内容的意思表示一致为必要,这其中包括了对保险标的危险程度及其范围的认知。瑕疵担保说认为,保险合同系有偿合同,合同当事人须负瑕疵担保责任。最大诚信说认为,保险合同以最大诚信为首要原则,缔约时双方均有义务对合同相关事项进行如实相告。

以上学说各有利弊,我们认为,在考虑投保人如实告知义务的法理基础时,不应单纯局限于某一种学说,应当看到告知义务之设定是综合考虑保险人危险测定时的成本、技术要求与贯彻落实最大诚信原则、抑制道德风险几方共同作用之结果。[③]一方面,众所周知,现代保险体系是建立在概率论和

---

① 樊启荣:《投保人告知义务性质之多维分析》,《保险职业学院学报(双月刊)》2007年第5期。

② 秦宁:《中国环境责任保险制度研究》,中国海洋大学出版社2010年版,第60页。

③ 周平奇:《论投保人的告知义务——兼评〈保险法司法解释(二)〉第5、6条》,《华中师范大学研究生学报》2014年第3期。

大数法则基础之上的，众多投保人通过交纳保险费建立起保险基金，从而最终实现保障之功效。在订立保险合同时，投保人和保险人之间显然存在着信息不对称，尤其是在环境责任保险制度下，预估环境污染事故的发生概率、后果严重度以及最终的责任界定等都具有极大的难度，不管是从平衡保险合同双方权利义务的角度，还是从减少交易成本的角度考虑，都应当要求投保人履行相应的告知义务以辅助保险人正确识别风险、测定风险，从而决定是否承保及适用何种保险费率承保。另一方面，投保人负如实告知义务亦是保险法最大诚信原则的体现。环境责任保险业务自 20 世纪 60 年代诞生之初便引发了人们对于道德风险方面的担忧，即企业是否会因为已投保而放任甚至恶意制造污染。[①]国内也曾有学者认为环境责任保险制度是对传统侵权法律责任的弱化，“责任保险的出现，进一步削弱了无过错责任对侵权责任所包含的道德评价和对不法行为具有的遏制作用”。[②]因此，为了规避环境责任保险的道德风险，必须对其进行合理的制度设计，其中很重要的一点就是明确要求投保人在保险合同订立过程中应遵守诚信义务，包括如实告知义务、保证义务等，从而有效遏制道德风险的产生。

二、投保人告知义务之核心

环境责任保险下投保人告知义务规则构建的核心在于告知义务立法模式的选择，具体又包括告知主体、告知方式、告知范围以及告知时间等多方面的内容，下面依次论述。

(一) 告知主体之界定

关于告知义务的主体，我国现有保险立法下的相关规定较为混乱，根据《保险法》第 16 条，投保人应履行如实告知义务，而《海商法》第 222 条却规定被保险人负有如实告知义务。[③]投保人作为保险合同的当事人之一，在缔约过程中基于最大诚信原则履行如实告知义务当无异议，争议焦点主要集

---

① 贾爱玲:《环境责任保险制度研究》，中国环境科学出版社 2010 年版，第 74 页。

② 王利明:《侵权行为法》，中国人民大学出版社 1995 年版，第 150 页。

③ 参见《海商法》第 222 条第 1 款规定:“合同订立前，被保险人应当将其知道的或者在通常业务中应当知道的有关影响保险人据以确定保险费率或者确定是否同意承保的重要情况，如实告知保险人。”

中在当投保人与被保险人并非同一人时，被保险人是否应当履行如实告知义务。

对此，各国(地区)立法规定不尽相同，有些国家规定告知义务人为投保人或被保险人，如日本和韩国。[①]有些地区则将告知义务主体限定为投保人，如我国台湾地区。[②]还有一种比较独特的模式是既限定告知义务主体为投保人，又同时规定投保人承担告知义务的范围还需要包括被保险人知悉或者应当知悉的重要事项。如在《德国保险合同法》第19条有关告知义务的规定中，负有告知义务的主体只是投保人，但同时该法第47条规定，在为第三人投保的情形下，除投保人之知悉及其行为具有法律上之意义外，还应考虑第三人之知悉及其行为。如果投保人在被保险人不知情或无法及时通知被保险人的情形下为其订立保险合同，则被保险人之知悉不予考虑。[③]《欧洲保险合同法原则》也采取了这种模式。[④]

笔者认为，鉴于我国保险法已规定告知义务主体为投保人，在不违反法律规定的前提下可以对投保人应当告知的内容进行扩张解释，将被保险人知道或应当知道的内容纳入投保人知道或者应当知道的内容范围内，投保人对此未告知的，也属于违反如实告知义务。之所以需要这样做是因为保险合同保障的是被保险人的财产及人身安全，被保险人对保险标的物的状况及危险发生情况的了解程度肯定要高于投保人。[⑤]尤其在环境责任保险合同中，对于被保险人的业务性质以及因其业务活动所可能造成的污染环境的危险范围，被保险人自身相比投保人有着更为透彻的把握，投保人可能难以知晓一些内在的风险。如果不重视被保险人一方所获取的保险标的信息，必然会影响保险人全面准确地估计危险发生的程度。同时为了防范可能存在的道德风险，防止投保人以不知情推脱责任，从保证保险人的合法权益及正常业务开展的角度出发，对告知义务主体的相关内容适度扩张解释

---

① 参见《日本保险法》第28、第55、第84条，《韩国商法典》第651条。

② 参见我国台湾地区“保险法”第64条第1款规定：“订立契约时，要保人对于保险人之书面询问，应据实说明。”

③ 孙宏涛：《德国保险合同法》，中国法制出版社2012年版，第66、第72页。

④ “欧洲保险合同法重述”项目组：《欧洲保险合同法原则》，韩永强译，《民商法论丛》第48卷(2011年)，第5页。

⑤ 王静：《如实告知义务法律适用问题研究——以〈最高人民法院关于适用《中华人民共和国保险法》若干问题的解释(二)〉为核心》，《法律适用》2014年第4期。

也是有必要的。

综上，在环境责任强制保险立法中，不妨借鉴《德国保险合同法》的有关规定，将告知义务的主体限于投保人，同时将投保人告知的内容范围扩展解释为包括被保险人知道或者应当知道的有关影响保险人据以确定保险费率或者确定是否同意承担的重要事项。[①]采用此种立法模式，既不会违反法律的明确规定，又有助于促进投保人与保险人之间的信息交流，是在现有保险法律制度框架内对环境责任保险告知义务主体进行规范的最优解。当然，更为稳妥全面的做法是在日后修改保险法时，明确规定当保险人向被保险人提出询问时，被保险人应当履行如实告知义务。[②]

（二）告知方式之取舍

我国《保险法》第 16 条原则性地确定了有限告知义务模式，例如，该条第 1 款规定："订立保险合同，保险人就保险标的或者被保险人的有关情况提出询问的，投保人应当如实告知。"与此不同的是，我国《海商法》第 222 条和第 223 条构建的海上货物运输保险告知义务模式，是一种无限告知义务加有限告知义务的交叉模式。[③]例如，《海商法》第 223 条第 2 款规定："不是由于被保险人的故意，未将本法第二百二十二条第一款规定的重要情况如实告知保险人的，保险人有权解除合同或者要求相应增加保险费。保险人解除合同的，对于合同解除前发生保险事故造成的损失，保险人应当负赔偿责任。"可见，该条款的但书部分"但是，未告知或者错误告知的重要情况对保险事故的发生有影响的除外"就是一种纯粹的无限告知义务模式。

至今，我国环境责任保险法规尚不完善，其中关于投保人与保险人之间信息披露义务的规定更为鲜见。特别是，我国环境责任保险法规的法律效益低下，可操作性不强，导致保险业界的责任保险业务也很不规范，尚不能对我国经济持续高效发展保驾护航。因此，通过对环境责任保险合同缔约双方信息披露问题的法律属性、利益均衡、交易成本以及法律效益理论进行综合分析，最终确定采用何种告知义务模式。笔者认为，我国未来出台的环

---

① 李玫：《海上保险的特殊性的研究——以海上保险法和保险法的关系为视角》，大连海事大学海商法学硕士论文 2011 年。

② 孙宏涛：《我国保险法如实告知义务的规则完善》，《江西社会科学》2016 年第 3 期。

③ 王金玉：《环境责任保险告知义务规则之构建》，《辽宁大学学报（哲学社会科学版）》2017 年第 5 期。

境责任保险成文法不应该顾此失彼,片面地采用有限告知义务模式或无限告知义务模式,而是应该将两种模式结合在一起,借鉴《海商法》的立法经验,采用其以有限告知义务模式为主体,以无限告知义务模式为补充的交叉告知义务模式,才能合理分摊信息披露风险,有利于我国环境责任保险业的良性发展。①

(三) 告知范围之确定

我国《保险法》下采告知询问主义,但现行法律对询问的内容并没有严格界定,而是笼统地规定"就保险标的或者被保险人的有关情况",根据我国《保险法》第 16 条第 2 款规定可知,告知的内容包括两种情况:第一种是足以影响保险人决定是否同意承保的重要事实;第二种是足以影响保险人决定是否提高保险费率的重要事实。由于环境侵权难以预料的特性,保险人在承保环境责任保险时必须将保险责任限定于特定的地理范围、特定的风险范围,并对投保人或被保险人的风险等级作出特别的评估。②由此,在环境责任保险合同订立之前,投保人向保险人履行如实告知义务的重要事项应当涵盖:(1)经营业务的种类;(2)投保标的的地址、范围及周边环境;(3)环境保护安全设施、监视系统装备或者其他防治环境风险的设施及其运行、管理和维护情况,环境风险预防措施的实施情况;(4)原料及其产品的环境风险危险性;(5)全年生产总值或营业收入;(6)保险金额及自负额等,③包括但不限于投保人的业务活动可能造成环境污染的评价展开、有害物质储存、生产、从事特种行业生产或运输的许可证情况,以及过去发生环境侵权事故的记录或可能发生环境侵权的状况等。此外,保险人予以询问的,投保人必须如实告知保险人;因为投保人隐匿或者告知的事项不实,保险人有权解除保险合同,并对因投保人隐匿或者告知的事项不实而发生的环境侵权,保险人不承担保险责任。④

尽管《保险法》尚未对告知义务的具体范围予以明确,我国也尚未出台

---

① 王金玉:《环境责任保险告知义务规则之构建》,《辽宁大学学报(哲学社会科学版)》2017 年第 5 期。

② 贾爱玲:《环境责任保险制度研究》,中国环境科学出版社 2010 年版,第 157 页。

③ 陈方淑:《理念与制度的调适:环境责任保险之社会化进程探析》,云南人民出版社 2013 年版,第 290 页。

④ 周珂、刘红林:《论我国环境侵权责任保险制度的构建》,《法学论坛》2003 年第 5 期。

环境责任保险制度的专项法规,但《中国保险行业协会环境污染责任保险示范条款》已经比较清晰地列举了投保人如实告知义务范围的具体内容,值得今后立法借鉴。如其中第18条规定:“投保人应履行如实告知义务,如实回答保险人就生产因素、环保设施、厂址环境敏感性、环境风险管理和事故管理机制、既往事故记录、现有保险保障等有关情况提出的询问,并如实填写投保单。”

(四) 告知义务履行期之判断

在我国,《保险法》中对告知义务履行期的界定为“订立保险合同时”,但当前司法实践中对于如何理解“保险合同订立时”存在不同观点。[①]一种观点认为,保险合同订立即指投保人接受保险人询问,填写保险单之时。填写保险单之后至保险合同成立之前,即使风险状况发生变化了,投保人也无需向保险人告知该变化。另一种观点认为,保险合同订立时是指保险合同成立之前的整个阶段,投保人填写投保单后,在保险合同成立之前,如果风险状况发生变化的,投保人应当向保险人进行告知。笔者倾向于后一种观点,“合同订立时”应当解释为指投保人提出投保申请直至保险人作出同意承保意思表示之前的整个缔约过程,这也是法理上将之称为“契约成立前之告知义务”,从而区别于契约成立后的其他告知义务的原因所在。[②]

具体到环境强制责任保险领域,投保人的告知义务履行期不应当局限于“申请投保”时,还应当包括从投保人递交投保单到保险人签发保险单的这段时间。此外,在以下场合中,投保人也要向环境责任保险人履行告知义务:一是环境责任保险合同的变更。根据我国《保险法》第20条,在环境责任保险合同成立之后,尚未履行或尚未完全履行以前,当事人双方可就合同的内容进行协商变更。原则上,环境责任保险合同的变更只是对原合同的某些内容作出修改和补充,而非对合同内容的全部变更。但是当环境责任保险合同的双方当事人就被保险人、保险责任和保险金额等内容作出变更,可能会对保险人的危险估计产生重大影响时,投保人也应当履行告知义务。二是环境责任保险合同的续约。首先要明确的是,原环境责任保险合同双

---

① 宫邦友、林海权:《保险法司法解释(二)论证会综述》,《商事审判指导》2011年第3辑。

② 王静:《如实告知义务法律适用问题研究——以〈最高人民法院关于适用《中华人民共和国保险法》若干问题的解释(二)〉为核心》,《法律适用》2014年第4期。

方在保险期间届满后进行续约，在实际上相当于订立了一个新合同。所以，此时影响风险判断的因素与最初订立保险合同时的情况并不相同，如果免除投保人的告知义务，显然会直接影响到保险人的承保判断，这不仅有悖于最大诚信原则，也会对环境责任保险人的正常经营产生重大影响，进而影响整个环境责任保险市场的健康发展。①

三、投保人违反告知义务之法律后果分析

（一）我国违反告知义务法律后果的立法模式

从各国保险立法实践来看，关于违反告知义务的法律后果，主要有无效主义和解除主义两种模式。在德国，如果投保人违反了告知义务，保险人在一定期间内享有合同解除权，②法国则规定在此种情形下，保险合同归于无效；③英美法系国家还规定，保险人在享有解除保险合同权利之外还可以按比例处罚被保险人。④我国《保险法》采用的是合同解除模式，《保险法》第16条明确规定，投保人违反如实告知义务，并足以影响保险人决定是否同意承保或者提高保险费率的，保险人有解除合同的权利。

根据现行规定，保险人行使合同解除权需要满足一定的条件：首先，未履行如实告知义务的投保人主观上须具有过错，包括故意隐瞒事实不履行如实告知义务和因“重大过失”未履行如实告知义务两种情况。如果投保人故意不履行如实告知义务，则合同解除所发生保险事故的，那么保险人不承担保险责任并不退还保险费；如果投保人因重大过失未履行如实告知义务，对保险事故的发生有严重影响的，那么保险人依然有权解除合同，对合同解除前发生的保险事故不负赔偿或给付责任，但应当退还保险费。其次，投保人未履行如实告知义务还须达到未告知事项足以影响保险人决定是否同意承保或者提高保险费率的程度，即投保人故意不履行如实告知义务或过失未履行如实告知义务的事项与保险事故的发生之间必须存在法律上的因果

① 孙宏涛：《董事责任保险合同中投保人告知义务之基本规范分析》，《中南大学学报（社会科学版）》第16卷第5期。

② 参见《德国保险合同法》第19条。

③ 参见《法国保险合同法》第L113-2、第L113-8、第L113-9条。

④ 孙宏涛：《我国保险法如实告知义务的规则完善》，《江西社会科学》2016年第3期。

关系。[①]因果关系说符合利益平衡及诚信原则的要求，尽管我国立法尚未予以明确，但已经得到了德国、日本、韩国等各国保险立法实践的广泛认可，我国台湾地区也规定了如果保险事故的发生并非基于投保人告知或没有告知的事实，则保险人不得解除合同。近年来，我国部分法院也在审判实践中采用了因果关系说，规定投保人因重大过失未履行如实告知义务和保险事故发生之间不具有因果性关系的，保险人不得以投保人未尽如实告知义务为由拒绝承担保险责任。[②]

由前所述，投保人的如实告知义务被作为一项法定的先合同义务，投保人对该义务的违反，将造成保险人缔约的意思表示不真实，也会影响保险合同的对价平衡，[③]因此相应的法律后果是意思表示错误的当事人即保险人享有合同解除权，我国现行《保险法》既考虑到投保人的主观心态必须出于故意或重大过失，又明确要求此项未告知事实的必须属重要事实，基本做到了对主客观要件的兼顾，这种依据投保人主观过错程度划分违反告知义务的法律后果的做法值得肯定，但依然存在几点不足：

一是忽略了对投保人一般过失下未告知重要事实的法律后果规定。如果此种情形之下，投保人无须承担任何法律后果，或者保险人知悉后无法采取任何措施，这显然是与最大诚信原则和公平原则相违背的，因此必须通过司法裁量来对此予以救济。按照法律规定，此时保险人不能主张解除合同，但法院应当支持保险人向投保人追加保险费的权利。[④]

二是尚未明确保险人法定解除权与撤销权竞合的问题。《保险法》第16条规定的合同解除权与《合同法》第54条下的撤销权从本质上都是为解决合同订立过程中双方当事人之间信息不对称的问题，它们二者之间在构成要件上存在着交叉关系，如何适用在整个保险法学界都存在不同观点。我们认为意思表示瑕疵中的“错误”与“欺诈”应当予以严格区分。从构成要件上看，重大过失并非“故意”，而故意不如实告知与欺诈又存在本质区别，

---

① 倪千森：《投保人如实告知义务问题研究》，《重庆行政》2017年第1期。

② 参见浙江省高级人民法院《关于审理财产保险合同纠纷案件若干问题的指导意见》第7条、广东省高级人民法院《关于审理保险合同纠纷案件若干问题的指导意见》第6条、山东省高级人民法院《关于审理保险合同纠纷案件若干问题的意见（试行）》第7条。

③ 王静：《如实告知义务法律适用问题研究——以〈最高人民法院关于适用《中华人民共和国保险法》若干问题的解释（二）〉为核心》，《法律适用》2014年第4期。

④ 周海涛、李天生：《保险法如实告知义务的司法裁量》，《保险研究》2010年第11期。

欺诈对于恶意的程度要求明显更高。[①]另一方面,从《保险法》的立法目的来看,当投保人存在“欺诈”的故意,如果排除对《合同法》第54条撤销权的适用,仅允许保险人通过《保险法》第16条行使合同解除权,一旦恶意骗保的欺诈行为通过第16条第3款的不可抗辩条款获得了“保护伞”,将导致保险人一方权益严重受损,最终损害的是全体保险消费者的利益,影响整个保险行业的发展。因此,如果投保人以欺诈的形式违反如实告知义务,除了可依据《保险法》第16条行使合同解除权之外,还可以根据《合同法》第54条规定撤销合同;如果投保人主观上没有恶意,则根据特别法优于一般法的原则,排除对民法撤销权的适用,即保险人只能依照保险法上的相应规定寻求救济。

(二)告知义务违反后果之立法完善

就环境责任强制保险领域而言,为进一步完善投保人违反告知义务时的法律后果体系,我国今后可从以下方面加以完善:

1. 比例原则的运用

比例原则旨在抛弃传统保险法体系下“全输或全赢”式补救措施所带来的固有弊端,主张当投保人违反如实告知义务时,直接依据保险法的强制性规范,依据保险合同约定的原保险费(率)和保险金额之间的比例关系,于保险事故发生后,按相应的比例调整保险人应当给付的保险金额。[②]该原则的主要作用在于调整和解决保险事故发生后投保方与保险人之间所产生的权益不平衡的冲突。[③]1990年,法国修改《保险法》时引入比例原则法理,为世界各国梳理了比例原则调整方法的典型模式,除此之外,意大利、澳大利亚等国也吸纳了比例原则,按比例赔偿日渐成为普通法系国家中保险人的主要救济方式之一。

在环境责任保险下告知义务违反的法律后果中引入比例原则,不仅有利于加强补救措施的精准性,更是对最大诚信原则的落实。具体的立法实践中,可规定当投保人因过失违反如实告知义务时,对其以一定的比例处罚

---

① 曾洁:《保险合同解除权与合同撤销权之理解和适用——保险人能否因投保人欺诈性不如实告知行使合同撤销权》,《商界论坛——经法视点》2014年第18期。

② 沈晖、时敏:《保险经营中的告知义务——判例、问题、对策》,中国法制出版社2010年版,第189页。

③ 李庭鹏:《保险合同告知义务研究》,法律出版社2006年版,第48—49页。

来替代解除保险合同，保险人可采取的措施既包括按比例减少保险金给付的数额，又包括按比例增加到期保险费的数额。[①]当然须明确的是，比例处罚只适用于投保人一般过失违反告知义务的情形下，当投保人的主观状态为恶意欺诈时，仍应当赋予保险人解除合同的权利。

2. 引入惩罚性赔偿机制

所谓惩罚性损害赔偿，又称示范性赔偿或报复性赔偿，是指由成文法规定或典型判例确定，赋予法院可对某一类特定行为主体，裁判其承担的赔偿数额超出实际损害数额的一种损害赔偿机制。[②]早在20世纪90年代，便有学者主张违反告知义务属于缔约过失，其法律后果在民法上应为相对人的损害赔偿请求权，故保险人还可以诈欺为由请求损害赔偿。[③]

惩罚性赔偿责任机制起源于英美法系国家，在美国获得了长足的发展，并发挥了重要的作用。[④]随着我国私法领域中的责任规则体系不断完善，英美法系国家的惩罚性损害赔偿机制，已经植入产品质量纠纷、消费者权益保护纠纷和房屋买卖合同争议解决等诸多领域，在惩戒与预防相应违法行为上发挥着重要作用。

鉴于环境责任问题与民众日常生活息息相关，其本身又具有一定的偶发性、潜伏性，在相应监管制度尚未完全落实的情况下，相关问题极易被侵权责任主体忽视，而一旦发生环境污损事故，势必会不同程度地降低人们的生活质量，甚至会对特定区域的社会生产活动造成持续且难以恢复的影响。因此在日趋严峻的环境污损领域，应将惩罚性损害赔偿责任机制与环境责任保险信息披露责任有机融合在一起，进一步强化投保人告知义务规则的执行力和拘束力。

须注意，惩罚性赔偿责任对环境责任保险合同的双方主体而言，应当是公平分摊的。相关立法建构不妨按照如下的两个思路进行：一是从规制投保人角度出发，可以规定如果投保人恶意违反环境责任保险的告知义务，其

---

① Howard Bennett, The Law of Marine Insurance, Clarendon Press, 1996, pp.68—69.转引自孙宏涛：《我国保险法如实告知义务的规则完善》，《江西社会科学》2016年第3期。

② 王金玉：《海上保险告知义务矫正论》，法律出版社2014年版，第178页。

③ 邹海林：《责任保险论》，法律出版社1999年版，第146页。

④ A. Mitchell Polinsky, Steven Shavell. Punitive Damages: An Economic Analysis.111Harv. L. Rev. 1281(1998):869—962.转引自王金玉：《环境责任保险告知义务规则之构建》，《辽宁大学学报(哲学社会科学版)》第45卷第5期。

已获得的保险赔付需双倍加以返还；二是从规制保险人角度出发，若保险人在合同订立时已经知道或者在通常业务中应当知道，但没有向投保人询问的，在承保期间发生保险事故后，却以被保险人没有履行告知义务为由，故意拖延保险赔付时间的，不仅需要承担保险赔付责任，还需双倍返还其收缴的保险费。①

尽管惩罚性损害赔偿责任机制从表面上看显得过于严苛，但这也是针对我国现阶段环境污损事故频发这一特殊国情所采取的无奈之举。只有通过搭建惩戒性的告知义务责任分摊机制，才能切实增强潜在的环境责任主体对环境保险法规的遵守意识，有效降低重特大环境事故的发生概率。

第二节　环境责任保险合同中保险人的说明义务

一、保险人说明义务概述

保险人的说明义务是指保险人在保险合同订立时，依法负担的将保险合同条款、所含专业术语及有关文件内容，向投保人陈述或解释的法定义务。环境责任保险作为责任保险的一种，保险人在与投保人订立环境责任保险合同时应当按照《保险法》的规定对保险合同条款向投保企业履行说明义务。

我国《保险法》第 17 条对保险人的说明义务作了明确规定："订立保险合同，采用保险人提供的格式条款的，保险人向投保人提供的投保单应当附格式条款，保险人应当向投保人说明合同的内容。对保险合同中免除保险人责任的条款，保险人在订立合同时应当在投保单、保险单或者其他保险凭证上作出足以引起投保人注意的提示，并对该条款的内容以书面或者口头形式向投保人作出明确说明；未作提示或者明确说明的，该条款不产生效力。"

（一）保险人说明义务的特点和内容

根据以上规定，保险人的说明义务具有以下三个特点：(1)法定性，即保

① 王金玉：《海上保险告知义务矫正论》，法律出版社 2014 年版，第 178 页。

险人的说明义务是法律明确规定的，是保险人的法定义务，不履行该义务的法律后果是该未予说明的条款不生效，不订入合同中，并且对这一义务当事人不能在保险合同中予以限制或者免除；(2)先合同性，即保险人的说明义务发生在合同订立时，不同于保险人依有效保险合同而负的义务，保险人说明义务的负担与合同的效力无关；(3)主动性，即无须投保人询问，保险人应就保险条款的真实含义向投保人主动说明。而且，依照《最高人民法院关于适用〈中华人民共和国保险法〉若干问题的解释(二)》(以下简称《司法解释(二)》)第13条的规定，保险人对其履行了明确说明义务负举证责任。

根据上述规定，保险人说明义务的主要内容包括以下两个方面：(1)一般说明义务，即保险人须就格式保险合同的基本内容向投保人说明，并对投保人所询问有关条款作回答；(2)明确说明义务，即对于免责条款，保险人应当向投保人明确说明，包括足以引起注意的提示和书面或口头的解释说明。

(二) 保险人说明义务的法理基础

保险法规定保险人说明义务的立法目的在于保护投保人或被保险人的利益，但从学理角度而言，其更深层的法理基础在于最大诚信原则和当事人合意。①

1. 最大诚信原则

诚实信用原则是民法中的“帝王条款”，是贯穿于所有民商事活动的基本原则。在保险活动中，保险关系具有不同于一般民商事活动的特殊性，即保险合同的射幸性、内容的格式化、个别给付的不对等性、当事人信息的不充分和不对称，以及保险合同作为特殊买卖合同在风险等方面的诸多不确定性。②正是由于保险关系的以上特性，保险法对保险当事人确立了相较于一般民商事活动更为严格的要求，即保险当事人必须以最大的诚信善意履行自己的义务，互不欺骗和隐瞒与保险契约有关的重要情况，保险法中称之为“最大诚信原则”。

保险法中的最大诚信原则在立法上起源于英国《1906年海上保险法》。该法第17条规定：“海上保险契约是建立在最大信守诚实的基础上成立的契约，如果任何一方不遵守最大信守诚实，他方得宣告契约无效。”发展至

---

① 温世扬：《保险人订约说明义务之我见》，《法学杂志》2001年第2期。

② 韩长印、韩永强：《保险法新论》，中国政法大学出版社2010年版，第52页。

今，最大诚信原则从海上保险合同扩展到了所有的保险合同，从仅约束投保人履行如实告知义务的传统发展到着重强调保险人亦应遵循最大诚信原则，即缔结保险合同之时，保险人应向投保人承担说明义务。我国《保险法》第5条也规定："保险活动当事人行使权利、履行义务应当遵循诚实信用原则。"

最大诚信原则是保险当事人都必须遵循的原则，其对保险当事人的要求是相互的。这一原则对保险人的要求主要体现为弃权、禁反言、说明义务；对投保人和被保险人的要求主要体现为如实告知义务和保证义务。根据这一原则，在环境责任保险中，投保人应当履行如实告知义务和保证义务，而保险人的主要义务则体现为对保险条款的说明义务。

2. 当事人合意

保险法规定保险人说明义务的另一层依据在于当事人合意。保险合同作为合同的一种，其成立必须以当事人的意思表示一致即合意为必要条件。而当事人达成合意，意味着当事人基于对合同条款的充分理解而作出愿受其约束的意思表示。而保险合同的格式化和信息严重不对等性等特性决定了接受保险合同的投保人和被保险人一方相对于提供格式条款的保险人而言处于劣势地位。这种劣势主要体现在投保人对保险合同条款的理解上：保险人作为条款提供者已充分理解条款的涵义，而投保人则无法准确理解保险合同中日益专业化的条款。投保人在此种不平等情形下与保险人签订的保险合同必然无法体现保险当事人的合意，其效力也会存在瑕疵。因而法律规定保险人在保险合同签订之时即负有说明义务，其目的在于确保保险当事人合意的达成。

另外，对于更为弱势的消费者，保险条款须经保险消费者"知情"，保险条款之使用须经消费者"同意"，遵循此等结构要求之保险契约，方为真正拘束双方之合意契约，而此等结构要求之达成赖于保险人说明义务之践行。①

在环境责任保险中，虽然投保人均为企业，但无论投保环境责任保险的企业规模是大是小，其同样面临因保险合同的格式化和信息严重不对等性而造成的相对于保险人处于劣势的地位，投保企业在此种不平等情形下与保险人签订的保险合同必然也会使得双方合意产生一定的瑕疵。

① 于海纯：《保险人缔约说明义务制度研究》，中国政法大学博士学位论文2007年。

二、保险人说明义务的具体规范

(一) 保险人说明义务的适用范围

根据《保险法》第 17 条的规定，保险人说明义务的适用范围包括保险人提供的格式条款和免除保险人责任的条款。“保险人提供的格式条款”自无疑义，问题的关键在于，何为“免除保险人责任的条款”？

有学者将免责条款分为狭义的责任免除条款即保险合同中责任免除部分的相应条款和广义的责任免除条款即保险合同条款中一切可限制（即部分免除）或免除（即全部免除）保险人给付责任的制度安排。①若将“免除保险人责任的条款”作狭义解释，理解为保险合同中以“责任免除”“免责条款”“责任除外”命名的条款，保险人会通过其他安排将免除其责任的内容置于合同中的其他部分，从而直接或间接地达到免除保险公司承担的保险责任的目的，进而对被保险人的利益造成侵害。对免责条款作过于宽泛的认定的做法也不足取，会增加保险人履行明确说明义务的成本，也会减弱保险合同效力的确定性。《司法解释（二）》第 9 条将“免除保险人责任的条款”范围界定为：保险人提供的格式合同文本中的责任免除条款、免赔额、免赔率、比例赔付或者给付等免除或者减轻保险人责任的条款。这一解释即采用了广义的责任免除条款之解释。

对于被保险人的故意行为是否属于保险单约定之除外责任，依照美国的保险司法实务，适用从严解释的原则：被保险人的故意行为引起的损害赔偿责任，仅以被保险人具有特定致害目的所造成第三人损害而应当承担的赔偿责任为限，属于除外责任。即保险人以被保险人故意行为为由，拒绝承担保险责任，应当满足三个条件：(1)被保险人故意为特定的行为；(2)第三人因被保险人的行为而受到损害；(3)被保险人有致使第三人受害的目的。因此，被保险人的故意行为，得否成为除外责任的抗辩事由，实际上取决于被保险人是否有致人损害的意图或故意。②故在环境责任保险中，保险人对于将被保险人的故意行为约定为除外责任的条款，也应当履

① 马宁：《论保险人说明义务的履行方式与标准——以对我国司法实务的考察为中心》，《时代法学》2010 年第 2 期。

② 阳露昭、刘艳：《美国环境污染责任保险制度审视及启示》，《法学杂志》2005 年第 6 期。

行说明义务。

对于法定的免责条款或者道德风险防范类型的免责条款也不应当包含在保险人明确说明义务之列。原因在于,法定的免责条款属于立法中已经明示的内容,虽列举在保险合同之中成为保险合同的一部分,但是基于法律的公示性和权威性考虑,不应再强求保险人对之进行明确说明。否则,相关法律规定可能因保险人义务的不履行而发生"不产生效力"的后果。正是基于这一原因,《司法解释二》第 10 条规定保险人对法律、行政法规中的禁止性规定情形作为免责事由的条款只需履行提示义务,而无需履行说明义务。[①]根据现行环境法律,与环境责任相关的法定免责情形主要有三种:(1)不可抗力,如《水污染防治法》第 96 条第 2 款,由于不可抗力造成水污染损害的,排污方不承担赔偿责任;法律另有规定的除外。(2)第三者责任,如《水污染防治法》第 96 条第 4 款规定:水污染损害是由第三人造成的,排污方承担赔偿责任后,有权向第三人追偿。不过,这里所指"第三者",是遭受污染损害者之外的第三人。(3)受害人自身责任,如《水污染防治法》第 96 条第 3 款规定:水污染损害是由受害人故意造成的,排污方不承担赔偿责任。[②]在这些免责情形中,排污单位免于责任,根据责任保险的损失填补原则,其保险人也同样免于责任。此外,企业根据《侵权责任法》的规定,对环境污染依法不承担责任的,保险人也免予责任。对于规定这类法定免赔事由的免责条款,保险人在环境责任保险合同签订时也无须严格履行说明义务。

另外,规定保险人责任范围的条款也不应判断为免责条款。保险的功能在于风险分散,将特定危险造成的损失通过分摊方式限定于具体当事人可承受的程度之内,保险人对于特定保险只承担特定的风险,而非被保险人的所有风险,因此保险人需依照法律规定或契约之约定限制其承担保险责任的范围。投保人对其购买的保险类型、需要通过保险转嫁的风险类型应该确知,这是包括保险交易在内的任何交易得以进行的前提条件。免责条

---

① 《最高人民法院关于适用〈中华人民共和国保险法〉若干问题的解释(二)》第 10 条规定:"保险人将法律、行政法规中的禁止性规定情形作为保险合同免责条款的免责事由,保险人对该条款作出提示后,投保人、被保险人或者受益人以保险人未履行明确说明义务为由主张该条款不生效的,人民法院不予支持。"

② 熊英、别涛、王彬:《中国环境污染责任保险制度的构想》,《现代法学》2007 年第 1 期。

款存在的实质意义在于限定保险公司承保的责任范围内的风险，是保险公司对于本属于保险责任范围内的保险事故所造成保险标的的损失，因某种特殊原因不承担或者少承担保险给付责任的情形，①而保险人规定其责任范围的条款本身即是对保险人承担的特定风险的界定，不属于免责条款。环境责任保险中的承保范围条款即属于约定责任范围的条款，环境责任保险承保范围包含两个层次的问题，一是广度上的问题，即哪些污染事故应当被纳入保险公司的承保范围；二是深度上的问题，即对某一事故造成的哪些损失可被纳入承保范围。②对于这一问题，可以参考《环境污染强制责任保险管理办法（征求意见稿）》的规定。该《办法》第 6 条规定，环境污染强制责任保险的保险责任，包括：(1)第三者人身损害。环境高风险企业因突发环境事件或者生产经营过程中污染环境，导致第三者生命、健康、身体遭受侵害，造成人体疾病、伤残、死亡等，应当承担的赔偿责任。(2)第三者财产损害。环境高风险企业因突发环境事件或者在生产经营过程中污染环境，直接造成第三者财产损毁或价值减少而应当承担的赔偿责任。(3)生态环境损害。环境高风险企业发生较大、重大或者特别重大突发环境事件，导致生态环境损害而应当承担的赔偿责任，包括生态环境修复费用，生态环境修复期间服务功能的损失和生态环境功能永久性损害造成的损失，以及其他必要合理费用。(4)应急处置与清污费用。环境高风险企业、第三者或者政府有关部门、公益组织等机构，为避免或者减少第三者人身损害、财产损失或者生态环境损害而支出的必要、合理的应急处置费用、污染物清理费用。因此，对于环境责任保险承保范围的广度问题，从理论上而言，环境责任保险的承保范围包括突发性和持续性环境责任，③并且《环境污染强制责任保险管理办法（征求意见稿）》也采用了这一承保范围；对于环境责任保险承保范围的深度问题，《环境污染强制责任保险管理办法（征求意见稿）》第 6 条规定的承保范围包括了环境污染对一般公民造成的人身和财产损失，还包括企业环境治理费用以及环境要素自身功能的损害。也就是说，在环境责任保险合同中，规定保险人承保的污染事故范围的格式条款和承保的损失范

---

① 刘建勋：《新保险法经典、疑难案例判解》，法律出版社 2010 年版，第 59 页。

② 杜光秋：《我国环境责任保险制度的构建研究——由首例环境责任保险获赔案引发的思考》，《西南交通大学学报（社会科学版）》2009 年第 4 期。

③ 张梓太、张乾红：《我国环境侵权责任保险制度之构建》，《法学研究》2006 年第 3 期。

围的格式条款均属于环境责任保险中的保险范围条款，不属于免责条款，不属于保险人应当履行说明义务的条款范围。

在环境责任保险中，比较典型的条款是责任限额条款，[①]即环境责任保险的赔付金额最多不得超过保险金额，在保险人承担保险赔付限额之外，加害人仍然需要承担不足部分的赔偿责任。设立这类条款的原因在于：(1)环境侵权限额赔偿原则是环境侵权责任保险限额赔偿的基础，环境侵权的投保人享受赔偿限额的优惠时，没有理由要求保险人承担对环境侵权人更大的赔偿责任；(2)实行环境侵权责任保险赔偿限额制有利于促进投保人、受害人采取措施，减少环境侵权的发生及其损害的扩大；(3)实行环境侵权责任保险赔偿限额制也有利于维持保险机构的清偿能力。[②]对于环境责任保险中的责任限额条款，由于责任限额是保险人通过保险公司和保险经纪人对每家投保企业进行专业的环境风险评估，[③]在此基础上确定的对每家投保企业承保的环境责任保险的最高赔偿限额，保险人承担的保险责任限额与投保企业的环境风险相关，因此，责任限额条款属于约定保险人责任范围的条款，保险人可免于履行对这类条款的说明义务。

(二) 保险人说明义务的履行标准

根据《保险法》的规定，保险人对免责条款的说明义务可分解为提示义务与解释义务，这其中最大的问题在于保险人的提示和解释在何种程度上可认定为履行了说明义务，也即保险人说明义务的履行标准为何。

1. 提示义务

根据《司法解释二》第 11 条第 2 款的规定，保险人在投保单或者保险单等其他保险凭证上，对保险合同中免除保险人责任的条款，以足以引起投保人注意的文字、字体、符号或者其他明显标志作出提示的，即可认定其履行了提示义务。但是该条款依然没有对《保险法》第 17 条中的“足以引起投保人注意”标准作出具体的界定。

---

① 《环境污染强制责任保险管理办法(征求意见稿)》第 9 条规定了责任限额，环境污染强制责任保险根据环境高风险企业的不同类型实行不同的责任限额，环境高风险企业应当按照责任限额投保环境污染强制责任保险。

② 周柯、刘红林：《论我国环境侵权责任保险制度的构建》，《政法论坛(中国政法大学学报)》2003 年第 5 期。

③ 王朝梁：《论我国环境责任保险制度的依法构建》，《中国政法大学学报》2012 年第 2 期。

提示的程度以达到足以提请一般相对人注意的程度为准。判断提示义务的履行标准应考虑以下因素：[1]采取的文字、字体、符号或者其他明显标志是否使免除责任条款区别于其他条款；提示注意的语言或文字是否清晰明白易解；提示注意行为是否发生在契约订立之前或契约订立之时；是否针对不同的提示注意对象进行程度不同的提示注意。

2. 解释义务

关于保险人解释义务的履行标准，理论上存在三个标准：保险人理解标准、被保险人理解标准、以及理性外行人标准：[2]保险人标准即保险人对免除责任条款的说明达到自己能够理解即可，这种标准明显不合理，实不足取；被保险人标准是指保险人的说明须达到让与其签订保险合同之具体被保险人理解的程度；此标准要求说明须使各种各样的被保险人理解，对保险人来说，证明其说明已达到对方当事人能够理解的程度实在困难，且容易误导被保险人诈欺，被保险人可能动辄以自己不理解免责条款为由主张保险人赔偿，因此对保险人难言公平，亦不足取；理性外行人标准，是指保险人的说明程度须达到具有一般知识与智力水平的普通保险外行人理解的程度。相对来说，理性外行人标准站在中立第三方的立场判断保险人的说明程度，兼顾保险人和被保险人的利益，是一种客观、公正的标准。

《司法解释二》第 11 条第 2 款规定："保险人对保险合同中有关免除保险人责任条款的概念、内容及其法律后果以书面或者口头形式向投保人作出常人能够理解的解释说明的，人民法院应当认定保险人履行了《保险法》第十七条第二款规定的明确说明义务。"这一规定即采纳的是理性外行人标准，无论是对于免责条款抑或一般条款，无论保险人是主动抑或被动向投保人解释保险条款，只要该解释是完整、客观、确定的、常人能够理解的，则应认定保险人已善尽说明义务，至于投保人能否理解应在所不问。

在环境责任保险中，虽然投保人均为企业，但是无论是在自愿投保模式还是强制投保模式下，投保环境责任保险的企业规模必然有大有小，其与保险公司的谈判能力也不相同，在认定保险人说明义务履行与否时，应当区别对待，在认定标准上有所区别：对于规模较小的投保企业而言，由于其规模

---

① 于纯海：《保险人说明义务程度标准研究》，《保险研究》2008 年第 1 期。

② 梁鹏：《新〈保险法〉下说明义务之履行》，《保险研究》2009 年第 7 期。

小保费低，其在签订保险合同时与保险公司的谈判能力较弱，因此，应严格适用保险公司履行说明义务的标准，以保障投保企业的利益；而对于规模较大的企业，虽然其并非专业的保险机构，但其有实力聘请专业机构获取专业知识，且其规模大保费高，在订立保险合同时，其有更强大的谈判能力，因此，认定保险公司说明义务的履行标准时应当适当放宽。

（三）保险人说明义务的履行方式

1. 主动说明与被动说明

《保险法》规定的说明义务从履行层面上是主动性义务抑或是被动性义务一直是理论和实践争论的焦点。

如前所述，从文义上看，《保险法》对一般格式条款和免除保险人责任条款进行了区别规定，因此在分析说明义务的性质时也应当区别分析。

对于免除保险人责任条款，法律规定保险人须履行提示和解释义务，说明义务具有法定性，是保险人不得推卸的义务，其说明是责任性说明，因此，此项义务之履行不以投保人之询问为条件，是保险人应在缔约之际必须积极主动履行的义务。[①]如果认为该义务是被动义务，那么在保险人履行了提醒义务后，若投保人未向保险人提出问询，保险人将无法证明其已履行了解释义务，而导致该免责条款不产生效力，这就使得保险人必须主动履行解释义务。

对于一般的格式条款，保险人的说明义务应当不同于对免责条款的说明义务。首先，根据《保险法》第 17 条的文义解释，保险人对免责条款的说明义务包括提示义务和解释义务，而对于一般格式条款，应当理解为只有解释义务。其次，法律规定保险人说明义务的目的在于保护投保人的利益，若一概要求保险人对所有条款主动进行解释说明，则对真正关乎投保人核心利益的免责条款，必然削弱履行免责条款解释义务的实际价值，无法提请投保人格外重视，这将导致保护投保人利益的立法目的落空。最后，投保人或被保险人一般为外行之公众，对保险人明文载于投保单、保险契约之各项条款中之专有名词、术语、概念等，他们一般难以完全确知，对免责条款，投保人或被保险人义务条款及其违反效果等风险认识程度也多有差异，一个不懂保险的外行人询问保险人之内行问题往往会不得其所。另外，将繁多复

① 于海纯：《保险人缔约说明义务制度研究》，中国政法大学博士学位论文 2007 年。

杂的保险契约条款逐一均由保险人解释说明也是不可能的,如此之高的说明成本是保险人无法承担的。因此,对一般格式条款,保险人对投保人并不承担提醒义务,而仅在投保人就一般条款提出问询时,需对此作出明确、完整、客观的解释。即应将该项说明义务限定于单纯的被动性解释义务。

综上所述,环境责任保险中,对于免除保险人责任的条款,保险人应当主动履行说明义务,包括提示和解释义务;而对于一般的格式条款,保险人只需履行被动的说明义务,且主要为解释义务。

2. 履行说明义务的形式

《保险法》第 17 条规定说明义务的履行形式包括书面和口头。《司法解释二》第 12 条对这一规定作了更具体的解释:“通过网络、电话等方式订立的保险合同,保险人以网页、音频、视频等形式对免除保险人责任条款予以提示和明确说明的,人民法院可以认定其履行了提示和明确说明义务。”环境责任保险的投保人均为企业,因此在订立环境责任保险合同时较为规范,必然采用书面形式订立保险合同,保险人履行说明义务的形式也会主要以书面形式为主。

无论口头说明、书面说明,还是其他方式的说明最终会转化为证据法问题,核心是保险人举证证明其已尽说明义务。投保人或被保险人对保险人履行说明义务的书面认可就是保险人赖以抗辩的重要证据,《司法解释二》第 13 条第 2 款规定的书面认可包括“投保人对保险人履行了符合本解释第十一条第二款要求的明确说明义务在相关文书上签字、盖章或者以其他形式予以确认”。也即,环境责任保险中的保险人向投保人履行了说明义务后,尚需投保人对其已依法履行说明义务作出书面的确认,包括在相关文书上签字、盖章或者以其他形式予以确认,由此保险人方可证明其已履行说明义务。

三、说明义务的违反及其法律后果

(一) 说明义务的违反

在普通法传统中,缔约之际的信息披露义务被区分为两个部分:如实披露所知的全部重要信息的义务和不得误述重要信息的义务,一般被称为披露规则与误述规则。因此,违反说明义务可分为两种情况:一是未为说明;

二是不实说明。

在保险契约中，保险人作为说明义务人应该说明而未说明的情形主要包括两种情形：一为缄默诈欺；二为过失遗漏。所谓缄默诈欺，一般是指：行为人在法律上、契纸上或交易之习惯上，就特定事项对相对人负有告知或说明义务者，行为人有意识地采取缄默举措而不对相对人提供资讯所构成的消极不作为的诈欺行为；过失遗漏，是指保险人由于过失在向投保人或被保险人说明的过程中遗漏了有关事项。在过失遗漏说明事项的情形下，保险人是否须承担法律责任，要视遗漏事项是否为重要事项而定。但我国《保险法》直接规定未明确说明的免责条款不生效力，法律并不关心主体行为时的主观范围——无论其是否具有欺诈、隐瞒等不当动机或者过失、善意状态，均须为此行为承担责任。①

因此，在环境责任保险中，无论保险人对其说明义务的违反形式属于未为说明还是不实说明，也无论其违反说明义务的主观状态为何，只要其行为表现为违反说明义务，则均应承担免责条款不生效力的法律后果。

（二）违反说明义务的法律后果

1. 免责条款不生效力

实践中，对于保险人未履行明确说明义务的免责条款的效力存在争议，理论界存在三种不同观点。第一种观点认为，该未经提示和明确说明的条款，由于投保人并不知晓其实质内容，故应当推定其并未与保险人就该条款达成意思表示一致，故属于不生效条款。第二种观点则认为，法律既然规定其后果为不发生效力，也就意味着该条款虽然成立，但自始无效。第三种观点则认为，可以从体系解释的方法来解读《保险法》第 17 条第 2 款的规定，借鉴《合同法》有关格式条款说明义务的规定理解保险人违反明确说明义务的法律后果，即可撤销。②

我国《保险法》第 17 条规定，对保险合同中的免除保险人责任的条款，保险人“未作提示或明确说明的，该条款不产生效力”。根据这一规定，保险人未履行明确说明义务的法律后果是“该条款不产生效力”，即不产生法律上的效力，既不是无效，也不是可撤销。分析如下：

---

① 于海纯：《保险人缔约说明义务制度研究》，中国政法大学博士学位论文 2007 年。

② 王静：《保险人明确说明义务的司法审查》，《法律适用》2013 年第 1 期。

首先，按照一般的民法原理，意思表示真实是契约生效的要件之一，在保险契约中，因保险人违反缔约说明义务而致投保人意思表示有瑕疵的，保险契约的效力应处于待定状态，其既可以撤销，亦可以补正使之生效。[①]但《保险法》作为特别法，其规定违反说明义务的法律后果是该条款不生效力，则应该按照特别法的规定，而不应按照普通合同法的规定。其次，根据该条的规定，保险人违反说明义务的后果既不是合同无效，也不是可撤销，而是不生效。这一规定与《德国民法典》第305条一般交易条款中有关“意外条款排除原则”的规定一致。《德国民法典》对一般交易条款规定了三个规制原则，即意外条款排除原则、不明确条款解释规则及内容控制规则。我国《保险法》也规定了这三个原则，分别对应《保险法》第17条、第30条和第19条。对于保险人未履行说明义务的条款，其效果为不生效，即该条款不订入合同中，不成为合同的一部分。而《保险法》第19条规定的格式条款无效规则是“国家公权力依据诚实信用原则或利益平衡而干预契约效力之意”，[②]其法律后果是该格式条款自始无效。

另外，如前所述，环境责任保险中保险人违反说明义务而承担免责条款不生效力的法律后果时，无须考虑保险人违反说明义务的主观状态。

2. 保险人丧失责任免除权

保险人违反说明义务导致该免责条款不生效后，对保险人而言最直接的不利后果就是其丧失了根据该条款主张免除赔偿责任的权利。但免责条款的不生效并不等于保险人就一定要承担保险责任。在订立契约时，投保人最为关切的问题除保险费外，莫过于保险人于保险条款中约定的承保责任范围和不保责任范围（“责任免除”或“除外责任”）。责任免除条款一般是对保险责任范围中某些情形的除外规定，或者是对某些不属于保险责任范围内的保险事故或相关损失的不包括规定。一个保险事故或相关损失是否属于保险责任，应当结合上述两部分的内容来分析认定，即使免责条款不生效，亦不意味着保险人在任何情况下都要承担保险责任，是否应当承担保险赔偿责任，仍应当在保险合同约定的保险责任范围内进行判断。[③]因此，在

---

① 于纯海：《论保险人违反说明义务之法律效果》，《大连理工大学学报（社会科学版）》2008年第2期。

② 江朝国：《保险法逐条释义第二卷：保险契约》，元照出版公司2013年版，第313页。

③ 于纯海：《论保险人违反说明义务之法律效果》，《大连理工大学学报（社会科学版）》2008年第2期。

环境责任保险中，若因保险人违反说明义务而导致相关免责条款不生效力时，并不会必然导致保险人完全丧失责任免除权，如在环境责任保险合同中约定有如前文所述的法定免责条款，则保险人仍有权援引该条款作为其免除相应保险责任的抗辩理由。

3. 缔约过失责任

根据《保险法》第 17 条之规定，说明义务发生于"订立保险合同时"而不是订立合同后，因此，说明义务之性质为先契约义务。而违反先契约义务的责任类型是承担缔约过失责任。所谓"缔约过失"责任，系指在契约成立前的缔约过程中，"当事人因自己过失致使契约不成立者，对信其契约为有效成立的相对人，应赔偿因此项信赖而生的损害"。[①]根据《合同法》第 42 条之规定，当事人在订立合同过程中有"故意隐瞒与订立合同有关的重要事实或者提供虚假情况"给对方造成损失的，应当承担损害赔偿责任。这即是我国法律对缔约过失责任的规定。在保险契约中，缔约过失的表现形式为，由于保险人违反订约说明义务，致使投保人不知道所发生的事故属于除外或不包括责任。若此时投保人或被保险人未安排其他的风险分散措施，则会造成事故损失无法转嫁的后果。那么，应由谁为这部分无法转嫁的损失埋单。保险人在订立契约时没有履行明确说明义务是投保人未能安排其他风险分散措施的原因之一，因此，保险人应当为此承担损害赔偿责任。但此时的损害赔偿责任，不是保险责任。换言之，因免责条款不生效所产生的责任形态不独有保险责任这一种，尚有缔约过失责任之发生。因此，环境责任保险中保险人违反说明义务的法律后果还可能会涉及《合同法》规定的缔约过失责任。

综上，环境责任保险中，保险人违反说明义务所导致的法律后果不仅包括《保险法》第 17 条规定的相关条款不生效力，还可能会包括其部分责任免除权的丧失或缔约过失责任的承担。

---

① 王泽鉴：《债法原理(第二版)》，北京大学出版社 2013 年版，第 233 页。

第五章　环境责任保险之责任范围与除外责任

第一节　环境责任保险基本承保范围研究

承保范围的合理划定是保险公司合理评估风险的关键，是保险公司据以作出承保决定，承担保险责任，进而为被保险人提供相应保险保障的依据。承保范围的合理确定对险种经营的成败具有重大影响，如果保险责任范围过大，会导致保险公司赔付风险过高，使保险公司拒绝承保或者是影响其持续经营稳定性；如果保险责任范围过小，无法满足企业转移风险的需要，降低污染企业投保积极性。所以保险公司应合理确定保险责任范围。

一、基本承保范围

环境责任保险承保范围是各国在进行保险政策和法律设计以及保险公司进行保险产品和理赔规则设计时所必须考虑的核心问题之一，承保范围是否明确直接关系到随后可能产生的有关环责保险理赔和诉讼纠纷能否得到明确规则的有效指引。[①]环境责任保险的承保范围指的是，在保险合同中保险人与被保险人约定的保险人替代被保险人承担环境污染侵权的责任范围，通常包括保险对象和具体的承保事项。环境责任保险的保险对象即哪些环境污染应当纳入承保范围；具体的承保事项指的是保险公司对于环境污染造成的哪些损失予以承保，支付保费。

---

① 程玉：《我国环境责任保险承保范围之思考：兼论渐进性污染的可保性问题》，《保险研究》2017年第4期。

（一）规范性文件的规定

《民法通则》第 124 条规定："违反国家保护环境防止污染的规定，污染环境造成他人损害的，依法承担民事责任。"《环境保护法释义》第 41 条规定："造成环境污染危害的，有责任排除危害，并对直接受到损害的单位或者个人赔偿损失。完全由于不可抗拒的自然灾害，并经及时采取合理措施，仍然不能避免造成环境污染损害的，免于承担责任。行为人污染环境的，除承担赔偿责任外，并应当依照国家环境保护部门的决定承担限期治理的责任。"《侵权责任法》第 65 条规定："污染环境造成损害的，污染者应当承担侵权责任。"第 66 条规定："因污染环境发生纠纷，污染者应当就其行为与损害之间不存在因果关系承担举证责任。"另外，《环境保护法》第 52 条虽然明确规定了国家中央政府积极鼓励推动环境污染责任保险的拓展，但并没有提供详尽的行为指导理论与概括方法，导致环保部及保监会等地方性组织大多着眼于一般性的处罚规定。而且虽然国家从立法层面对污染环境的主体有了处罚或责令其承担责任的规定，但经调研发现现实中企业造成环境污染后，并不是所有主体都能承担起社会责任，包括对受害人的赔偿责任和对受污染的场地的治理责任。据上海市环保局相关人士介绍，一旦发生事故，对受害人的救济 60%以上由政府承担。而据环保部发布的数据显示，政府治理场地污染的支出渐高。这些均表明，"谁污染，谁治理"的体系尚未形成。

为了改善这种现象，国家不时发布相关政策文件，如 2007 年国家环保总局发布《关于环境污染责任保险工作的指导意见》，而特定到上海而言，依据 2007 年文件开始的环境污染责任保险试点推进效果并不符合预期。相反，上海推行的准强制类型的危险化学品安全责任保险推进比较顺利，虽然还有尚待改善的空间，但整体而言，值得借鉴。2008 年 7 月，上海颁发《上海市安全生产监督管理局关于在本市推行安全生产风险抵押金和危险化学品安全责任保险试点工作的通知》。2008 年 12 月，上海开始危险化学品企业安全责任保险试点，由安信农险和太保产险共同承保。在 2009 年，上海便将重化工园区企业、黄浦江水域的注册船舶与危险品码头、重点风险源企业与危险废弃物经营许可证企业、放射源使用单位作为环境污染责任保险实施单位，以此开展试点工作。2012 年 11 月，上海发布了《关于本市全面推广危险化学品安全责任保险工作的通知》，一系列强制或优惠政策使得试点效果可圈可点。这也从侧面反映出，环境污染责任保险只有强制才能更好地发展，正如2013年环保部、保监会发布的《关于开展环境污染强制责任保险试点工作的指导意见》。2014年，中国保险行业协会发布《环境污染责任保险示范条款》第3条规定仅予以承保的是保险单所载明的承保区域内的第三者遭受人身伤亡或直接财产损失。但截至目前仍然没有相关规范性文件系统性地确定环境责任保险的具体承保范围，因此有必要通过对文献的学习及对实践的调研得出合理的建议。

（二）保险公司的现实承保范围

环境污染分为突发性环境污染和渐进性环境污染。突发性的环境污染在发生前没有明显的征兆，一旦发生损害立刻显现，受害人的受损程度的认定也较为容易。渐进性环境污染事故侵权持续时间长，侵权原因复杂，往往是多种因素复合累积的结果。

1. 国外保险公司环境责任险的承保范围

（1）美国

美国推行的是强制性环境责任保险，通过制定《环境污染法》，以法律的形式明确规定环境污染责任保险的承保范围，并由商业公司对其进行承保。美国的环境责任保险承保的是致害方引起的环境污染对第三方造成的侵权损害所致的民事诉讼和之后的民事赔偿。起初，美国是由事故型公众责任保险单予以承保，公众责任保险明确仅承保突发和事故性环境污染，之后随着保险制度的发展和完善，由专门的环境责任保险对累积性污染引起的环境责任予以承保，逐渐取代公众责任保险在环境领域的应用。美国将突发性和渐进性的环境污染都列入了承保范围。美国不仅从正面对环境责任保险的承保范围进行规定，还从反面加以明确限制，例如被保险人故意污染环境引发的损害赔偿责任不属于承保范围。

（2）德国

德国是一个很严谨的国家，对环境的保护也非常关注。不仅制定的环境标准非常严格，制定的环境保护体系也十分完善。在德国环境责任保险发展初期，渐进性环境污染事故引起的损害赔偿责任其实是被排除在承保范围之外，但1965年后，为适应社会需要，保险人开始扩大环境责任保险的承保范围，将水体累积污染损害赔偿责任纳入其中，从1978年开始，大气污染所造成的财产损失亦进入环境责任保险的承保范围之内。[①]德国《环境责任法》的第19条明确规定，与环境有着密切影响的特定设施所有人、使用人须与保险公司签订责任保险以预先保障义务的履行。[②]2007年，德国为适应欧盟刚推出的环境保护法的相关规定，将环境污染责任保险和环境污染之力保险责任分离，除了传统的环境污染第三方责任承保外，扩大对环境污染治理事故方面的风险承保，其承保范围从第三人扩展到企业本身及企业员工职业责任的部分。[③]

(3) 法国

法国主要采取以下两种方式限定环境责任保险的承保范围：一是列举法，明确列举出可以纳入保险保障范围的各类环境侵权赔偿责任；二是排除法，将不予承保的责任风险排除在承保范围之外。法国起初并没有专门的环境责任保险制度，所以对企业将来可能因突发性水污染、大气污染事故而引起的侵权赔偿责任基本都是以普通的责任保险予以承保。1977年，法国的保险公司与国外的保险公司联合经营，共同开展环境污染责任再保险业务，承保的范围从只承保突发性环境污染事故引起的环境侵权责任，扩展到一些危害潜伏着的渐进性污染事故。[④]因为他们认为渐进性的环境污染一旦发生，带来的灾难性后果将远远超过突发性环境污染带来的后果。而且在法国，渐进性环境污染事故所致的侵权损害要获得保险公司的理赔，还附加了一定的条件。根据法国相关法律和政策的规定，被保险人须遵照执行相关法律及保险单中所约定的内容，履行安装、使用防污染设备的义务，保险人有权随时前往被保险人的工厂进行查看。如果被保险人在生产、经营活动中未履行保险合同中所约定的义务，或其行为违反法律法规的相关规定，则无权获得赔偿[⑤]。

(4) 英国

英国的环境污染研究学者团体为了更好地划定环境责任保险的承保范围，为保险人评估环境风险提供参考，在1998年制定了一套环境保险承保

① 陈慈阳：《环境法总论》，中国政法大学出版社2000年版，第499页。

② 叶知年等：《环境民法要论》，法律出版社2014年版，第317页。

③ 金缦：《中国环境污染责任保险承保范围的合理界定》，《环境经济》2010年第4期。

④ 王明远：《环境侵权救济法律制度》，中国法制出版社2001年版，第151—152页。

⑤ 李春丽：《环境责任保险制度研究》，中国地质大学硕士学位论文2006年。

指南，并在实践中得到了广泛的应用。承保指南详细规定了保险人承保环境责任风险的条件和要求，采用提问的方式让投保人回答，类似一份问卷调查，以帮助保险人全面掌握企业的信息和环境风险，发现企业存在的环境风险隐患，进而为其提供适当的保险产品。各行业的企业都可以适用该指南，指南规定的问题大致包括内在风险、内部管理风险及与场所所处位置相关的风险三方面。①

综上，目前大多数欧美保险公司的环境责任险的承保范围既包括突发性的环境污染，也包括渐进式的环境污染。据有关资料显示，国外的环境责任保险的具体承保范围包括以下几部分：危险废物处置设施关闭与关闭后发生的成本，第三方健康财产损害，自然资源损害及其法律费用，场内场外的污染清理和预防性支出费用。有些公司还可以对补偿性、惩罚性赔偿和民事罚款费用，以及公司由于环境污染而导致业务中断、租金下降造成损失等费用进行赔偿。有些公司还将非污染的环境损害也涵盖在内。在人身财产损害方面，承保范围不仅包括直接的第三方损害，还将间接的第三方人身财产损害包括在内。②

2. 国内保险公司环境责任保险承保范围

我国环境责任险的基本承保范围主要针对突发性的污染。环境责任险的区别不大，危险化学品安全责任保险是上海市保监局与上海市安监局联合制定的，更具代表性。在安信农保官网找到的版本中，保险人的基本承保范围包括：(1)被保险人直接用于抢险、救灾的费用；(2)被保险人进行紧急医疗救护所支付的必要的、合理的费用；(3)为排除由事故引起的环境污染危害而支付的合理的、必要的除污费用；(4)对第三者造成的人身伤害和直接财产损失的经济赔偿；(5)对被保险人的雇员人身伤害的经济赔偿。与大多欧美国家保险公司的环境责任保险产品承保范围相比，我国目前环境责任保险产品的承保范围要更狭窄。例如渐进性环境污染、非污染的环境损害、间接第三方的人身财产损失、企业停工造成的经济损失、环境修复与生态修复费用、惩罚性赔偿这几项在我国的大多环责险产品中都不包括。

中国人保湖北省分公司制定的《环境污染责任保险条款》只承保突发的

---

① 华萍：《环境责任保险的保险责任范围及除外责任》，中国海洋大学硕士学位论文2011年。

② 於方、牛坤玉等：《论环境责任保险中的环境风险与环境损害评估》，《环境保护》2017年第14期。

意外事故造成的损害，累进式渐变式的环境污染造成的损失被排除在外；中国平安财产保险股份有限公司制定的《平安环境污染责任保险条款》第三条规定，承保范围只包括：(1)第三者因污染损害遭受的人身伤亡或直接财产损失；(2)第三者根据环境保护相关法律、法规或行政性命令对污染物进行清理发生的合理必要的清理费用。第7条列举了保险人的责任免除情况，具体包括：(1)被保险人或其雇员的人身伤亡及其所有或管理的财产的损失；(2)被保险人应该承担的合同责任，但无合同存在时仍然应由被保险人承担的经济赔偿责任不在此限；(3)罚款、罚金及惩罚性赔偿；(4)精神损害赔偿；(5)间接损失；(6)投保人、被保险人在投保之前已经知道或可以合理预见的索赔情况；(7)被保险人从事业务活动过程中因业务的需要所进行的经常性排污行为所导致的渐进性损失；(8)应当经相关环境监管部门验收而未经验收或验收不合格的场所或机器设备发生事故导致的第三者人身伤亡和财产损失；安诚财产保险股份有限公司制定的《重庆市环境污染责任保险条款》关于承保范围的规定也和平安财保制定的《平安环境污染责任保险条款》相类似。

(三) 理论界的讨论

1. 承保范围的影响因素

承保范围是环境污染责任保险的基本法律问题之一，无论是综合一般责任保单中是否承保环境风险的理论争鸣与司法判例，还是专门的环境损害责任保单承保范围的纠纷，皆归因于投保人、被保险人、保险人、法官对于保单承保范围的不同理解。其中，污染或污染物和环境损害，环境污染中的物质、场所、设施与活动，被保险人主观状态，环境污染的发生形态突发性与渐进性等因素直接决定环境风险的承保范围。①

(1) 污染或污染物和环境损害

在环境污染责任保险中，关于污染或者污染物以及环境损害的定义经常出现在不同国家的综合一般责任保单或者环境损害责任保单中。合理界定污染或者污染物以及环境损害，无论对于保险人或者被保险人都很重要。合理认定相关的污染或者污染物以及环境损害，往往是环境污染责任保险纠纷中判定保险人是否承保及承担赔付责任的前提。不同的国家对于环境

① 阳露昭：《环境污染责任保险基本法律问题研究》，中国海洋大学博士学位论文2011年。

损害界定的不同也会影响承保范围的界定。

（2）物质、场所、设施与活动

另外，基于保险人对于不同物质、场所、设施以及活动可能引发不同的环境风险的认识，当保险人在保单中拟制相应的条款时，对于相关物质、场所、设施以及活动引发的环境污染损害或者予以承保，或者列为除外责任。仔细分析这些区别，也有助于保险人更为科学地确定承保范围。

（3）被保险人主观状态

一般而言，“保险公司只对突然的、意外的污染事故承担保险责任，而将故意的、恶意的污染视为除外责任”。在环境污染责任保险中，被保险人是否故意导致环境污染的发生，是否有违反环境保护法律法规的行为，是否提前知晓或明确预料到投保的环境污染损害责任的存在，对于和环境污染责任风险相关的设施，被保险人是否履行谨慎注意义务，是否采取合理措施防止环境污染的发生，这些因素往往成为保险人是否承担保险责任的基础。根据责任保险的一般原理，被保险人就某一风险责任投保责任保险时，保险人在保险合同中往往会拟定一定的条款，明确约定被保险人的故意行为导致的环境污染损害，被保险人违反环境保护法律法规的行为导致的环境污染损害，属于保险人的除外责任范畴。对于已经发生的环境污染损害，或者可以明确预见到的环境污染损害，往往成为保险人除外责任的理由。另外，保险人要求被保险人就与环境责任风险相关的设施履行一定的谨慎注意义务，采取合理措施防止环境污染的发生，以保证投保风险维持在保险人可以监测的，符合其保险业务要求的水平。①

2. 赔偿限额

环境侵权行为往往具有受害人数多、受灾地区广、赔偿数额大等特点，所以在环境责任保险中保险人需要承担的赔偿风险巨大。一方面，如果赔偿全部损失可能会给公司带来一定的财务危机，影响社会的稳定；另一方面，如果无法赔偿足够的损失，受害人的权益就无法得到保障。为了解决这一问题，实务中设立了“赔偿限额”这一概念维护保险人的利益。

保险的赔偿限额指的是一张保险单所能提供的最高赔偿金额。在责任保险中，由于其保险标的是法律责任，且保险事故的大小和频率无法确

① 阳露昭：《环境污染责任保险基本法律问题研究》，中国海洋大学 2011 届博士学位论文。

定，所以责任保险的保险标的没有"保险金额"的概念，只能由保险人和被保险人共同约定一次事故和累计事故的赔偿限额。另外，为了保护受害人的利益并兼顾从事危险事业经营的企业的利益，也为了使赔偿责任的标准基本一致，对于一些特殊的侵权行为(主要是高度危险作业致人损害以及其他一些营业过程中造成的损害)，损害的赔偿往往有最高限额的规定。

环境污染责任保险限额赔偿原则要求责任保险人向被保险人给付保险赔偿金的数额以保险合同约定的保险金额为限。环境责任保险的保险标的是环境侵权损害赔偿责任，实际上大多数环境污染引起的侵权损害赔偿责任的价值都难以估计，缺乏衡量的客观依据，所以保险公司无法根据损害赔偿责任计算赔偿金额大小，以至于保险金额难以确定。而且一般环境污染造成的人身以及财产损失都非常巨大，面对巨大的赔偿风险，保险人不得不对环境责任保险的赔偿限额予以规定。[①]各国的环境污染责任保险实践一般也实行限额赔偿原则。德国《环境责任法》规定，在赔偿数额上基于同一环境影响所导致的人或物的损害，最多只能各赔偿 1.6 亿马克。[②]美国的环境保险公司在承保被保险人渐发、突发、意外的污染事故和第三者责任及清除费用等责任时，责任限额规定为每次事故最高限额 100 万美元。在我国的环境污染责任保险中，应借鉴保险限额赔偿原则的合理性，保险人应根据保险标的危险概率的差异，分类厘定保险费率，结合保险业务中风险评估技术的运用，在环境污染责任的保单中合理并有效设置限额赔偿条款。[③]赔偿是以责任的承担为前提的，环境侵权人对环境侵权责任有限度的承担决定了保险人对环境侵权人(投保人)有限额的承保，这体现了保险人与环境侵权人之间依法在承担环境污染事故风险责任上的公平性原则，也从法理上诠释了我国环境责任保险采取限额赔偿原则的正当性。

实施限额赔偿主要有两方面的意义。

(1) 对于投保人即环境侵权人而言，实施限额赔偿制度，有利于提高投保人保护环境的意识。虽然说限额赔偿保险制度不能完全杜绝环境污染，

---

① 李志学：《中国建立环境责任保险制度的路径与选择》，《环境污染与防治》2013 年第 5 期。

② 王明远：《德国〈环境责任法〉的基本内容和特色评介》，《重庆环境科学》2000 年第 4 期。

③ 陈君：《关于完善我国环境污染责任保险制度的思考》，《北京理工大学学报》2009 年第 5 期。

但由于实施了限额赔偿，投保人在实施环境污染行为的时候至少会有忧患意识，因为如果污染造成损害，保险人为其承担的赔偿责任是有限的，而环境侵权人为了减轻自身仍需承担的环境侵权民事赔偿责任，必然会对其生产中的各个环节进行审慎监管，积极作为，例如他们可能会在污染事故发生之前采取积极的预防措施和在污染事故发生之后采取主动的补救措施，在最大程度上避免污染事故的发生和减少污染事故的损害后果。

（2）对于保险人而言，实行环境责任保险的限额赔偿原则，将十分有助于减轻保险人的承保风险，充分调动保险公司承保的积极性和主动性。同时实施限额保险制度也有利于避免国家若强制实施全额赔偿原则所可能造成的保险公司破产的危险发生。由于一些特殊行业例如燃煤电厂、化工、石油核工业等的污染事故具有持续时间长、危害后果特别严重且涉及对象复杂等特点，一旦发生此类污染事故，对受害者以及投保人自身可能造成巨大的人身财产损失，以及这些事故可能也会给特定地域的自然环境带来不可修复的巨大损害。对于这种特殊的污染事故，保险人如果进行全额赔偿，将有可能因其赔付不能导致企业破产的风险最大化结果的发生。综上所述，我国环境责任保险应在立法中确立限额赔偿这一概念，并完善与其相关的一系列规章制度，即通过保险公司和保险经纪人对每家投保企业进行专业的环境风险评估，科学厘定对每家投保企业承保的环境责任保险的最高赔偿限额，以促使我国的环境责任保险制度在风险可控的基础上稳健运行。①

3. *承保范围的确定中存在的一些问题*

目前实践上和理论上对于环境责任保险的承保范围都无统一定式，承保范围的确定需要综合考量多种因素。例如需要考虑企业可能遇到的环境风险、保险公司自身的风险承受能力和管理水平等。承保范围的确定实际上是一个动态的发展过程，现在未纳入承保范围的事项，如上文所说的渐进性环境污染，可能在未来由于各种因素被纳入承保范围。

在企业的生产、经营活动中可能会面临很多环境风险，包括以下方面：一是因违反国家规定，排放有害物质，严重污染环境，造成公私财产损失及人员伤亡，构成污染环境罪，进而承担相应的刑事责任；二是因超标排放

---

① 王朝梁：《论我国环境责任保险制度的依法构建》，《中国政法大学学报》2012 年第 2 期。

受到相应的行政处罚，如罚款或责令停产停业等；三是因企业发生污染事故，社会舆论对企业名誉权的损害；四是因为污染给他人人身、财产造成损害而应承担的侵权损害赔偿责任；五是清理污染物质、防止污染进一步扩大而支出必要的清污费用和施救费用。企业所面临的上述风险尽可能多地纳入环境责任保险的承保范围中固然是最好的，但一项制度要想在适用过程中取得良好的社会效果，除了要满足社会的需要，而且还需在制度建设时进行充分论证，考虑其在实际应用中的可操作性及可行性。所以，并不是投保企业所面临的各项环境风险均能纳入环境责任保险的承保范围中。结合保险法的现有理论，具有可保性的风险只有上文中提到的第四种和第五种，在保险实践中，保险公司亦是针对这两种风险开发相关的保险产品。①到目前为止，能通过环境责任保险转嫁的风险仅限于私法的范畴，至于企业所承担的刑事责任和行政处罚显然不属于承保风险的范畴。而且投保企业在污染事故中自身所遭受的损害亦排除在承保范围之外。例如企业停工所造成的损失以及对企业名誉和公共关系的损失，属于企业自身损失的范畴，不属于对第三人的责任，因此也不作为环境责任保险的保障范畴。②

由于环境责任保险是保险人代替被保险人及环境污染的始作俑者承担侵权责任，所以研究环境责任保险的承保范围还是要分析环境侵权的赔偿范围。承保范围的确定主要有两种方法，一是列举法，二是排除法。综合众多学者的观点，现行比较认可的环境责任保险所涉及的损失赔付列举出来的有以下两种：第一，因环境污染而造成的第三人人身伤亡或财产损坏、灭失而产生的损失；第二，因环境污染事故而产生的救助费用和诉讼支出以及为查明和确定保险事故的性质、原因和保险标的的损失程度所支付的必要的、合理的费用。③环境责任保险列举的损失赔付事项也带来了一定的问题。

根据侵权法的一般规定，环境污染造成的人身财产损失当然属于环境责任保险的承保事项。环境污染造成的财产损失既包括直接损失也包括间接损失。直接损失指的是现有的财产损失，间接损失指的是正常情况下本

---

① 周柯、刘红林：《论我国环境侵权责任保险制度的构建》，《政法论坛》2003年第5期。

② 安平：《我国环境责任保险承保范围研究》，《合作科技与经济》2008年第4期。

③ 王颖、聂莹等：《"绿色保险"遭遇发展瓶颈》，《人大复印材料》2009年第3期。

来应该得到的利益因为环境侵权导致损失。而人身损失指的是由于环境污染造成的伤残、死亡，关于精神损失是否属于承保范围，理论和实务也存在不同的观点。精神损害指由于环境污染，比如恶臭、噪声等污染，主要造成了对人身的精神损害，对于人的精神状态、健康状况、生活条件等皆有较大影响，甚至还可能通过遗传因素危及后代，有的学者认为既然民事侵权损害赔偿中包括了精神损害赔偿，那么在环境责任保险中也可以规定对精神损失进行承保；而持反对观点的学者认为在环境污染中精神损失很难界定，目前也没有一个标准的界定方法来界定受害人是否由于环境污染导致精神损害，精神损失还是一个比较主观的概念，对保险公司来说存在很大的不确定性，而保险公司很难为风险难以界定的事项承保。另外，我国环境责任保险制度关于赔偿第三人的损失指的是直接第三人的损失，这其实在学界也引起了一定的争论。有很多学者认为赔偿对象应该还包括间接第三人，虽然我国并未对渐进性环境污染承保，但由于渐进性环境污染的特殊性——持续时间长、辐射范围广，实践中确实存在很多间接第三人由于环境污染受到的损失无法估量。再者，基于保险法的一般原理，行为人故意致损行为是被排除在保险范围之外的，所以在环境污染侵权中致害人故意实施污染行为的，保险人不会为其造成的损失承担责任。但也有人提出，如果行为人是过失的呢？如果行为人因为过失而导致的纯粹经济损失，是否属于保险人的承保范围？根据相关文献资料分析，确实部分国家的环境污染责任保险承保纯粹经济损失。①这也是确定承保范围应该考虑的问题。

综上，在我国目前环境责任保险发展仍处于初期以及相关立法缺失的情况下，笔者认为环境责任强制保险的基本承保范围的具体承保对象应该只包括突发性的环境污染；关于具体的承保事项，笔者认为目前环境责任强制保险最基本的应只针对意外的环境污染事件承担保险责任，赔偿的范围也只限于环境污染对第三人造成人身、财产的损失以及因为环境污染产生的必要费用，并且应该设置限额赔偿制度。至于如上述对于基本承保范围中存在的一些争议，实务中在设置基本承保范围时应该根据我国环境责任保险发展的实际状况予以确认和调整。

---

① 李松：《部分欧洲国家的环境损害责任保险介绍》，《中国贸易报》2008 年 4 月 17 日。

第二节 环境责任强制保险附加承保范围解析

一、问题的提出

自改革开放40年以来，我国经济获得了快速增长。根据国家统计局发布的数据来看，2017年我国国内生产总值首次超过80万亿元，目前已是世界上第二大经济体。但与此同时，我国也付出惨重的资源和环境代价，发达国家上百年工业化过程中分阶段出现的环境问题在我国已经集中出现。① 2014年我国新修改的《环境保护法》首次明确规定保护环境是国家的基本国策，并规定环境保护坚持保护优先、预防为主、综合治理、公众参与、污染者担责的原则。2017年党的十九大提出"要推进绿色发展、着力解决突出环境问题、加大生态系统保护力度、改革生态环境监管体制"等重要措施。2018年，我国新修《宪法》第32条明确了要推动物质文明、政治文明、精神文明、社会文明、生态文明协调发展，把我国建设成为富强民主文明和谐美丽的社会主义现代化强国，实现中华民族伟大复兴。

为了有效地实现宪法法律提出的这一系列要求，除了依靠科技手段转变经济发展方式之外，推动环境责任保险制度的构建也显得尤为重要。放眼世界各国，环境责任保险在对环境保护机制中对受害人的赔偿、污染治理费用的补偿等，都发挥着至关重要的作用。而合理确定环境责任保险的承保范围以及附加承保范围是环境责任保险能有效发挥其作用的关键因素之一。但目前我国现阶段的环境责任的承保范围有严格的限制，责任范围较窄，且缺乏附加承保条款的设计，对投保企业的环境风险转移得太少，企业就没有积极性投保环境责任保险。

因此，本文将通过论述附加承保责任的理论基础，借鉴域外环境责任保险的承保范围，结合我国实际情况，从而提出在目前基本承保范围之上，附加承保范围的设计思路。

---

① 张红凤、周峰、杨慧、郭庆：《环境保护与经济发展双赢的规制绩效实证分析》，《经济研究》2009年第3期。

二、环境责任保险附加承保范围之理论基础分析

在保险合同中，承保范围通常指保险人所承担的保险责任，又称为危险条款，指保单上载明的危险发生造成保险标的损失或约定事件出现时，保险人所承担的赔偿或给付责任，通常包括基本责任和特约责任。①其中，保险合同中附加的承保范围即是特约责任，存在于附加险或特殊保险之中，并非保险人承担的基本责任，需要双方当事人特别约定。

目前，我国实务中大部分保险公司只承保违反环境法规或国家环境标志的社会经济活动、意外事故导致的突发性环境污染事故造成的人身伤害和财产损失；而企业的正常和积累性排污行为造成的损害不在承保范围之列。②而事实上，由于污染而造成民事赔偿的不仅仅限于突发性污染事故，还有渐发性污染事故，因为污染物累积到一定程度，同样会对第三人造成人身或财产损害，且后者出现的频率和损失额要比前者大得多。③此外，随着社会经济的发展，目前污染场地治理费用也在大幅提升，成为环境污染治理的一大难题。因此，我国在环境责任保险的设计上，除了应当考虑基本的保险范围，还应当考虑在特殊情况下，双方可以约定特殊的承保范围，即附加承保条款。

三、我国附加承保范围的内容设计

(一) 渐发性环境污染

1978 年 10 月在马德里举行的以“保险与污染”为题的国际保险协会第五次全球会议使人们的观念发生了巨大变化，开始接受原先属于拒保范围的渐发性事故作为环境责任保险的承保范围。

1. 渐发性环境污染概述

我国现阶段的环境责任保险通常只承保突发性污染损害，对于渐进性

---

① 李玉泉：《保险法学——理论与实务》，高等教育出版社 2010 年版，第 138 页。

② 杜鹃：《我国环境污染责任保险基础理论与发展策略研究》，复旦大学出版社 2012 年版，第 59 页。

③ 李勋：《发展绿色金融的法律研究》，《人大复印材料》2009 年第 12 期。

环境污染损害并未纳入保险合同的承保范围。在学术界,大多数学者也持反对意见,反对将渐进性污染条款囊括在环境责任保险的承保范围之内。其主要原因在于,渐进性污染造成的巨大损失使得保险人难以负担,环境污染发生旷日持久,难以明确责任主体,环境污染的发生概率与突发性污染相比更高,保险人不愿承保等。①

那么何为渐发性环境污染呢?渐发性环境污染风险是一种不确定的风险,其起因或许早已发生,但其损害后果经过数十年才爆发。尽管可能也是按照正常程序和步骤进行生产,但环境污染事故同样会有发生的可能。②实际上,在保险实务中,突发性污染和渐发性污染通常是难以区分的。在美国,围绕"突然而意外"纠纷的案例不胜枚举,究其缘由是法院、保险人、投保人等各方主体在区分突发性污染和渐进性污染的问题上也未能形成统一的判断。

2. 渐发性环境污染为附加承保范围的必要性

周珂先生认为,"一项法律制度的实际效果,既与其法律规范的完善程度有关,更与其满足社会生活的需要程度以及在程序上的可执行程度有关"。③别涛先生持有几乎相同的观点,他认为应综合考虑受害者、保险人、被保险人的利益以确定环境污染责任保险范围。"在起步阶段,对突发性和持续性的污染事故提供保险,这不仅符合国际保险业的发展趋势,也适应污染事故发生的现状。"不过,他同样没有忽略渐进性污染的承保问题,即"因污染而造成民事赔偿的不仅仅限于突发性污染事故,还有逐渐性污染事故,污染物累积到一定程度,同样会对第三人造成人身或财产损害,且后者出现的频率和损失额要比前者大得多……对持续性的环境污染事故给予保险也是客观需要"。④张梓太先生认为,"从理论上分析,不论是突发性的还是持续性的环境侵权,对于被保险人而言,一般都是偶然的、预期之外的,都符合

① 孙宏涛、林煜轩:《我国环境责任保险之除外条款研究》,《上海政法学院学报》2017 年第 32 期。

② 孙宏涛:《环境责任保险中除外条款的合理设定》,《中国保险报》2017 年 10 月 26 日第 7 版。

③ 周珂、刘红林:《论我国环境侵权责任保险制度的构建》,《政法论坛(中国政法大学学报)》2003 年第 5 期。

④ 熊英、别涛等:《中国环境污染责任保险制度的构想》,《现代法学》2007 年第 1 期。

保险事故的性质，所以都具可保性”。①

笔者认为，考虑到渐进性污染导致的环境污染损害在环境污染事故中所占比例相当之大，并且从被保险人购买环境责任保险的初衷出发，应将渐发性污染损害纳入环境责任保险的附加承保范围。

（1）渐进性环境污染风险也具有可保性。首先，许多国家通过特约条款或者在专门的环境责任保险单中承保渐进性污染，例如上述的德国与日本，在水污染、大气污染与重金属污染的情形下对该风险进行承保。这意味着在保险实务中，承保渐进性污染具有可借鉴性和可操作性。其次，从学理上分析，渐进性污染风险是否具有可保性的考虑因素有许多，最受学者质疑的是渐进性风险是否具备了不确定性的特征。不确定性是指风险有可能发生也有可能不发生。渐进性风险如果没有加以治理或改善其损害后果日积月累必然会发生，但是在保险期间内，渐进性污染有可能发生也有可能不发生，因此符合不确定性的要求。此外，渐进性污染风险具有潜伏性。通常情形下，渐进性污染风险的起因或许早已发生，但其损害后果经过数十年才爆发，但此时对于投保人而言，其也是按照正常程序和步骤进行生产，上述环境污染事故同样是其无法预见的。因此，渐进性环境风险的不确定性排除了其可保性的质疑。

（2）分散渐进性环境污染风险符合我国的环境责任保险的立法本意以及投保人的现实需求。从环境污染责任保险的发展历程看，各国政府已经无法负担赔偿环境污染损失的重负，亟需借助环境责任保险来分散政府的风险。应当看到的是，在环境污染事故中有相当大的一部分是渐进性污染，而且，潜伏期较长的渐进性污染往往会造成更大的环境损害。因此，从政府推行环境责任保险的本意看，应当将渐进性环境污染造成的损害纳入保险人的承保范围。但从我国环境责任保险试点的实际情况看，企业投保的积极性并不高。主要原因在于，一些企业认为缴纳保险费会增加企业的经营成本，但环境污染责任风险具有一定的偶发性和突然性，因此他们会抱以侥幸态度，认为事故不会发生在自己身上。如果环境责任保险的承保范围仅包含突发性的环境污染损害，更加会打击投保人的积极性，同时也不利于环境责任保险的普及和推广。

（3）如前文所说，在保险实务中，突发性污染和渐进性污染通常是难以

---

① 张梓太、张乾红：《我国环境侵权责任保险制度之构建》，《法学研究》2006 年第 3 期。

区分的。首先，关于突发性和渐进性污染，究竟是原因还是结果这一点必须在保单中加以说明，这在保险人提供保单的过程中十分关键。有些污染是由于渐进性起因导致的，但最终却引发了突发性污染结果；有些污染是突发性起因导致的，但却表现为渐进性的结果。例如，爆炸引起水管破裂，有害物质渗入饮用水源，从事故起因上看是突发性的，但却渐进性地污染了饮用水。又例如，煤气管道受到侵蚀导致气体泄露，在居民区引发爆炸，造成人员伤亡，事故的起因是渐进的，但却造成了突发性的影响。由此可见，渐进性污染与突发性污染的区分无法一刀切，如果保险人想要将渐进性污染损害规定在除外条款之中，必须事先说明是渐进性起因导致的结果，还是渐进性污染影响结果。如果要刻意区分渐进性污染与突发性污染，必然会遇到实务操作上的困难，并直接影响到推行环境责任保险的效果和效率。与其如此，不如将渐进性污染损害纳入环境责任保险单的承保范围，更好地保护遭受环境污染损害的第三人的合法权益并减少司法纠纷的产生。因此，可以通过其他途径分散环境责任保险人的承保压力。环境责任保险在我国尚处于起步阶段，保险人的承保能力有限，操作经验也较为缺乏。而渐进性污染损害本身具有难以估量和难以控制的特性，让保险公司难以负担。其实，对于保险人而言，虽然说承担渐进性污染风险会导致其保险责任加重，但其仍可以通过其他途径予以化解。首先，损失是可以限定的。可以将保险人承担的责任限定在一定保险额度内。即使保险人承保了渐进性风险，其赔偿额度也是可以预先限定的。其次，损失是可以防范的。在保险公司承保环境责任保险后，可以定期对承保企业的环境污染事故预防工作进行检查督促落实，被保险人在保险人的督促下也会更好地履行防灾减损义务，如此一来，不仅有利于减少环境污染事故的发生，而且有利于我国整体的环境保护状况的改善。最后，损失是可以化解的。保险公司可以采取共同保险或再保险的方式将其承保的风险转移给其他保险公司共同承担。因此，虽然渐进性污染造成损害结果可能非常巨大，但经由共同保险与再保险等方式可以将上述损害进一步分散，并有效对环境污染造成的损害进行赔偿。

（二）场地污染治理费用

1. 污染场地治理概述

城市化的快速发展和产业结构调整导致大量工业企业搬迁，如何对搬迁后产生的污染场地进行有效的修复和管理，是我国环境监管与治理领域的一个重要议题。污染场地治理与修复和地下水污染防治、土壤污染治理与修复等工程一并列为“十二五”国家环境保护重点工程。场地管理实践证明，不同规模的污染场地在污染特征和监管治理的复杂性上也具有不同的特点。大型污染场地占地面积大、污染物复杂，给调查与风险评估带来了较大的不确定性，增加了调查与评估的难度。大型污染场地治理修复工程复杂、周期长、资金量大，涉及土地再开发、景观再造及城市重建等多个方面，给大型污染场地的可持续修复治理带来了更大的挑战。[①]因此大型污染场地的治理修复与管理已成为城市发展转型、城市产业布局与规划中的重大课题。

此外，环境事故发生后，环境保护部门往往在第一时间参与到事故的处理中，承担了部分或全部的场地污染治理工作，尤其是部分企业因种种原因不能承担这些工作时，所有场地治理的重任都将压给政府，最终这些费用都由政府买单。

2. 场地污染治理费用纳入附加保险范围的必要性

1989 年制定并实施至今的《环境保护法》第 24 条规定：“产生环境污染和其他公害的单位，必须把环境保护工作纳入规划，建立环境保护责任制度；采取有效措施防治在生产建设或者其他活动中产生的废气、废水、固体废弃物、粉尘、恶臭、放射性物质及噪音、震动、电磁辐射等对环境的污染和危害。”由于历史原因，有相当一批国有老企业设备陈旧，工艺落后，原来就没有净化设备，这批企业污染的治理，需要加大投资，如果全部治理责任由企业承担，在某些情况下是行不通的。[②]

2008 年，中国国家环保部颁布了《关于加强土壤污染防治工作的意见》（环发〔2008〕48 号）。该文件提出：按照“谁污染、谁治理”的原则，被污染的土壤或者地下水，由造成污染的单位和个人负责修复和治理。造成污染的单位已经终止，或者由于历史等原因确实不能确定造成污染的单位或者个人的，被污染的土壤或者地下水，由有关人民政府依法负责修复和治理；该单位享

---

① 万毛熙：污染场地治理修复国际论坛将举行，载中证网 http://www.cs.com.cn/sylm/jsbd/201310/t20131010_4164489.html，2019 年 7 月 3 日。

② 桑原勇进：中国环境法上原因者责任原则序论，载搜狐网，http://m.sohu.com/a/209619004_656784，2019 年 6 月 13 日。

有的土地使用权依法转让的，由土地使用权受让人负责修复和治理。①

具体到上述条文在现实中的执行，由于缺少可操作的实施细则，实际操作过程中很难实现"污染者付费原则"。现实情况是，由于城市的扩张或产业升级的需要，迫使多数国有老企业关闭或向城市外围人口较少处搬迁，而部分企业经营不善已经濒临破产或已经破产，因此无法支付企业关闭或搬迁后的场地修复费用。政府希望通过重新开发利用这些地块，也即通过转让地块使用权，来支付土地修复的费用。但现实是：转让土地使用权所获取的费用可能不足以支付全部的修复费用。

同样地，环境事故发生之后的场地污染治理也往往是政府承担。《指导意见》中要求纳入承保范围的场地污染治理费用为"投保企业根据环保法律法规规定，为控制污染物扩散，或者清理污染物而支出的必要而且合理的清污费用"。据此，政府"垫付"或"买单"的费用能否替换为企业成本转移至保险公司处并不清晰，且"必要且合理"并不能填补更多的损失。如有资料表明，当环境事故发生第一时间，救援人员在对污染物进行清理时，如果是用水进行清洗，随着水流的散开，污染物可能渗入土壤，造成后续长时间污染，这就超出了"必要且合理"的幅度。"对于自有场地污染应该借鉴发达国家的立法实践及其环境责任保险的发展历程，纳入损失赔付范围之内。美国的判例一般认为公众的健康与安全较保险单的任何明示约定更为重要，当被保险人污染了场地而又无力治理时，损害的又会是公众环境权益，所以从环境法的公益性出发，应该将自有场地污染纳入环境责任的赔付。"②

但是，对于所有的污染导致的场地污染治理费用是否应当纳入承保范围是见仁见智的问题。因此，是否有必要对场地污染治理费用进行承保，应当允许保险公司与投保人进行协商，因为二者对此具有较强的专业性，从而将该风险作为特约条款。

四、结语

由于目前我国环境责任保险承保范围较小，仅承保突发性环境污染所

---

① 关于加强土壤污染防治工作的意见，载中华人民共和国生态环境部官网，http://www.mee.gov.cn/gkml/hbb/bwj/200910/t20091022_174598.htm，2019 年 7 月 30 日。

② 王颖、聂莹等：《"绿色保险"遭遇发展瓶颈》，《人大复印材料》2009 年第 3 期。

造成的损害，造成企业投保积极性较低，环境责任保险并未发挥其功能和作用。通过基础理论分析以及国外的环境保险承保范围研究，笔者认为，当下我国环境责任保险除了基本的承保范围，应当允许和鼓励保险公司对附加承保范围条款进行开发和设计。

首先，渐发性环境污染可以成为附加承保范围之一。渐发性环境污染风险具有不确定性，承保具有可行性，其与突发性环境污染的分界具有模糊性以及从分担投保人的风险压力角度来说，渐发性环境污染在未来环境责任保险改革中，可以成为附加的承包范围。

再者，随着社会经济发展，污染成本上升，场地污染费用逐渐成为污染治理的一大难题。在特定情况下，场地污染费用作为附加承保范围能弥补基本承保范围的不足，适当增加保费，能在事后发挥重要的作用。

第三节　环境责任保险除外责任界定

一、问题的提出

现代工业发展给我国带来经济腾飞的同时，却给环境造成了无法磨灭的伤痛，转变经济发展方式，控制环境污染迫在眉睫。运用市场手段建立绿色资本市场，完善环境经济政策是我国应对环境问题的重要举措。[①]2007 年 12 月 4 日，国家环保总局联合保监会颁布了《关于环境污染责任保险工作的指导意见》，明确了构建环境污染责任保险制度的整体规划路线图，并在 2013 年联合颁布了《关于开展环境污染强制责任保险试点工作的指导意见》，进一步明确了环境污染责任保险的试点企业范围，对合理设计保险条款和科学算定保险费率作出了明确规定。2016 年 8 月 31 日，中国人民银行、财政部等七部委联合印发了《关于构建绿色金融体系的指导意见》，由政府主导对发展绿色金融体系作出了顶层设计，其中一个重要方面就是要发展绿色保险。不仅要求在环境高风险领域建立环境污染强制责任保险，而

① 温美旺：国外环保产业融资机制对我国的启示，载 http://www.studa.net，2019 年 5 月 23 日。

且鼓励保险机构创新绿色保险产品和服务，支持保险机构参与环境风险治理体系建设。

在发展环境责任保险市场的过程中，合理确定环境责任保险的承保范围是保险公司研发环境责任保险这一产品的核心任务，但实际情况是保险公司无法承保所有的环境损害风险，因此在法律有明确规定或者当事人另有约定的情况下，保险公司可以将某些特定风险排除在承保范围之外，并将这些风险作为除外条款写入保单。除外条款作为保险公司的免责事由，不仅是投保人考虑是否投保的关键因素，同时也往往是理赔过程中的争议焦点。为了确保环境责任保险中除外条款的科学设定，保护被保险人的合法权益，有必要对环境责任保险的除外条款进行深入细致的分析与研究。①

二、环境责任保险除外条款之理论基础分析

（一）环境责任保险除外条款的内涵界定

环境责任保险又称为绿色保险，是指投保人和保险人约定，以被保险人因污染环境对第三人依法应负的环境损害赔偿责任为保险标的的责任保险。②作为一种责任保险，环境责任保险以被保险人对第三人的赔付风险作为承保标的，但并不能因此认为环境责任保险可以承保一切有关环境污染的赔偿风险。通常情况下，在环境污染事故发生后，污染企业可能要承担以下多种损失：(1)因污染导致第三人遭受的人身或财产损害；(2)清除污染、恢复原状的清理费用；(3)为了救治第三人生命和避免第三人财产损失支付的救助费用；(4)企业事先为排除侵害支付的费用；(5)因污染造成的对第三人的精神损害；(6)因污染对企业名誉和公共关系造成的损害；(7)因污染造成的生物多样性损失；(8)刑事处罚和行政罚款等。③

2013年国家环保总局与保监会联合颁布的《关于开展环境污染强制责任保险试点工作的指导意见》明确规定了环境责任保险的承保范围：(1)第三方因污染损害遭受的人身伤亡或者财产损失；(2)投保企业（又称被保险人）为了救治第三方的生命，避免或者减少第三方财产损失所发生的必要而

① 胥树凡：《建立环境责任保险制度具有重要意义》，《中国环境报》2007年3月27日。
② 邹海林：《责任保险论》，法律出版社1999年版，第100页。
③ 安平：《我国环境责任保险承保范围研究》，《合作经济与科技》2009年第2期。

且合理的施救费用。(3)投保企业根据环保法律法规规定,为控制污染物扩散,或者清理污染物而支出的必要而且合理的清污费用。因此,人身伤亡和财产损失赔偿、施救费用以及清污费用构成了我国环境责任保险承保范围的三个主要方面,划定了我国环境责任保险的保障边界。但是根据不同的风险生成原因和风险类型分类,有些特定的风险不应当也不可能由保险公司承保,因此法律规定了环境责任保险的法定除外条款,也赋予保险人在保险合同中自由约定除外条款的权利,上述两种除外条款共同作用,限制或者排除了保险人的赔偿责任范围。

规定了保险责任后,再规定除外条款,是由保险条款的逻辑结构所致。从逻辑学的角度看,除外条款和保险责任属于真包含的关系,前者真包含于后者。①但是有时候我们也会发现,除外条款中也规定了一些在保险保障范围之外的风险,与承保范围是全异的关系。国外学者认为这些条款并非真正的除外条款,没有存在的必要。②但此类条款在我国大量存在,我们可以把这些条款理解为广义的除外条款。因为保险合同和保险立法本身就具有较强的专业性,投保人在签订保险合同时无法巨细靡遗,此类条款有提醒投保人之功用,帮助投保人理解保险范围,因此,本文所探讨的除外条款是指广义的除外条款。

(二)环境责任保险除外条款之正当性分析

1. 环境风险的科学分配

保险合同是投保人与保险人在真实意思表示基础上订立的,符合契约自由的标准。但是随着契约社会化的发展,法律不再单单关注形式平等,在某些领域也更加注重实质公平。③在这种背景下,保险法和环境法都受到了社会化思潮的强烈影响。保险合同条款因具有极强的专业性,需要通过具有格式条款性质的保单作为缔结保险合同的工具。但是随着消费者权益保护思潮的兴起,除外条款作为保险人排除自身责任的条款为社会公众所广泛诟病。事实上,除外条款是保险人合理分配风险的一种工具,因此不能简单地都当作是保险人规避责任的霸王条款。④

---

① 李玉泉:《保险法》,法律出版社 2003 年版,第 158 页。
② 李娟:《保险合同除外条款及其控制》,《沙洋师范高等专科学校学报》2007 年第 2 期。
③ 诸江:《我国实现环境责任社会化的立法构想》,《湘潮》2008 年第 6 期。
④ 张梓太、张乾红:《我国环境全球责任保险制度之构建》,《法学研究》2006 年第 3 期。

保险产品最主要的功能在于分散风险，而大数法则要求风险必须是大量存在的，众多可能遭遇的风险使得投保人联合形成了一个“投保共同体”，借助此共同体才能有效地分散危险，消化损失。实际上，保险人本身并不具有抵御或者规避风险的能力，只是通过与一个又一个投保人签订契约，收取保险费并建立保险基金，当风险发生时利用风险基金进行赔付。因此，契约并非保险之本质，契约之功效在于联系投保人，组成危险共同体。[①]具体到环境责任保险，其也无法承保所有的环境损害风险，具有可保性的环境损害风险只有通过保险人这个“中间人”将风险进行分散，除外条款事先将没有可保性的风险排除在外，这些风险要么由投保人或者被保险人自己承担，要么借助其他风险分散方式来补偿被保险人因承担赔偿责任而遭受的损失。

2. 社会性和营利性的有效平衡

随着社会的发展，公法的权力和私法的权利进行两分，在私人利益部分又上浮出一块社会利益，这部分利益无法利用传统的私法进行保护与调整，需要利用社会法也就是公法与私法相互配合的手段来调整。[②]环境利益就属于社会法中的利益，是无法单纯通过民商法来进行调整的，必须平衡协调公法和私法双重手段。[③]因此，规范环境责任保险的法律规范应当属于社会法的范畴。按照保险法的基本原理，环境责任保险合同本应由当事人之间自由协商购买，属于私法范畴。但环境侵权不同于一般的民事侵权，其潜伏性、复杂性、间接性、渐进性的特点导致很难准确地判定因果关系，一旦发生环境污染事故，其损害后果严重、波及范围广，赔偿数额巨大。[④]在上述情况下，导致环境污染的企业无法承担如此严重的后果，与之相似，保险人也会考虑到风险规模而不愿承保。在传统民事救济手段无法解决上述难题的情况下，为了维护社会公共利益，应当在某些领域强制推行环境责任保险，借助保险人这一风险转移中介，将环境侵权损害赔偿风险社会化。

从国内外关于推行环境责任保险的实践上看，在纯粹自愿的情形下是很难推行环境责任保险的，但强制推行环境责任保险似乎又违反了自愿原

---

① 叶启洲：《保险契约之内容控制》，《月旦法学杂志》1997 年第 27 期。

② 董保华：《社会法原论》，中国政法大学出版社 2001 年版，第 45 页。

③ 蓝寿荣：《我国环境责任保险立法若干问题释疑》，《法学论坛》2013 年第 6 期。

④ 王晓丽：《论环境损害赔偿的社会化机制——以环境责任保险制度为例》，《法学论坛》2006 年第 5 期。

则和公平原则。与此同时，虽然环境责任保险具有明显的社会性特征，但其并非公益性险种，保险公司开发环境责任保险的目的也是为了获取利润。[①]因此，必须通过良好的制度设计来保障保险人的利益不受侵害，除了免赔额、保险期限外，还有一个重要的因素就是除外责任。为了充分保护保险人的合法权益，以便其持续向市场提供环境责任保险产品，应当在法定的除外条款外，赋予保险人在合同中设定除外条款的自由。

3. 环境损害赔偿机制的合理构建

由于环境污染给第三人造成的损害和其他相关费用应当属于环境责任保险人的承保范围，但由于环境责任保险人的承保范围有限加之保险金额的限制，一旦爆发规模巨大、损害结果严重的环境污染事故，会导致企业无法承担数额巨大的赔偿责任，甚至破产。此时，污染事故会造成严重的社会危害，甚至直接影响社会秩序的稳定。[②]当企业无法承担巨额的环境损害赔偿责任时，只能依靠政府出面解决，通过政府出资救助受害者。这虽然能够比较及时地化解环境污染的损失，但是这样的解决方式并没有其正当性基础。[③]政府的救助是来自纳税人的税收，拿纳税人的钱去救助受害者，不符合污染损害应由污染者买单这一基本原则。与此同时，仅通过政府资助无法对违法者给予真正的惩处，长此以往，对我国环境保护和治理也毫无改善意义。

综上，政府迫切希望通过引入环境责任保险来分担企业和政府的责任风险。事实上，环境责任保险的确是运用市场化机制解决环境污染损害赔偿问题的一剂良方。但是应当看到的是，环境责任保险的承保范围与保险金额有限，保险人的赔偿能力也受到多种因素的制约。此外，除外条款的设置更是将某些环境污染造成的损害赔偿责任排除在外。从广义上讲，环境污染损害赔偿机制的构建应当由企业、保险公司、政府三方主体构成。在企业本身无法负担环境损害赔偿责任的情形下，可以借助购买环境责任保险，由保险公司予以赔偿。而政府则可以通过向企业征税的方式，来赔偿由于环境污染造成的损害。企业就像是人，需要新陈代谢，在一定范围内的污染是能够被社会所接纳并消化的，这在学理上又被概括为“容

① 杨萍：《环境侵权损害赔偿制度的完善——从环境责任社会化的角度》，《常州工学学院学报(社科版)》2007 年第 2 期。

② 杨朝飞：《环境污染损害谁埋单》，《中国改革》2010 年第 9 期。

③ 周列、杨子蛟：《论环境侵权损害填补综合协调机制》，《法学评论》2003 年第 6 期。

忍限度论”。[①]而政府也可以在一定程度上消化企业的负外部性，这恰恰是“污染者买单”原则的一种例外。同时，也可以借助其他绿色金融产品，例如绿色信贷、绿色证券等，来丰富环境污染的损害赔偿机制。[②]综上所述，环境责任保险的除外条款限定了保险公司承担赔偿责任的边界，明晰了各个主体的责任范围，有利于环境污染损害赔偿机制的合理构建。

三、我国环境责任保险除外条款之合理设计

环境责任保险的除外条款散见于保险法律规范及各大保险公司印制的保单之中，保险法律规范允许保险人免除自身承保责任的条款被称为法定除外条款。保险人在保险法律规范允许的范围之内，通过与投保人协商写入保险合同的除外条款被称为意定除外条款。

（一）现行环境责任保险合同常见之法定除外条款

根据我国现行的保险法律规范规定，主要有以下几种法定除外条款：

1. 被保险人故意或重大过失导致的损害

对于被保险人故意行为导致环境损害的除外是为了防范引发因被保险人的故意作为或不作为导致环境损害的道德风险。对于被保险人重大过失行为导致环境损害的除外，是为了提高被保险人的注意义务，要求被保险人履行损害发生前的防灾义务以及损害发生后的减损义务。另外，环境损害事故的发生可能是自然及人为等多种原因导致的，企业一旦投保了环境责任保险就应当配合保险人的风险评估和平时的监督检查。由于法律加之于被保险人的义务一定程度上增加了企业的生产成本，因此，对于被保险人的轻微过失应当给予宽容。[③]换言之，在被保险人主观为一般过失的情形下，对于因此导致的环境损害，保险人应当承担保险责任。

2. 由于受害人故意或重大过失引发的损害

在环境污染损害是由受害人自身行为导致的情形下，被保险人和保险

---

① 陈泉生等：《环境法原理》，法律出版社 1997 年版，第 209 页。

② 杜鹃：《我国环境污染责任保险基础理论与发展策略研究》，复旦大学出版社 2012 年版，第 41 页。

③ 秦宁：《中国环境责任保险制度研究》，中国海洋大学出版社 2010 年版，第 223 页。

人都无需对上述损害承担赔偿责任。

3. 因战争、自然灾害等不可抗力造成的损害

由于完全不可抗拒的战争、自然灾害等因素引发，并经及时采取合理措施，仍不能避免造成环境污染损害的，应当排除在环境责任保险人的责任范围之外。

（二）现行环境责任保险合同常见之约定除外条款①

约定的除外条款主要规定在保险公司提供的环境责任保险单之中，主要包括以下几类：

1. 渐进性环境污染

目前，几乎所有的环境责任保险单都将渐进性环境污染作为约定的除外条款写在环境责任保险合同之中。其主要原因在于，渐进性污染造成的巨大损失使得保险人难以负担，责任主体难以明确，环境污染的发生概率与突发性污染相比更高，保险人不愿承保等。

2. 雇主责任

由于环境污染导致被保险人雇员遭受的人身损害通常被排除在保单的承保范围之外。

3. 被保险人财产

因环境污染导致被保险人财产遭受的损害不属于环境责任保险单的承保范围，原因在于，上述损失应当借由财产损失保险补偿。

---

① 现行环境责任保险合同常见之约定除外条款主要涉及保单：中国人民财产保险股份有限公司《环境污染责任保险》；中国平安财产保险股份有限公司《平安环境污染责任保险条款》《平安环境污染责任险附加险条款》；华泰财产保险股份有限公司《场所污染责任保险条款》《场所污染责任保险条款（突发及意外保障）》；中国大地财产保险股份有限公司《环境责任保险（期内索赔制）条款》；中华联合财产保险股份有限公司《环境污染责任保险条款》《环境污染责任险附加险条款》；中国太平洋财产保险股份有限公司《产品责任保险限制类附加险条款》；长安责任保险股份有限公司《环境污染责任保险条款》；紫金财产保险股份有限公司《公众责任保险附加险条款》；丰泰保险（亚洲）有限公司上海分公司《公众责任险扩展条款》；日本财产保险（中国）有限公司《公众责任保险条款》《责任保险附加条款》；苏黎世保险北京公司《公众责任险（以事故发生为基础）附加险条款》《公众责任（以索赔提出为基础）附加险条款》；永安财产保险股份有限公司《公众责任保险条款》；丘博保险（中国）有限公司《环境保护责任保险条款》；爱和谊财产保险（中国）有限公司《公众责任险附加条款》；渤海财产保险有限公司《公众责任险扩展条款》；大众保险股份有限公司《公众责任险扩展条款》；华安财产保险股份有限公司《公众责任保险条款》；日本兴亚财产保险（中国）有限责任公司《公众责任保险特别条款》；天安保险股份有限公司《公众责任保险条款》；信达财产保险股份有限公司《公众责任保险附加险条款》等。

4. 生态污染

生态污染是对自然环境本身造成的损害，没有直接的受害人，而环境责任保险是以被保险人的行为导致第三人遭受人身或财产损害为保险标的的保险。因此，生态污染应当排除在环境责任保险单的承保范围之外。

5. 被保险人未能在保险事故发生后的合理期间内发现的损失、费用和责任

在保险实务中，各大保险公司销售的保单一般将上述合理期限规定为72小时。如果被保险人在保险事故发生后的合理期限内未能发现保险事故的发生则意味着被保险人未能尽到应有的注意义务，因此保险人可以免于承担保险责任。

6. 刑事罚金和行政罚款

根据责任保险的基本原理，保险人只承担被保险人对第三人依法应当承担的民事赔偿责任，因此，对于被保险人因环境污染事故遭受的刑事罚金和行政罚款损失，不属于环境责任保险单的承保范围。

7. 间接损失

对于环境污染事故导致的间接损失，例如停水、停电、停气所引发的损失，应当排除在环境责任保险的承保范围之外。

8. 使用性质的重大改变

被保险人的经营运作模式变化导致环境污染责任的补救方式实质性改变或者风险有实质性提高。保险公司对于环境责任保险的费率厘定规定了基准利率和风险调节系数，按照行业类别以及环保安全措施规定了一定范围的调节系数。使用性质的实质性改变使得环境污染风险突破了保险公司确定的系数调节范围，超出了保险公司的预估与可控范围，应当作为除外条款予以排除。

9. 应当经过相关环境监察部门验收而未经验收或验收不合格的场所或机器设备发生事故导致的第三人人身伤亡和财产损失

未经验收或验收不合格的场所或机器设备不能投入生产使用，有较高的环境污染风险。因其生产使用本身缺乏合法性，故其所造成的环境污染损害也不能由保险公司予以承保。

10. 产品责任

被保险人所生产的产品或者其销售的产品对合同以外的第三人造成的

伤害。产品责任超越合同相对性原则，扩大了保险公司的承保义务。而环境责任保险旨在对生产过程中的环境污染责任的风险进行分散，并没有将承保范围延伸到产品销售后所带来的污染责任。为规避产品销售后不可预计的高风险，保险公司可实现将产品责任排除在外。

（三）我国环境责任保险除外条款之合理设计

如前文所述，环境责任保险除外条款的合理设计关系到被保险人与保险人之间的利益平衡，更直接关系到环境责任保险市场的健康发展。因此，应当在借鉴国外有关环境责任保险的先进立法和运营经验的基础上，结合我国现行环境责任保险的立法现状和试点情况，针对我国现行保险市场中销售的环境责任保险的除外条款进行合理的规范与设计。

1. 将渐进性环境污染损害纳入保险合同的承保范围

对于渐进性污染条款是否应当作为除外条款规定在环境责任保险合同之中，学术界存在着较大的分歧。目前，我国环保总局与保监会联合发布的《关于环境污染责任保险工作的指导意见》中提到："现阶段环境污染责任保险的承保标的以突发、意外事故所造成的环境污染直接损失为主。"由此不难看出，我国现阶段的环境责任保险通常只承保突发性污染损害，对于渐进性环境污染损害是否应当纳入保险合同的承保范围是持反对意见的，各地在试点推行的过程中，也均将渐进性环境污染损害排除在保险合同的承保范围之外。在学术界，大多数学者也持反对意见，反对将渐进性污染条款囊括在环境责任保险的承保范围之内。其理由主要有以下几点：(1)可保风险需具有不可预料性的特征，渐进性污染风险是长年累月造成的，不符合不可预料的标准，因此，不属于可保风险；①(2)从国外环境责任保险制度的发展历程来看，我国现阶段承保渐进性风险不具备现实条件，保险人现阶段的承保能力无法应对渐进性污染损害的不可估计性与不可控制性；②(3)如将渐进性污染风险纳入保单的承保范围可能会诱发道德风险，渐进性污染往往具有一定的潜伏性，污染的起因可能在承保之前就已经存在或者发生。

虽然学者们对是否将渐进性污染纳入环境责任保险人的承保范围大多持否定意见，但是考虑到渐进性污染导致的环境污染损害在环境污染事故

① 蓝寿荣：《我国环境责任保险立法若干问题释疑》，《法学论坛》2013 年第 6 期。

② 张梓太、张乾红：《我国环境侵权责任保险制度之构建》，《法学研究》2006 年第 3 期。

中所占比例相当之大，并且从被保险人购买环境责任保险的初衷出发，也应将渐进性污染损害纳入环境责任保险的承保范围，因此，不应将渐进性环境污染损害作为环境责任保险合同的除外条款。其主要理由如下：

（1）渐进性环境污染风险也具有可保性

首先，许多国家通过特约条款或者在专门的环境责任保险单中承保渐进性污染，例如英国、法国、荷兰等。这意味着在保险实务中，承保渐进性污染具有可操作性。①其次，从学理上分析，渐进性污染风险是否具有可保性的考虑因素有许多，最受学者质疑的是渐进性风险是否具备了不确定性的特征。②不确定性是指风险有可能发生也有可能不发生。渐进性风险如果没有加以治理或改善其损害后果日积月累必然会发生，但是在保险期间内，渐进性污染有可能发生也有可能不发生，因此符合不确定性的要求。此外，渐进性污染风险具有潜伏性。通常情形下，渐进性污染风险的起因或许早已发生，但其损害后果经过数十年才爆发，但此时对于投保人而言，其也是按照正常程序和步骤进行生产，上述环境污染事故同样是其无法预见的。在美国，20 世纪 60 年代之前，保险人通常将渐进性污染风险导致的损失排除在保单的承保范围之外，仅承保因“突然而意外”的环境风险导致的损害。③在此期间，几乎所有的环境责任保险纠纷都是围绕如何界定“突然而意外”这一焦点展开的。事实上，如果环境污染事件是渐进的，但最后污染事件的爆发是“突然而意外”的，保险人也应当承担保险责任。因此，渐进性污染风险也应当具有可保性。

（2）分散渐进性环境污染风险符合我国的环境责任保险的立法本意以及投保人的现实需求

从环境污染责任保险的发展历程看，各国政府已经无法负担赔偿环境污染损失的重负，亟需借助环境责任保险来分散政府的风险。应当看到的是，在环境污染事故中有相当大的一部分是渐进性污染，而且，潜伏期较长

---

① See Werner Pfennigstorf, Pollution Insuranee: International Survey of Coverages and Exclusions, European Journal of Pharmaceutics & Biopharmaceutics, 1993, p.3.

② See Dan. R.Anderson, Development of Environmental Liability Risk Management and Insurance in the United States: Lessons and Opportunities, Risk Management and Insurance Review, 1998, p.2.

③ See Nick Loekett, Environmental Liability Insurance, Cameron May, Limited, 1996, p.155.

的渐进性污染往往会造成更大的环境损害。[①]因此,从政府推行环境责任保险的本意看,应当将渐进性环境污染造成的损害纳入保险人的承保范围。从我国环境责任保险试点的实际情况看,企业投保的积极性并不高。主要原因在于,一些企业认为缴纳保险费会增加企业的经营成本,但环境污染责任风险具有一定的偶发性和突然性,因此他们会抱以侥幸态度,认为事故不会发生在自己身上。[②]如果环境责任保险的承保范围仅包含突发性的环境污染损害,更加会打击投保人的积极性,同时也不利于环境责任保险的普及和推广。

(3) 突发性污染和渐进性污染难以区分

在保险实务中,突发性污染和渐进性污染通常是难以区分的。在美国,围绕"突然而意外"纠纷的案例不胜枚举,究其缘由是法院、保险人、投保人等各方主体在区分突发性污染和渐进性污染的问题上未能形成统一的判断。首先,关于突发性和渐进性污染,究竟是原因还是结果这一点必须在保单中加以说明,这在保险人提供保单的过程中十分关键。[③]有些污染是由于渐进性起因导致的,但最终却引发了突发性污染结果;有些污染是突发性起因导致的,但却表现为渐进性的结果。例如,爆炸引起水管破裂,有害物质渗入饮用水源,从事故起因上看是突发性的,但却渐进性地污染了饮用水。又例如,煤气管道受到侵蚀导致气体泄露,在居民区引发爆炸,造成人员伤亡,事故的起因是渐进的,但却造成了突发性的影响。由此可见,渐进性污染与突发性污染的区分无法一刀切,如果保险人想要将渐进性污染损害规定在除外条款之中,必须事先说明是渐进性起因导致的结果,还是渐进性污染影响结果。由此可见,如果要刻意区分渐进性污染与突发性污染,必然会遇到实务操作上的困难,并直接影响到推行环境责任保险的效果和效率。与其如此,不如将渐进性污染损害纳入环境责任保险单的承保范围,如此能更好地保护遭受环境污染损害的第三人的合法权益并减少司法纠纷的产生。

(4) 可以通过其他途径分散环境责任保险人的承保压力

环境责任保险在我国尚处于起步阶段,保险人的承保能力有限,操作经

---

① 别涛、王彬:《中国环境污染责任保险制度构想》,《环境保护》2006年第11期。

② 陈方淑:《理念与制度的调适:环境责任保险之社会化进路探析》,云南人民出版社2013年版,第209页。

③ 李松:《环境损害责任保险介绍》,《保险研究》2004年第6期。

验也较为缺乏。而渐进性污染损害本身具有的难以估量和难以控制的特性,让保险公司难以负担。基于此种考虑,许多保险公司不愿承保渐进性污染风险。但是从保险实务考察,渐进性污染发生的概率远高于突发性污染,投保人更愿意通过购买环境责任保险去分散渐进性污染的风险。相反,对于保险人而言,虽然说承担渐进性污染风险会导致其保险责任加重,但其仍可以通过其他途径予以化解。

首先,损失是可以限定的。保险法中的许多制度本身就起到了限定保险人承保风险的功能,例如,保险金额可以将保险人承担的责任限定在一定额度内。即使保险人承保了渐进性风险,其赔偿额度也是可以预先限定。再例如,保险期间的规定使得保险人承担保险责任的范围限定在承保期间内发生的风险。对于渐进性污染而言,损害结果的发生需要一定时期的潜伏、积累,保险期限的规定在一定程度上降低了保险人承担保险责任的概率。

其次,损失是可以防范的。在保险公司承保环境责任保险后,可以定期对承保企业的环境污染事故预防工作进行检查,及时指出其存在的隐患与不足之处,并提出书面整改意见。如果将渐进性污染损害纳入环境责任保险的承保范围,则保险公司在风险防范与检查过程中会更加严格,被保险人在保险人的督促下也会更好地履行防灾减损义务,如此一来,不仅有利于减少环境污染事故的发生,而且有利于我国整体环境保护状况的改善。①

再次,损失是可以化解的。环境责任保险本身就是一项高风险的保险产品,这也是许多保险公司不愿意销售该种保险产品的主要原因所在。在保险实务中,由于环境污染造成的损害后果可能极其严重,保险人的赔偿责任负担也会非常重。在此种情形下,保险公司通常采取共同保险或再保险的方式将其承保的风险转移给其他保险公司共同承担。因此,虽然渐进性污染造成损害结果可能非常巨大,但经由共同保险与再保险等方式可以将上述损害进一步分散,并对环境污染造成的损害进行有效赔偿。

2. 将生态损害赔偿责任纳入除外条款

生态损害是指环境污染对于非私有的物品造成的损害,例如野生动植物、山体、岩石等无主物。②此类物品造成污染后需要通过各种方式进行清

---

① 刘维:《构建我国环境责任保险模式的理性思考》,《环境科学与技术》2006年第7期。

② 竺效:《反思松花江水污染事故行政罚款的法律尴尬——以生态损害填补责任制为视角》,《法学》2007年第3期。

理并恢复原状，由此产生的费用会涉及环境责任保险的承保范围问题。环境责任保险旨在通过填补第三人因环境污染遭受的人身或财产损失，而生态损害直接指向生态环境本身，没有指向具体的人身或财产权益。因此，现阶段，应将生态损害赔偿责任作为环境责任保险的除外条款，理由如下：

首先，从世界各国的保险实务看，鲜有国家承保生态损害赔偿责任。比较各国的保险立法，只有澳大利亚和瑞典的环境责任保险对于生态损害进行承保。①

其次，生态损害的无主性是环境责任保险承保的最大障碍。环境责任保险承保的是因环境污染事故发生导致被保险人对第三人承担的赔偿责任，上述赔偿具有明确的对象，也就是受害人。而生态环境的损害具有无主性，没有明确的受害人，因此，无法作为环境责任保险的承保对象加以保护。

最后，即使认为环境保护部门可以通过行政命令的方式要求污染企业针对造成的生态环境损害进行治理与赔偿，这种赔偿责任仍然属于公法上的责任。根据责任保险的基本原理，环境责任保险的保险标的是私法上的民事赔偿责任。因此，生态损害赔偿责任不符合作为环境责任保险承保对象的基本要求。

在这里，我们可以借鉴德国的相关经验。德国保险实务中，与环境污染相关的保险有两种：一种是环境责任保险，另一种是环境治理保险。这两种保险产品相辅相成，针对环境污染造成的损害提供了最大限度的保障。德国的环境治理保险是因投保人的需求所诞生的，其已经不是单纯意义上的责任保险，环境责任保险还可能赔偿投保人的自身损失。这两种保险产品对于保险界来说是一种全新的模式。②

（1）环境治理保险的赔偿模式。生态损害的填补模式包括损害赔偿模式和恢复原状模式，损害赔偿模式是指将生态损害所造成的损失用金钱进行赔偿的方式，而恢复原状方式是以恢复生态环境的行为为主导的一种方式。两种方式会达到不同的效果，如果从有助于生态环境恢复的角度上看，则恢复原状方式的效果更好。以恢复原状的方式填补生态损害不仅能更加全面的保护生态利益，而且更加符合社会大众的利益。

---

① See Australia Environment Impairment Policy Article 11; See Werner Pfennigstorf, Pollution Insurance: International Survey of Coverage and Exclusions, 1993, p.53.

② 宫峰飞、宫峰元：《德国环境责任保险和环境治理保险》，《中国保险报》2008 年 2 月 22 日。

(2) 环境治理保险的赔偿价值确定。生态损害主要包括三方面的费用:生态保护的预防费用、生态环境污染后的清理费用以及生态环境污染的恢复费用。①如何确定生态环境损失的金钱价值主要有三类评估方法:直接市场评价法、间接市场评价法、陈述偏好法。②但学界的通说认为恢复费用法是生态损害的赔偿费用的评估方法,即将生态恢复原状所需要的资金,就是致害人需要赔偿的金额。这也是环境治理保险所采取的方式。

综上所述,将来如果有必要将生态损害纳入环境责任保险的承保范围,则可以借助环境治理保险将此类损害予以承保,但对于传统的环境责任保险而言,仍应将生态损害赔偿责任纳入保险合同的除外条款。

四、结语

环境责任保险作为分散环境污染损害风险的一种良好路径为各国政府所积极倡导,但是应当看到的是,环境责任保险并非万能的,其无法承保所有的环境污染责任风险。通过法定除外条款与约定除外条款之设定,可以将环境责任风险在保险人与投保人之间科学配置,形成有效的环境污染损害赔偿责任体系。除此之外,还应当合理地规定除外条款之具体情形,将渐进性环境污染损害纳入保险合同的承保范围。但是对于生态损害,由于其无主性的阻碍,很难将生态损害纳入环境责任保险的承保范围之中,因此应当经由除外条款予以排除。由此才能科学合理地界定除外条款的内容,平衡保险人与投保人之间的利益,并充分发挥环境责任保险保护环境污染事故第三人之功效。

① 竺效:《生态损害填补责任归责原则的两分法及其配套措施》,《政治与法律》2007 年第 3 期。

② 王玉庆:《环境经济学》,中国环境科学出版社 2002 年版,第 89—106 页。

第六章　环境责任强制保险法律制度之推行

第一节　推行环境责任强制保险之理论基础

从商业保险的角度看，环境污染责任保险的核心功能是帮助企业分散风险、转移风险。然而，若赋予环责险强制性，仅从商业角度无法囊括环境污染强制责任保险的全部价值与功能。在多数发达国家的理论与实践中，环强险不是一个单纯的保险业务，而是国际通行的社会管理工具和方式。[①]这是顺应当代社会与经济发展特征的重大理念转变。

纵观西方发达国家的经济发展史，经济发展与环境保护这一组不可避免的矛盾贯穿始终，而当前我国正处于环境库兹涅茨曲线[②]的重要节点，这一矛盾已经发展到极为尖锐的阶段：工业化进程中注重经济效益而忽视生态环境保护，而生态环境的破坏又会进一步限制经济的快速可持续发展。监管措施的不足、科技水平的滞后和治理资金的匮乏，使得企业生产过程中一旦发生环境污染事故，不仅企业本身会遭受财产与信誉的双重打击，还会殃及当地居民、政府乃至整个生态环境等不同主体。在此背景下，我国将强制性环责险的推广与改革提上日程，旨在运用这一社会管理工具缓解经济发展与环境保护的矛盾，使得企业、政府和社会从中共同获利。2015 年 9 月 21 日，中共中央、国务院印发《生态文明体制改革总体方案》，明确提出“在环境高风险领域建立环境污染强制责任保险制度”的要求，这是基于当前我国严峻的环境形势以及居高不下的环境风险压力，结合环境污染责任

① 崔吕萍：《上“环强险”是重大的理念转变》，《人民政协报》2015 年 3 月 9 日。

② 环境库兹涅茨曲线：一国的环境污染程度随着其经济的增长而加剧，直到发展至一定水平，到达某个临界点后，经济发展水平与环境污染程度呈负相关，环境状态呈逐渐改善的趋势。

保险的大量实践经验，为充分发挥市场机制作用，防范环境污染风险，救助污染受害者而作出的重大改革部署。将环责险纳入如此高规格的中央生态文明改革中，彰显了这一问题的重要性与紧迫性。

制度的构建与完善离不开坚实的理论基础的支撑，如果要试图在我国推行环境污染强制责任保险制度，必须要先分析推行该项制度在理论上之可行性与必要性，进而为制度的构建和推行指明方向。下文中，笔者将从受害人、企业、政府、社会及生态环境等不同主体的角度论述我国推行环境污染强制责任保险之理论基础。

一、受害人：侵权之救济

（一）受害人的财产权

保护合法财产权是我国法律的一项重要任务，对财产权的侵权责任之规定是民法上的保护。我国《民法通则》第 117 条规定："侵占国家的、集体的财产或者他人财产的，应当返还财产，不能返还财产的，应当折价赔偿。损害国家的、集体的财产或者他人财产的，应当恢复原状或者折价赔偿。受害人因此遭受其他重大损失的，侵害人应当赔偿损失。"[①]我国《侵权责任法》也明确规定，所有权、用益物权、担保物权等财产权益均受其保护。环境污染所造成的财产损害，主要是对财产本身的损害，既包括直接损失也包括间接损失。如 2010 年 7 月发生的大连原油泄漏事件，给沿岸水产养殖业造成重大财产损失，海水被污染后，仅一个村的私营户损失就在 3 000 万元左右，集体损失在 500 万元左右，这些都只是冰山一角，养殖户们既要面对大量裙带草、海带死亡所带来的直接经济损失，也要面对受污染的水产遭海外客户取消订单的间接损失。[②]

（二）受害人的人身权

环境污染致人损害，既包括对受害人财产权的侵害，又包括对受害人人身权的侵害，这也是环境侵权损害的特征之一，易言之，受害的民事权益具

---

① 张新宝：《侵权责任法原理》，中国人民大学出版社 2005 年版，第 151 页。

② 张瑞丹：大连原油泄漏后无赔偿，渔民维权路漫漫，http://news.sohu.com/20100913/n274889353.shtml，2018 年 1 月 24 日。

有广泛性。虽然人身权种类繁多，但在环境侵权中所探讨的人身权侵害主要是生命权、健康权与身体权所遭受的侵害。

生命是公民享有其他一切权益的基本前提，是所有利益中的核心利益，失去了生命就失去了一切，生命权被侵害则一切权利皆被侵害且消灭殆尽。生命权具有不可恢复性，身体权与健康权在遭受严重侵害时也总表现出不可恢复的特点，伤残就是身体健康权不可恢复性的表征。[①]侵害生命权、身体健康权等物质性人格权所造成的损害并非单一损害，而是有着多个受害人的多种损害的组合。既包括直接受害人的生命权或身体健康权被侵害，也包括由此所产生的精神痛苦，还包括直接受害人所遭受的财产损失，如医疗费、护理费、交通费等，直接受害人的抚养人或被抚养人同样经受着因受害人人身权受到侵害而遭受的财产性损失。因法律保护受害人的人身权，环境污染所导致的损失都应该得到合理的赔偿。如轰动世界的 1956 年日本水俣病事件，新日本智索肥料株式会社在水俣镇开设了合成醋酸厂，把没有经过任何处理的废水排放到水俣湾中，排放的废水中含有大量的汞，当汞在水中被水生物食用后，会转化成剧毒物质甲基汞，甲基汞通过鱼虾进入人体，会使脑萎缩，侵害神经细胞，破坏掌握身体平衡的小脑和知觉系统。据统计，有数十万人食用了水俣湾中被甲基汞污染的鱼虾。1973 年，智索公司与患者团体签订赔偿协定，向水俣病认定患者支付慰问费（分 1 600 万日元、1 700 万日元及 1 800 万日元 3 级的一次性补偿金）、医疗费、年金等。

（三）侵权人与受害人的地位不平等性

在传统的侵权行为中，侵权人和受害人的主体地位是平等的，在经济地位和信息对称方面的差距有限，并且相互之间可以转换。而环境责任侵权的主体，往往是大中型企业，相较于受污染地区的居民等受害人群体，其经济实力和信息获取能力都要远远高于对方。由于环境侵权损害后果具有相当的严重性和特殊的潜伏性，损害范围及于不特定多数人的多重利益，且部分污染事故的损害结果可能要经过漫长时间的积累和渗透才会逐渐显现，不仅损害当代人的利益，甚至会给子孙后代留下隐患。在这种主体地位不平衡而损害程度极高的情况下，一旦侵权人不能及时进行赔付或者直接不进行赔付，受害人无法第一时间利用赔偿金弥补损失，不仅其财产难以挽

① 邹雄等：《环境侵权法疑难问题研究》，厦门大学出版社 2010 年第 1 版，第 137 页。

回,受到伤害的人身健康更是会面临致命打击。如 2011 年,江西铜业在江西德兴市下属的多家矿山公司被曝常年排污乐安河,祸及下游乐平市 9 个乡镇四十多万群众,乐平市政府的调查报告显示,自 20 世纪 70 年代开始,上游有色矿山企业每年向乐安河流域排放六千多万吨“三废”污水,废水中重金属污染物和有毒非金属污染物多达二十余种,由此造成 9 269 亩耕地荒芜绝收,1 万余亩耕地严重减产,沿河 9 个渔村因河鱼锐减失去经济来源,当地居民重金属中毒病症和奇异怪病时有发生,而相关企业根据协议作出的赔偿金额,平均每年每位受害居民不足 1 元。除此之外,环境侵权民事诉讼具有复杂性和专业性,由此导致的时间长、成本高等特征,也会进一步增加受害人的维权难度。环境污染责任强制险能够聚集大量的社会保险金,有充足的资金对受害人进行及时赔偿,同时专业的理赔程序也能够减少繁琐的救济环节,减轻受害人的索赔负担,确保其损失得到及时的弥补,最大限度地缩小因地位不平等而造成的侵权后索赔与救济压力。

二、企业:风险之防范与分散

(一) 环境污染事故的企业责任认定

根据我国《侵权责任法》的规定,因环境污染所造成的损害,不管污染者是否有过错,都要承担相应的侵权责任,如果因为环境污染发生纠纷,则还是由污染者来承担其行为和损害之间没有因果关系的举证责任。要认定排污者负有环境侵权责任,污染环境的客观事实就必须存在,但很多人也注意到,法条并没有明文规定,如何认定污染环境的事实。有学者主张以排污者是否符合国家或地方规定的污染物排放标准为认定准则——只要排污者符合法定标准,就不存在环境污染;如果排污者不符合法定标准,就存在污染环境的客观事实。[①]然而,法定标准的制定,就是为了遏制企业的生产行为给环境、居民造成损害,一旦有破坏环境、侵害居民人身权、财产权的事实,就应当认定为存在环境污染,换言之,但凡是其生产行为导致损害结果发生的企业都应当承担相应的环境侵权责任,它们的排污行为都违反了国家保护环境防止污染的规定。

---

① 王利明主编:《民法·侵权行为法》,中国人民大学出版社 1993 年版,第 456 页。

由此可见，法律分配给企业的责任是沉重的，但沉重的法律责任是在法理、情理之中，笔者认为，造成环境污染事故的原因可以概括成三个方面。第一，企业对设施未尽到谨慎注意义务。因为在社会生产中，很多企业在巨大的经济利益的诱惑下，忙于扩大产量的同时将生产成本降到最低，一些起码的污染物处理设备根本就没有被有效地利用起来，一些企业甚至连这样的设备都没有。第二，企业工作人员的主观故意。企业工作人员的违规操作也是环境污染事故发生的另一个不可忽视的原因，如 2005 年广东北江水域镉污染事故。第三，政府监管不到位。部分企业缺乏环境保护的自觉性，不论是环保设备还是员工安全生产培训方面无法与生产规模保持一致，监管部门未尽到监管职责，企业的违法违规行为得不到及时纠正，这些都增大了环境污染事故发生的几率。普通民众与企业之间的信息存在着严重不对称的事实，污染物的种类、事故发生的直接原因等一系列问题得不到及时的告知，污染事故一旦发生，不管是突发性的，还是渐进性的，与掌握大量信息的企业相比，普通民众总是扮演着弱势群体的角色，在污染物清理、生产生活恢复，甚至在诉讼程序中，若民众仅依靠自身的力量其受侵害的权益都难以得到合理的维护。谋求股东利益最大化并非企业存在的唯一目的，企业还应当最大限度地满足其他主体的利益需求，如社会弱者利益、环境利益等，以纠正立法对股东利益的过度保护，从而体现了法律的公平性，所以让企业承担较多的法律责任和法律风险并不为过。

（二）环境责任风险的防范与移转

第三次技术革命以来，考虑到科学技术为现代社会发展带来了巨大利益，社会选择容忍科技本身带来的风险与不确定性①，这意味着伴随社会生产出现的环境污染是不可能完全避免的。企业的生产具有正当性，企业创造了社会财富、提供了大量的就业岗位，在现代化工业的背景下，石油资源的开发、核能等新型能源的广泛应用、重金属的冶炼都存在着不同程度的污染环境风险，当这些风险转变成侵害居民合法权益的事实，受害人的损失由污染者承担就是合法合理的，但问题在于，面对巨额索赔，每一个污染企业都有足够的财力去承担一笔笔天价索赔吗？结果往往是受害人没有得到足够的赔偿数额，污染企业也因无力支付全部赔款面对巨额负债、破产倒闭的

---

① 贾君望、李媛辉：《环境侵权损害赔偿社会化的研究》，《环境保护》2017 年第 8 期。

危机，最终导致企业已经形成的上下游经济链条无法继续运转而造成社会资源的浪费，打击生产者与经营者的积极性，阻碍经济的良好发展。因此，既要满足受害人维护合法权益的需求，又要保证污染企业得以继续存续，如何将由企业赔偿环境侵权损害的风险降到最小，是不容回避的现实问题。

环境污染强制责任保险就是把这种风险分担给每一个投保的企业，将侵权责任社会化。环境污染事故一旦发生，受害人有直接向保险公司请求赔偿的权利，受害人得到的赔偿实际上是每一个投保企业的保费，这符合污染者负责的环境保护法原则，是风险社会化在环境侵权当中的合理运用，在综合考虑生产过程中的风险和无过错责任环境损害赔偿归责原则的情况下，企业投保该类强制性无疑为自己的发展设置了一个安全阀。此外，投保企业与保险人达成保险合同，这意味着双方都将承担义务，投保企业在生产过程中，对其所载区域的生产排废管控和环保设施运行负有监管义务，若企业故意或重大过失导致环境污染事故发生，保险人可以免责。可以说这是以一种倒逼的方式，①使得企业做好充分的环境监管工作，从源头上减少环境污染发生的可能性。

三、政府:职能之转变

(一) 利用市场机制减轻财政负担

2011 年，我国环境污染治理投资总额为 6 026.2 亿元，占国内生产总值的 1.27%。如此庞大的环境污染治理经费完全由政府承担，必然会给财政造成极大压力，影响其他民生领域的支出。当前，每当发生大范围环境污染事故时，各级政府投入大量人力、物力善后。尤其是当应承担赔偿责任的企业没有足够的财力保证时，政府不得不介入来为企业解决“烂摊子”，调拨财政资金来修复受污染的环境，安抚受害人的情绪，并弥补受害人的部分损失。但是，由于财力有限，有时群众不能得到充足及时的补偿，常常会引发一系列的不满。例如著名的松花江重大水污染事件:2005 年 11 月 13 日，中石油吉林石化公司双苯厂苯胺车间发生爆炸事故，爆炸发生后，约 100 吨

① 彭中遥、邓嘉詠:《论环境污染强制责任险的出路》，《中南林业科技大学学报(社会科学版)》2017 年第 2 期。

苯、苯胺和硝基苯等有机污染物流入松花江，导致江水严重污染，沿岸数百万居民的生活受到影响，吉林省松原市、黑龙江省哈尔滨市先后停水多日。顺流而下的污染甚至威胁到俄罗斯哈巴罗夫斯克边疆区，造成严重的国际负面影响。事故发生后的5年间，国家为松花江流域水污染防治累计投入治污资金78.4亿元。再例如上文所述日本水俣病事件，随着认定患者增加，仅靠智索公司已难以支付赔偿协定的赔偿，为了避免因现金流停滞而使向患者支付赔偿金发生障碍，熊本县从1978年起发行县债，将筹得的资金借给智索公司，用于患者赔偿资金，通过县债方式支援智索公司支付赔偿金，用该方式累计发行的县债达约2 260亿日元。2000年起，日本内阁会议决定，国家通过来自一般会计的补助金及地方财政措施提供补助，至2012年度末，通过该方式的补助金额累计：从一般会计拨出的补助金达约654亿日元、地方财政措施达约163亿日元。

如前所述，从法理上说，“谁污染谁担责”理应是环境污染责任承担的基本原则。如果因生产管理不善而导致环境污染事故发生的企业不依法承担赔偿责任，而让政府动用财政支出为此“埋单”，政府的资金来自全民税收，即成了全民对此污染负责。此举不但有悖于责任义务对等的基本原则，更会助长企业“事不关己”的侥幸心理，长此以往，“企业污染国家埋单”的环保困局从根本上无从破解。环境污染责任险运用的是经济手段特别是价格杠杆来改变当事人的成本收益计算，能够以较低的成本达到有效控制污染的目的。实施环责险投保强制化，在污染治理方面加入一定的市场治理机制，将部分监管职能和处理环境污染事故的责任转移给保险公司，以社会化、市场化的途径解决环境污染损害问题，能够有效缓解政府环境治理的资金短缺问题，减少相关问题的财政支出。

（二）利用宏观调控弥补市场失灵

让市场在资源配置中起决定性作用是中共中央全面深化改革的重要决定之一，商品经济发展到今天，尊重市场选择的最终结果既是市场管理者也是每一个经营主体应有的共识，这是避免行政权力任意干涉市场，影响社会主义市场经济平稳运行的有效手段。然而，历史证明如果一个市场完全摆脱公权力对它的干预、完全依赖其自身的调节，就不可避免地步入“市场失灵”的陷阱。如上文所提到的，尽管环境责任保险在20世纪90年代初就进入了公众的视野，但当时的责任保险是由企业自愿选择投保与否，试点的效果并不理想，究其原因，除了当时我国民事责任体系不够健全、保险业发展极其不成熟外，与任意性的制度设计有很大的关系，因为在理论上，如果给予了所有企业自由选择的机会，于本身环境污染致害风险小的企业来说，高额的保费是阻碍其投保的重要因素之一，很多小企业便放弃投保，然而一旦这些企业造成环境污染，受害人或将陷入索赔无果的境地；从承保机构的角度来说，同其他许多商事主体一样，商业保险公司经营的主要目的之一就是营利，为了避免过高的赔付比例，将保险责任范围限定在一个狭窄的范围之内是保险公司规避风险的手段。面对市场自我调节所带来的高保费和低赔付率，任意性环境责任保险难以推行。

环境责任保险的设立具有一定的公益性，旨在及时弥补受害人的损失、减轻企业负担，是基于社会公共利益的考量，而强制责任保险除具有一般商业保险所具有的集合危险、分散损失的功能之外，更重要的是在特定的领域内，为第三人设置了一种保障制度。[①]在“市场失灵”的情况下，将环境责任保险作为强制保险的一种，是发挥环境责任保险应有之效能的必然选择。

四、社会：矛盾之纾解与技术之进步

（一）维护社会的和谐稳定

若没有环境污染强制责任保险的保障，环境侵权的受害人难以获得及时足额的赔偿，又因为环境污染的特殊性，其受害群体是广泛的，弱势群体通过合法手段得不到符合其要求的赔偿数额，最终极有可能选择一起到污染企业、政府门口通过不正当、不合法的非理性手段强行要求赔偿，引发群体性事件，造成对社会稳定的破坏。实际上，当企业面临巨额索赔无力赔偿或根本就不愿赔偿时，只得由政府出面补偿受害人之损失，行“纳税人埋单”之实。受害人的合理诉求得不到满足，受害人之外的其他民众则认为政府拨款治理污染是“花纳税人的钱”，社会矛盾就会在悄无声息中愈演愈烈，是对社会稳定的重大威胁。故推行环境污染强制责任保险可以将“索赔难”变为“索赔易”，大大缩短受害人获得赔偿金的时间，在赔偿数额上也可以最大限度地满足受害人

① 郭锋、杨华柏、胡晓珂、陈飞：《强制保险立法研究》，人民法院出版社2009年版，第7页。

的合理要求，避免企业破产造成大量员工失业引发更大的社会矛盾。

（二）促进环保科技的发展

可持续发展是当今时代人类社会发展的重要议题，国际上也在积极探索经济发展与环境保护相互协调、相互促进的科学路径。企业在生产过程中造成的环境污染具有一定的价值正当性，无法完全禁止，因此，通过推动环保科技的发展来减少污染发生，缩小污染事故给环境和相关人员带来的损害范围，是每一个国家和企业的共同追求。环强险制度对于环保科技的进步有着重要的推动作用。环责险制度下，保险公司收取的保险费会计入企业的内部生产成本，而保费的数额是根据企业自身的环境污染风险等级来确定的，对于污染风险较高或曾造成过污染事故的企业，承保人会开出更高保费的保单。所以基于利益最大化的追求，投保企业会加大环保科技发展的投入，加快更新环保设施，以求降低环境污染的评估风险，从而降低保费。在国内高污染企业全面投保环责险的大背景下，我国的环保科技水平也将受到正面影响，实现进步。除此之外，企业承保后，保险公司对其环境污染风险的相关信息会有一个较为全面的掌握，加之定期的环保作业监管与考察，在企业生产过程中就可以有针对性地对企业环保薄弱点进行监控，并督促企业及时运用最新的环保技术，减少污染事故发生的可能性。

中国环境科学学会副理事长杨朝飞也表示，建立强制环责险是满足企业完全成本（或社会成本）核算的需要。能迫使企业将本应内在化的环境风险成本（环责险）纳入产品成本核算体系内，使其产品成本能真实反映资源环境代价——私人成本“逼近”社会成本，然后在市场竞争机制的作用下，“倒逼”企业加大技改投入，开发采用先进清洁生产技术，淘汰落后产能，最终达到环境保护与治理的目的。①

五、生态：环境污染之修复

（一）生态环境污染形势严峻

当前我国环责险责任范围主要包括环境污染事故相关第三者的人身和

---

① 经济补偿作用初步显现，强制环责险推广众望所归，http://www.hbzhan.com/news/detail/115672.html，2019年7月25日。

财产损害及部分清污费用,不包括渐进性污染损害和生态环境损害的赔偿责任。环责险的责任范围与其定位密切相关,如果仅将此险种定义为单纯意义的商业保险,其责任范围应当以保障第三者生命和财产为优先考虑,但如果将环责险定义为一种以保护公共利益为目标的责任保险,同时具有强制性,其责任范围不仅限于第三者生命和财产,也应对受污染的生态环境的修复和治理给予保障,从而体现这一险种的公益性特征。①因环境事故导致的生态环境损害往往具有移动范围广、持续时间长、无法被分解的特征,其严重的危害后果所带来的巨额花费,企业和社会都难以承受。若将生态环境损害的赔偿责任排除在环责险赔偿范围之外,环责险制度的作用会大打折扣。

我国生态环境污染形势严峻已成为不争的事实。水污染方面,河流、湖泊、水库和地下水普遍遭遇过污染,海洋也遭遇轻度污染;大气污染日益严重,二氧化硫排放量世界第一;土壤污染中重金属污染、有机污染、放射性污染的污染面积也在逐年扩大。2017 年 10 月,习近平总书记在党的十九大报告中指出,“必须树立和践行绿水青山就是金山银山的理念”,并明确要求“加大生态系统保护力度”。生态文明建设功在当代、利在千秋,建设生态文明是中华民族永续发展的千年大计。2017 年初李克强总理在政府工作报告里也谈到要大力发展绿色金融,其中也包含了环境污染责任险的重要内容。在这一时代背景下,利用强制环责险,及时修复、治理受污染的生态环境,维护生态环境安全,符合经济发展与生态健康并重的时代要求。

(二) 企业难以承担巨额生态修复费用

近年来,我国环境诉讼中涉及生态环境损害的案件赔偿金额远高于一般环境污染损害民事案件,据对 2015—2016 年间近 200 起环境污染民事赔偿案件的分析看,污染导致损害主要为健康损害、渔业养殖损害、农作物损害、果树损害等,近一半法院判决案件的损害赔偿金在 5 万元以下。而生态环境损害的赔偿数额则远不止这些。

最高人民法院在 2017 年发布的十件环境公益诉讼典型案例中②,涉及

---

① 沈晓悦、郭林青:《我国环境污染强制责任保险改革必要性及重点问题》,《环境保护》2017 年第 5 期。

② 2017 年 3 月 7 日,最高人民法院在北京发布 2017 十大环境公益诉讼典型案例。

生态环境损害的案件赔偿数额都以百万元起步：江苏省泰州市环保联合会诉泰兴锦汇化工有限公司等水污染公益诉讼案中，被告锦汇公司等六家企业将生产过程中产生的危险废物废盐酸、废硫酸总计 2.5 万余吨偷排进泰兴市如泰运河、泰州市高港区古马干河中，导致水体严重污染，该案被媒体称为“天价”环境公益诉讼第一案，法院判决六家被告企业共计赔偿 1.6 亿余元环境修复费用；中华环保联合会诉山东德州晶华集团振华有限公司大气污染民事公益诉讼案中，被告振华公司从事玻璃及玻璃深加工产品制造，长期超标向大气排放污染物，法院判决被告企业赔偿近 2 200 万元，用于大气环境修复；北京市朝阳区自然之友环境研究所诉山东金岭化工股份有限公司大气污染民事公益诉讼案中，金岭公司下属热电厂持续向大气超标排放污染物，对大气造成严重污染，法院判决被告企业承担支付生态环境治理费 300 万元；重庆市绿色志愿者联合会诉湖北恩施州建始磺厂坪矿业有限责任公司水库污染民事公益诉讼案中，磺厂坪矿业公司违法生产产生的废水、尾矿未经处理就排入临近有溶洞漏斗发育的自然洼地，导致千丈岩水库污染，法院判决被告企业承担修复费用 99 万元。江苏优立光学眼镜公司固体废物污染案、徐州市鸿顺造纸有限公司水污染案等案件的赔偿金额也均在百万元上下。

受污染环境修复的巨额修复费用无论是对企业，还是对政府都是难以承受的，而赔偿款额的落实困难，不仅会拖垮被告企业，相关地区的生态环境修复也必然会失去保障，从而使得被污染区域的复原、治理成为烫手山芋般的遗留问题。将生态环境损害纳入环强险，一方面体现了国家保障生态环境安全的应有之义，另一方面也能充分发挥保险工具分散风险、赔偿救济的作用，将生态环境保护问题从字面落实到实际，为经济发展减少后顾之忧。

六、余论

环境污染强制责任保险的推行，与企业、受害人和政府这三方相关主体的直接利益息息相关。它能够为企业分散环境风险和承担社会责任增添助力，为环境污染事故受害人获得人身和财产救济提供保障，为政府节省财政支出和管控市场失灵减少顾虑。同时，在市场经济与社会生活接轨的今天，环强险推行的意义必然会由微观延展至宏观，对促进社会安定有序，保护生态文明建设两大社会化主题,有着其他政策措施无可替代的功能。纵观环境污染强制责任保险在个人、企业、政府、社会和生态五个不同层面所发挥的正向作用,其是否具备在我国广泛推行的理论基础,已不言而喻。

从世界范围的环境责任保险发展历程来看,强制高污染领域的企业投保环责险是发展的必然趋势。当前我国把"全面依法治国"作为社会主义发展的总布局的一部分,要求做到各项事业都有法可依。2017 年 6 月 9 日,环保部与保监会联合发布《环境污染强制责任保险管理办法(征求意见稿)》,提出在我国境内从事石油和天然气开采等八类环境高风险领域建立环境污染强制责任保险制度。这标志着环强险制度的法制先行,我国落实高污染行业环境污染强制责任保险制度已是箭在弦上。推行环强险,无论是对于企业和受害人的灾后救济,还是对于政府和社会的压力与矛盾的缓解,抑或是对于整个生态环境的长期保护与治理,都有着无可替代的价值意义。在有理可据、有法可依的前提下,相信未来我国的环强险推广实施工作将会按部就班地进行,引导环境污染强制责任保险对我国经济发展与环境保护发挥最大价值。

第二节　推行环境责任强制保险之现实基础

随着工业化进程的迅速发展,随之而来的环境问题日益突出。国家层面对于环境问题的关注度也不断提高。《民法总则》第 9 条明确规定:"民事主体从事民事活动,应当有利于节约资源,保护生态环境。"由此,绿色原则成为民事活动应当遵循的一项原则。我国法律对于企业污染环境的规范也越来越具体和细化,加之我国公民的法律意识及维权意识不断提高,环境诉讼在我国的比率也逐年提升,预计在未来一段时期内也会持续增长。在这种形势之下,较高的法律成本使得企业不得不重视环保问题,采取措施来降低污染风险;在环境宣传中企业自身也逐渐形成了一定的环保意识,主观上愿意为环保问题买单。随着环境责任强制保险的推行,一旦发生不可预期的环境事故,将会大大减轻企业负担,避免企业破产的厄运,也会及时弥补受害人遭受的损失。所以,不论从受害人合法权益的保护方面,或是管理环境污染致害赔偿风险等方面来说,环境污染强制责任保险推行都有着坚实的理论根基且具有可行性，但是，如果一项制度的推广没有现实基础去佐证理论上的探讨，在具体制度制定和完善过程中，可能也会因为太过理想主义而使其成为一纸空谈，故在这一章中，笔者将从现实的角度出发，详细论述推行环境责任强制保险的现实基础。

一、我国推行环境责任强制保险的现状分析

根据《2015中国环境状况公报》显示，2015年环境突发事件为334起，造成高达数千亿元的经济损失，引起了国家领导人的高度关注。在《2016中国环境状况公报》中习近平总书记明确表示："要让良好的生态环境成为人民生活的增长点，要让老百姓切实感受到经济发展带来的实实在在的环境效益。"2016年3月5日，国务院总理李克强在作政府报告中指出："要加大环境治理力度，治理污染、保护环境，必须强力推进，下决心走出一条经济发展与环境改善双赢的道路。"企业除了追求经济效益，同时应当注重保护生态环境，这不仅仅是国家关注的重点，更是我们这个时代的呼吁。在治理环境这一方面，国家各部门在不断地努力和尝试。2006年，国务院出台的《关于保险业改革发展的若干意见》，明确要求开展环境污染责任保险试点。此后，国务院印发的《大气污染防治行动计划》《水污染防治行动计划》《重金属污染综合防治"十二五"规划》等重要文件均明确要求推进试点工作。根据国务院工作要求，2007年、2013年，环境保护部联合保监会两次发布文件，指导地方推进环责险试点工作。

目前，全国大部分省份开展试点，覆盖涉重金属、石化、危险化学品、危险废物处置等行业，保险公司已累计为企业提供超过1 300亿元的风险保障金。2016年，全国投保企业1.44万家次，保费2.84亿元；保险公司共提供风险保障金263.73亿元，与保费相比，相当于投保企业的风险保障能力扩大近93倍。[①]参与试点的保险产品从初期的4个发展到目前的20余个，国内各主要保险公司都加入了试点工作。我国理赔数额最大的环责险理赔案例是山西长治的苯胺泄漏污染浊漳河事故。2012年12月31日，山西长

① 环境保护部：对十二届全国人大五次会议第8665号建议的答复，载http://www.mee.gov.cn/gkml/hbb/jytafw/201709/t20170927_422480.htm，2019年2月18日。

治潞安集团天脊煤化工集团有限公司发生苯胺泄漏事故，造成浊漳河挥发酚超标。①人保财险山西分公司接到理赔要求后立刻前往调查事故原委，同时做好事故专家鉴定、保险资金赔付等准备，最终企业共获得405万元赔款。环责险推行10多年之久，其呈现的成果并不如想象中的那么乐观，陷入了一种“叫好不叫座”的尴尬局面。很多环境高风险企业由于投保环责险的自愿性，而存在侥幸心理，不愿主动投保。为了解决这一困境，环保部与保监会共同制定的《环境污染强制责任保险管理办法（征求意见稿）》规定，从事石油和天然气开采；收集、贮存、利用、处置危险废物；化学药品原料药制造等8类企业（单位），今后或将必须投保环境责任险。

虽然在目前我国关于环境责任强制保险（以下简称环强险）的立法不太完善，但是近几年关于环责险、环强险的法规、规章也渐趋完整、清晰。2007年《关于环境污染责任保险的指导意见》的出台，明确了环境污染责任保险的重要意义、指导原则、工作目标等内容；2013年印发的《关于开展环境污染强制责任保险试点工作的指导意见》进一步明确试点企业范围，提出激励约束机制等实施措施，环境污染责任保险的实施由自愿开始转向强制。2014年新修订的《中华人民共和国环境保护法》更是首次从国家法律层面提升污染责任保险地位，并鼓励各大企业投保该险种。2015年9月，党中央、国务院印发的《生态文明体制改革总体方案》明确：“在环境高风险领域建立环境污染强制责任保险制度。”2016年8月，经习近平总书记主持召开的中央全面深化改革领导小组审议通过，国务院同意，由人民银行、环境保护部、保监会等七部门联合印发的《关于构建绿色金融体系的指导意见》规定：“（二十二）在环境高风险领域建立环境污染强制责任保险制度。按程序推动制修订环境污染强制责任保险相关法律或行政法规，由环境保护部门会同保险监管机构发布实施性规章。选择环境风险较高、环境污染事件较为集中的领域，将相关企业纳入应当投保环境污染强制责任保险的范围。”环境责任强制保险是环境管理与市场化手段相结合的一项有益尝试，也是实施可持续发展战略、建立资源节约型和环境友好型社会的必然选择。具有解决环境污染纠纷、分散企业生产经营风险、促进社会稳定发展等一系列

① 《山西潞安天脊煤化工集团苯胺泄漏事故处置进展情况》，载和讯网[EB/OL]. http://news.hexun.com/2013-01-06/149836435.html，2019年2月18日。

重要的作用。为改变以往环境污染事故发生后“企业污染、群众受损、政府买单”状况，在国家层面，政府大力提倡企业投保环强险。环保部与保监会联合印发的《关于开展环境污染强制责任保险试点工作的指导意见》明确建立激励与约束机制。对按规定投保的企业，环保部门可以采取下列鼓励和引导措施。一是积极会同当地财政部门，在安排环境保护专项资金或者重金属污染防治专项资金时，对投保企业的污染防治项目予以倾斜。二是将投保企业投保信息及时通报银行业金融机构，推动其综合考虑投保企业的信贷风险评估、成本补偿和政府扶持政策等因素，按照风险可控、商业可持续原则优先给予信贷支持。①

二、政府部门、污染企业、保险公司等多方主体的现实需求

（一）政府部门的现实需求

2005 年 11 月吉林中石油所属的苯厂硝基苯精馏塔发生爆炸导致苯类污染物泄露，②事故共造成 8 人死亡，70 人受伤，直接经济损失 6 908 万元并对松花江流域造成了严重的生态破坏，沿岸居民生活生产都受到了不同程度影响，但停产损失和治污费用却没有得到相应赔偿。事后肇事公司仅被环保部门处以 100 万元罚款，向吉林省政府支付 500 万元善后款得以了结，而国家却在随后 5 年里为此累计投入高达 78.4 亿元的环境修复资金。环境污染往往造成巨大的经济损失，在高额损失面前，污染企业可能只承担污染造成的直接损失和应急处置费用。而巨大的环境修复费用是大多数企业都无力承担的，这其中的资金缺口基本都是政府承担的，这给财政带来了很大的压力。因此政府部门十分支持环境强制责任保险的发展，期望通过环境责任保险促使企业在环境风险管理和应对上投入合理的成本，切实降低对环境和公众健康的隐患，借助市场力量来发现和降低自身环境风险。

（二）环境高危险污染企业的现实需求

社会公众对环境问题日益关注，国家层面也出台了相关的法规政策，促

---

① 环境保护部：《对十二届全国人大五次会议第 8665 号建议的答复》，2017 年 7 月 27 日。

② 国务院对中石油“11·13”爆炸事故等做出处理，载新华网[EB/OL]. http://news.xinhuanet.com/fortune/2006-11/24/content_5370626.htm，2019 年 8 月 7 日。

使企业管理者重视企业环境污染问题。此外,企业环境污染风险更大。污染企业面临的主要风险后果有:第三者赔偿、生态环境恢复赔偿、刑事责任和罚款、停工损失和声誉损失。这其中的任何一项风险都会对企业的生存发展带来巨大的挑战。环境污染企业若投保环境强制责任保险则可以很大程度上转移自己的风险,并且在政府支持污染企业投保环境强制责任保险的大环境下,污染企业投保环强险的费率将渐趋科学合理。根据现行《企业所得税法实施条例》第 46 条规定:"企业参加财产保险依照规定缴纳的保险费,准予扣除。"该条例规定的财产保险包括责任保险,投保企业符合该规定条件的,可享受相关税收优惠,通过税收优惠政策,将减少企业的投保成本,最终达到企业的风险和成本控制的预期。同时污染企业投保环强险后,保险机构会对企业开展"环保体检",保险公司定期或不定期对投保企业的污染防护设施和排污情况进行检查,发现问题及时督促企业整改以达到环保要求,通过引进市场机制提高环境安全隐患排查、防范能力。能够尽量避免污染事故的发生或将损失控制在最低程度内。对于污染企业来说,可以及早地发现造成污染的源头,从而避免给自身及社会带来恶劣的影响。

(三) 保险公司的现实需求

中国的保险业自 20 世纪 80 年代恢复以来,发展得非常迅速,以保费收入为例,1980 年仅为 4.6 亿元,而截至 2014 年,保费收入已攀升至 20 234.81 亿元。安联集团旗下的安联经济研究所预测,中国保险市场将在未来 10 年实现年均 13%的增长,届时中国有望成为仅次于美国的全球第二大保险市场。①金融自由化、国民经济的发展给保险公司开展责任保险业务提供了物质基础。在传统财险和人身保险市场已经饱和的情况下,责任保险尤其是新责任险种市场更具吸引力。②环强险有利于保险公司积极承担社会责任,同时也有利于保险公司树立公司声誉。

虽然,我国环境污染强制责任保险试点的成效不大,但却为我国商业保险公司在日后经营此类保险提供了经验与教训,如提供一些行之有效的环

---

① 潘清:机构预测:10 年后中国有望成为全球第二大保险市场,载 http://news.xinhuanet.com/fortune/2015-03/10/c_1114585010.htm,2019 年 8 月 16 日。

② 郭莲丽:《我国环境责任保险发展现状研究》,《科技管理研究》2012 年第 32 期。

境损害评估方法，为保险公司计算实际损失金额提供了保险赔付的依据。[①]此外，随着保险风险分散机制的建立和不断完善，承保环境污染强制责任保险的保险公司可以通过再保险或者共同保险的方式，将一部分风险转移给实力更加雄厚的再保险公司，使保险公司的承保能力增强。

（四）人民群众的现实需求

一些重大环境污染事故，损害范围广，受损程度严重，许多污染企业无法承担这些巨额赔偿，受害人的损害无法获得应有的补偿，从而引起群体性冲突，激发社会矛盾，导致社会不稳定。2009 年陕西凤翔血铅事件发生后，数百位村民多次上访无果后，与厂家、警察发生群体冲突，冲击污染企业厂区，在当地造成了不小的风波。有学者统计研究，因环境问题引发的群体性事件每年平均以 29.8%的速度增长。[②]环境问题已经严重影响到了社会稳定。环境责任强制保险工作的大力开展，充分利用了社会救济的杠杆，分散各方的风险，有利于促进社会和谐。

面对频发的环境污染事故，社会公众面临生存环境污染的风险也越来越高，公众的维权意识逐渐增强，环境损害赔偿问题日益突出。受害人提起环境侵权诉讼，会面对诉讼周期长，诉讼程序复杂、专业等难题，尽管我国在不断完善环境公益诉讼，但因为案件人数众多，审理过程也十分漫长。即使诉讼终结，企业承担高额的赔偿责任，也存在执行难的问题，仅仅依靠环境污染加害人的力量往往难以弥补损失，因此，许多受害人往往选择放弃诉讼。通过建立环境责任强制保险制度，则可以有效解决这一问题。环境高危险企业必须投保，积极履行减损义务并采取补救措施，避免受害人的损害进一步扩大。而受害人也无须先通过诉讼方式寻求赔偿，从而减少诉讼交易成本。其次，由保险公司承担经济赔偿责任，可以避免受害人因加害企业资金不足而无法获得相应的赔偿，使受害人的合法权益得以快速、有效地实现。

（五）社会发展的现实需求

目前，我国已经进入了一个环境高风险期间。工厂、企业排放的污水、

---

① 张珊珊、徐芝兰：《我国环境责任保险制度模式选择》，《华北金融》2011 年第 2 期。

② 赵海霞：《经济发展、制度安排与环境效应》，中国环境科学出版社 2009 年版。

废水,燃烧的黑烟,汽车尾气的增多以及各类日常生活垃圾的随意丢弃堆积等。人类对环境肆意破坏,大自然一次次为我们敲响了警钟。PM2.5、空气悬浮物、可吸入颗粒物的增多,雾霾天气的产生,泥石流、山体滑坡等自然灾害频发,肺病、呼吸道疾病及各类传染病的增加,等等,让我们不得不在追求国内生产总值的同时,也应更注重对环境的保护。环境高危险企业在日常经营中,可能产生众多的垃圾,因此在追求自身利益的同时,环境高危险企业应承担的社会责任也越来越重大。

因此,应更加重视环境污染强制责任保险的适用。通常来说,在环境污染强制责任保险具体制度的设置中,保险费率的高低与投保企业自身所带有的环境污染致害风险的大小成正比。投保企业从经济效益的角度出发,为了避免缴纳过高的保费,降低其环境污染致害风险便成了企业生产经营中必须解决的问题。企业可以通过学习新理念、引进新技术、使用新设备使企业的生产经营行为更加符合循环经济、绿色经济的要求。特别是对石油化工等高风险企业来说,越低的环境风险意味着越低的保险费率,这对提高企业主的管理能力、促进科技创新、规范企业发展,进而实现经济的循环发展、可持续发展都具有极其深远的意义。

三、环境责任强制保险实施相关制度的支持

(一) 环境侵权民事责任体系不断完善

我国《保险法》第 65 条第 4 款明确指出:以被保险人对第三者依法应负的赔偿责任为责任保险的保险标的,这是民事责任制度与责任保险关系在法条中最直接的体现。[①]只有当第三人的财产权或人身权受到侵害,且应由被保险人来承担赔偿责任时,保险人才承担保险责任,即民事责任的承认与适用是责任保险的前提。为了适应社会的发展,无过错责任和过错推定责任在侵权领域中的应用范围不断扩大,行为人较以往来说承担的民事赔偿责任的风险也随之升高,但在企业资产不变的情况下,这并不意味着受害人与之前相比更易获得赔偿。

因此,环境污染强制责任保险的有效推行必须以环境侵权民事责任的

① 樊启荣:《责任保险与索赔理赔》,人民法院出版社 2002 年版,第 23 页。

存在为先决条件。时至今日，环境保护问题受到越来越多的关注，而与之相关的环境侵权事件引起越来越多的重视，立法机关在我国多部法律中规定了环境污染致害者所应当承担的民事责任，更在《侵权责任法》中明确规定环境侵权的归责原则为无过错责任，形成了以《侵权责任法》为主干，以《环境保护法》《水污染防治法》《海洋环境保护法》《大气污染防治法》《固体废弃物污染环境防治法》等法律为分支的日益完善的环境侵权民事责任体系，从而使环境污染强制责任保险的推行更具现实性。

（二）环境信用体系发展的助推

环境信用体系的发展为环强险的实施起到了强有力的助推作用。环境污染强制责任保险作为环保部主推的环境经济政策的一部分。环保部法规司副司长别涛说："自 2006 年以来，环保部门在建立绿色信贷、绿色保险、绿色税收等环境经济政策方面做了初步探索，并取得积极进展。"近年来，环保部已经会同人民银行等部门发布《企业环境信用评价指南》，联合发改委发布《关于加强企业环境信用体系建设的指导意见》；2016 年 7 月，环保部会同发改委、人民银行等 30 个部门联合发布《关于对环境保护领域失信生产经营单位及其有关人员开展联合惩戒的合作备忘录》。目前，环境信用体系建设工作正在加快推进，各级环保部门将主动配合金融监管机构，加快构建绿色金融体系。金融机构可以根据企业环境信用评价结果采取差别化的投融资措施，这为绿色金融的实施提供了有力的抓手。同时别涛透露："环保部将完善上市公司和发债企业强制性环境信息披露制度。结合贯彻实施新修订的《环境保护法》《大气污染防治法》等相关法律法规规章，对环保部门公布的重点排污单位的上市公司，研究制定并严格执行对主要污染物达标排放情况、企业环保设施建设和运行情况以及重大环境事件的具体信息披露要求。及时将企业环境违法违规信息等企业环境信息纳入金融信用信息基础数据库，建立企业环境信息的共享机制，为金融机构的贷款和投资决策提供依据。"①

2017 年 3 月 1 日，山东省正式施行《山东省企业环境信用评价办法》，对企业环境信用评价采取环境违法行为年度记分制。无记分记录的企业为

---

① 郄建荣：《环保部将完善环境信息披露制度，上市公司和发债企业伪造环境信息将严惩》，《法制日报》2016 年 9 月 5 日。

绿标企业,以绿牌标识;记分11分以下的企业为环境信用黄标企业,以黄牌标识;记分12分以上的企业为环境信用红标企业,以红牌标识。对于红黄标企业,环保部门将会报送上级单位、银行、证券进行备案。“一处失信,处处受限”,失信企业寸步难行的成效开始显现出来。企业环境信用体系的发展将在很大程度上影响企业投融资成本,使得企业不得不重视企业污染的处理。

四、对环境保险事故缺乏有效救济手段

(一) 企业的环保意识有待提高

逐利的本质加上对风险的侥幸心理,与发展成熟的西方发达国家企业相比,我国很多企业显然没有足够的精力给予环境保护更多的关注,也因为企业的资金有限,对其社会责任考虑不足甚至不予考虑,以牺牲企业周边环境利益为代价换取短期高额利润。同时,一些企业认为自己已经有了“安全生产基金”,再购买环境污染强制责任保险就是多余,①实则不然,“安全生产基金”的用途广泛,如进行安全宣传、教育和培训,事故损失赔偿费只是其中的一小部分,根本无法满足受害人的需要。在监管薄弱的地区,难免存在一些资金有限的企业把原本应投入于环保设备的购置、绿色生产技术革新等环保事业的资金挪作他用,埋下了环境污染的祸根。在环境强制责任保险的试点实践中,大多试点地区通过将辖区内环境高风险企业纳入投保主体范畴,大多数环境高风险企业碍于政府的情面无奈投保。但是,由于基本法律依据和相关配套机制的缺乏,投保企业缺乏持续的投保动力,环境污染强制责任保险的“强制性”无从发挥,容易导致环境高风险企业集中弃保,保险产品无法形成“大数法则”,很难实现救济环境污染受害者的初衷。因此,试点中出现了投保企业积极性较低的局面,集中体现为抗风险能力强的企业不愿投保、抗风险能力弱的企业无力投保。在现行的环境责任保险中,关于保险费率方面是按照行业划分来确定费率的,最低费率为2.2%,最高费率为8%。然而在赔付率方面却很低,早前很多试点城市赔付率仅为5.9%,有的城市甚至为零,无锡市在试点中仅将环境事故中的清污费用责

① 逄雪松、田宏:《我国环境污染强制责任保险发展问题研究》,《知识经济》2015年第1期。

任限额对应每次事故及累计赔偿限额档次的40%。显然，投保费率过高，反差相差如此之大的保费与赔付率让很多企业望而却步，不愿意投保。从2014年起，环保部开始统计全国投保环境污染责任保险的企业名单，第一年数据覆盖22个省近5 000家企业，而在2015年却减至17个省份近4 000家企业，有的城市原先投保的企业全都放弃了投保。为了避免这一困境，环境强制责任保险在确定费率时应当更加科学，在我国目前适用单一费率制度不能满足实际需要，鉴此，可对重点污染区域、一般污染区域、轻度污染区域的排污企业实行差别费率，并根据每个区域排污企业的排污程度不同，实行可浮动的保险费率。①从公平原则出发，对那些从事污染程度较高的行业制定相对较高的保险费率，例如石油、化工、煤炭、冶炼等行业，激励和引导这些行业积极采取环保措施；而对那些污染程度相对较轻的行业适用较低的保险费率。即使在同一行业中，由于不同的企业其采取的环保措施方面不同，其面临的风险也不尽相同，所以也应当对不同的企业实行不同的保险费率。但这就需要保险人具有良好的评估机制，准确判断相关企业的情况。保险人在评估时应当具体实地调查，考虑投保企业的业务种类、地理位置及周边环境、原料及其产品的环境风险危险性、全年生产总值或营业收入、环境保护安全措施和监视系统装备、过去发生环境事故的记录、过去环境保护的信誉记录等因素。为了更合理地制定环境责任强制保险的费率，激励投保企业加强自身管理，保险人可以对那些过去一年内没有发生环境污染事故的企业，在下一年适当降低其保险费率，连续没有发生环境污染事故的企业更应继续降低其保险费率，直至最低保费标准；如果投保企业连续若干年都没有索赔记录，当其偶尔发生一次索赔时，第二年也应当享受一定程度的保费优待；相反，如果一个企业多次发生环境污染事故，保险人应提高其保险费率，加大提高费率的幅度。通过将企业污染事故的发生和保险费率的高低结合起来，通过一定的保险费率进行调节，从制度上为企业采用环保技术、从事清洁生产提供刺激和引导，激发企业积极采取环保措施。②此外，法律法规在确定保险公司的免责事由之时应当更加慎重。

---

① 别涛、王彬：《保险费率因地而异承保机构可多元化——环境污染责任保险法律制度研究系列谈之六》，《中国环境报》2006年11月17日。

② 周巧、刘红林：《论我国环境侵权责任保险制度的构建》，《法学论坛》2003年第5期。

(二) 保险公司承保困惑较大

由前文所述,环强险因多种因素,目前的保险产品还不能形成“大数法则”,而且企业一旦发生环境污染问题,在承保范围之内,保险公司基本上都要赔付一笔巨额的保险款。保险公司作为盈利法人,主要从自己的经营利益出发,顾忌较多,对环强险的大环境还比较忧虑。纵观各国的强制责任险经营模式,大体可以分为两种:一是以营利为目的的商业化模式,市场主导,保险公司自主经营,自负盈亏,政府只起主导和监管作用;二是非盈利的保险公司代办模式,政府主导,保险公司按政府规定的费率进行承保,代缴代办,只收取固定的手续费,不承担经营风险。①环强险实施面对的难题之一就是要保证投保人和保险人的投保成本和收益达到一种平衡。我国目前的环强险的产品比较单一,只有 6 家保险公司提供环强险的产品,如表 3 所示:

表 3　国内保险公司提供环境强制责任保险产品汇总

保险公司	环境强制责任保险产品
长安责任保险股份有限公司	环境污染强制责任保险 水域船舶污染强制责任保险 绿色装饰装修工程强制责任保险
平安财产保险股份有限公司	环境污染强制责任保险
华泰财产保险股份有限公司	环境污染强制责任保险
人保财产保险股份有限公司	高新技术企业环境污染强制责任保险
安信财产保险股份有限公司	危险化学品安全强制责任保险
太保财产保险股份有限公司	危险化学品安全强制责任保险

从表 3 中的信息可以看出长安责任保险的环强险的产品最多,有三项。为了推进环强险的全面实行,为了满足市场不同企业的不同需求,保险公司应当研发更多种环强险的产品。从国外来看,如美国保险市场上与环境责任保险相关的保险产品多达二十种;日本根据本国特点对险种进行详细的划分,其环境责任保险包括地震保险、土壤污染保险、非法投弃风险责任保险以及油污赔偿责任保险,等等。鉴于此,有必要借鉴国外先进经验,结合

① 肖振宇、唐汇龙:《食品安全责任强制保险设计研究》,《保险研究》2013 年第 4 期。

我国的基本现实情况，不断丰富保险产品。当然这其中必不可少的是国家财政的大力支持。

（三）相关法律法规不完善

目前我国环境责任强制保险的立法情况如下：

表 4　国内环境责任强制保险立法情况汇总

分类	立法形式	领　域	立法名称（通过、修改年份）	条　款
全国性立法	法律	环境保护基础性立法	《环境保护法》(2014)	第 52 条
		土壤污染防治	《土壤污染防治法（修改草案）》(2017)	第 61 条
		海洋船舶油污防治	《海洋环境保护法》(2016)	第 66 条
	行政性法规	危险化学品内河运输污染防治	交通运输部《船舶油污损害民事责任保险实施办法》(2013)	第 1—20 条
		海洋石油勘探开发污染防治	国务院《防治船舶污染海洋环境管理条例》(2016)	第 53—54 条
			国务院《危险化学品安全管理条例》(2011)	第 57、92 条
			国务院《内河交通安全管理条例》(2002)	第 67 条
			国务院《海洋石油勘探开发环境保护管理条例》(1963)	第 9 条
		海洋油气矿产资源勘探开发污染防治	国务院《防治海洋工程建设项目污染损害海洋环境管理条例》(2006)	第 27 条
		专项部门规章	环境保护部、中国保监会《环境污染强制责任保险管理办法（征求意见稿）》(2017)	第 1—29 条
地方性法规	地方性法规	流域水资源保护及水污染防治	《湖南省湘江保护条例》(2012)	第 44 条
		大气污染防治	《陕西省大气污染防治条例》(2013)	第 21 条
	地方政府规章	土壤污染防治	《湖北省大气污染防治条例》(2016)	第 19 条
		环境保护地方法规		
		专项地方政府规章	《广东省环境保护条例》(2016)	第 61 条

从法律层面来看，《环境保护法》(2014)第 52 条对环境责任保险进行了原则性规定，并未明文提及环境污染强制责任保险；《海洋环境保护法》(2016)第 66 条仅赋予了环境污染强制责任保险适用于海洋船舶油污防治

领域的合法性;《土壤污染防治法(草案)》(2017)第61条规定"在土壤污染高风险领域建立环境污染强制责任保险制度",但该法尚在征求意见阶段。

从行政法规与部门规章层面看,环境污染强制责任保险的有关规定主要聚焦于海洋船舶油污、危险化学品内河运输、海洋石油勘探开发、海洋油气矿产资源勘探开发这4个环境高风险领域。但从体系的完整性、规范的可操作性等角度进行综合比较,仅有海洋船舶油污领域的法规规章能满足实践的最低需求。尽管环境保护部与中国保监会联合印发了专项的《办法(意见稿)》,但鉴于该办法尚未生效、法律位阶较低等缘由,环境污染强制责任保险的试点工作仍举步维艰。

总体来说,随着《海洋环境保护法》《船舶油污损害民事责任保险实施办法》《关于环境污染责任保险工作的指导意见》《关于开展环境污染强制责任保险试点工作的指导意见》等法律文件的颁布和施行,我国环境污染强制责任保险与20世纪90年代相比有了较为明显的进步,然而这些法律文件依然存在局限性。与西方发达国家的环境污染强制责任保险的法律法规相比,我国存在的问题主要表现在两个方面:一方面,规定环境责任保险的相关法律文件的法律效力不高,法律的强制性不够,影响了相关的法律在实践中的稳定性;另一方面,这些文件多是原则性规定,在赔偿的主体、范围、标准、举证责任、请求时效等方面也缺乏明确的规定,企业即使不投保也没有相应的惩罚措施,发生污染事故后可以不赔偿或赔偿很少。同时可操作性差,各个城市的规范性文件内容不同,强制投保的企业也不尽相同。这不利于在全国建立统一性的环境责任强制保险制度。

作为一个需要在全国推行的保险产品,我国的《保险法》并没有提及,甚至连一个类似于国务院颁布的《机动车交通事故责任强制保险条例》的法律规定都难觅踪迹,受害人的损失赔偿又少了一道保护屏障。因此,遵循绿色发展理念,构建起一个法律体系完善、监管体制明晰、立法内容丰富和配套机制健全的环境污染强制责任保险制度,是打破我国当前试点僵局的必然选择。①

(四) 环境污染强制责任保险的技术性危机

在环境强制责任保险实践中,保险公司对于投保企业的业务操作流程

① 曾立新、沈海滨:《美国环境污染责任保险发展的法律背景》,《世界环境》2011年第4期。

及技术水平必须熟悉，不仅各个行业千差万别，即使是同一行业，不同企业的选址地点、环保设施、工艺流程等方面也不尽相同，这就使得每个投保企业的环境责任风险各不相同。[①]这就要求保险公司必须有通晓环保技术和业务知识的人员对每一个保险标的进行调查、评估和跟踪，评估本身就需要统一的标准与机制。而且环境事故的发生往往是多种因素综合造成的结果，具有复杂性、专业性、突发性等特点，环强险在投保和责任发生之时都需要专业的技术人员对风险进行评估定价。因此，环强险需要专业第三方的加入，保持中立的态度。独立的第三方主体参与环境污染强制责任保险的运行全程是防范逆选择、道德风险的有效方式。但在实践中，无论是事前的环境风险评估，还是事中的环境风险监管，抑或是事后的保险理赔协助，第三方主体的参与度都严重不足。对此，国家财政应当大力支持，在全国设立专门的环境风险评估机构，加强与保监会，环保部等多部门的合作，解决这一困境。

在环强险中必不可缺的是对企业环境风险的实时动态监测机制，这是发挥环境污染强制责任保险综合功效的必备技术支撑，是统筹解决全国范围内环境问题的核心机制。由于环境动态监测机制的不完善，保险机构难以对投保企业污染源、生态环境评估等数据进行实时监测，无法获取企业风险管控能力、历年环境污染情况等重要数据，难于设计出既能有效培育保险市场又能合理管控污染企业环境风险的费率标准与保险条款。所引发的后果是环境责任保险和环境强制责任保险之间没有明确的界限。对此，笔者认为应当加强科技投入，对企业环境进行实时的监测，对于这一笔支出可以按照比例由国家财政、保险公司、企业三方进行承担。环境保护部门应当积极寻求与有关部门合作，共同建立环境污染风险动态监测数据库，重点收集全国各地环境高风险企业实时环境风险管控、环境污染情况等具体数据，并督促各试点省份建立有关环境污染强制责任保险各项活动的数据统计平台。[②]通过监测的结果确定环境责任强制保险投保企业，同时可以参照“首台套”保险制度以附录的形式列明环境高风险企业名录，但凡出现在此名录中的企业必须投保环境污染强制责任保险。此外，各地方政府、环保部门可

① 谢朝德：《我国环境责任保险制度建设的路径分析》，《金融与经济》2011 年第 5 期。

② 原庆丹、沈晓悦、杨姝影等：《绿色信贷与环境责任保险》，中国环境科学出版社 2012 年版。

以分别通过地方性立法、动态调控机制对上述名录中的企业范围予以细化和调整。

第三节 推行环境责任强制保险之具体构想

中共十八大将生态文明建设纳入中国特色社会主义事业“五位一体”总体布局，强调绿色发展、循环发展、低碳发展。当前，我国仍然处于环境污染事故的高发期，污染隐患多，突发环境事件频发，环境污染致害事件受到越来越多的关注，尽快构建属于我国的环境污染强制责任保险制度成了当务之急。针对环境污染责任强制保险制度的构建，最重要的莫过于该项保险的推行范围、承保范围以及保险人的责任限额等，针对上述内容，笔者会在下文中详细阐释。

一、完善配套法规与法律文件

目前我国对于环境污染强制责任保险制度的规定采用的是双轨制的方法，①环境污染责任保险试点存在法律性质上的任意性保险与政策试点中的间接强制双轨并行的现象。如我国现行的《环境保护法》第 52 条明文规定：国家鼓励投保环境污染责任保险。即法律对企业采取的还是自愿投保，不具有强制性。但我国也在一些地方通过开展保险试点的方式来间接实行环境污染责任强制保险，然而在环境污染责任保险缺乏明确的法律依据情况下，仅依赖保险公司和企业等个体的自发性，使得保险试点的结果不尽如人意。

20 世纪 90 年代初，保险公司和当地环保部门合作推出了污染责任保险，从 1991 年开始，我国先后在大连、沈阳、长春、吉林等城市进行过环境责任保险的试点，但范围不大，保险规模也很小，无法进行“大数法则”、数理统计的运用，只有几个或十几个企业投保，且投保呈下降趋势。有的城市由于

① 李萱、沈晓悦、黄炳昭、蔡飞：《我国环境污染责任保险试点“双轨制”困境与解决方案》，《环境与可持续发展》2015 年第 1 期。

没有企业投保，已处于停顿状态。总体来说就是试点工作很不成功。以湖南省为例，湖南省作为环境保险试点的省份之一，根据2013年颁布的环境保护部、中国保监会《关于开展环境污染强制责任保险试点工作的指导意见》，制定了《湖南省人民政府关于促进有色金属产业可持续发展的意见》《湖南省湘江保护条例》，虽然当中对环境责任保险和环境污染治理保证金方面提出了具体要求，但是并没有明确地建立起环境污染责任强制保险制度，所以导致在推行环境保险过程中的环境污染责任保险投保率很低，覆盖面不全。据统计，湖南全省14个市州的77个工业园区中共有企业8 434家，而一些重大风险污染风险源企业如化工石化、火电、钢铁、有色、医药、造纸、食品、建材等污染较重企业，依然散布在工业园外，绝大部分企业对环境污染责任保险的了解度和认可度不高，参与投保的企业数量不多，成为环境污染管理和保险的盲区。①2008—2011年，湖南省企业累计投保1 027家，保额12.3亿元，发生理赔54笔，赔款831万元。从中可以看出，如果环境污染责任保险不具有强制性，再多的法律规定也可能会成为一纸空文，难以达到对第三人合法权益保障的预期效果，所以强制企业投保环境污染责任保险非常有必要。

目前我国对于环境污染责任强制保险的规定，仅《国际油污损害民事责任公约》规定实施油污损害的强制责任保险，作为缔约国，我国《海洋环境保护法》第28条第2款规定，载运2 000吨以上的散装货油的船舶，应当持有有效的油污损害民事责任保险。但这些法律法规过于原则，缺乏具体的操作规程，更不用说对环境责任强制保险制度作出全面、明确的规定了，所以在强制保险是大势所趋的情形下，我国确立确定环境污染责任强制保险的法律地位刻不容缓。立法要与一国的经济发展状况相适应，不能脱离或者超越一国社会经济发展实际状况，或超越一国历史文化背景。分析我国的立法情况，有的只是一些政策文件，如国家环保总局与保监会联合推行的环境污染责任保险制度；有关环境责任保险的法律规范肇始于海洋环境责任保险，主要局限于油污损害强制责任保险和海洋石油勘探责任保险两个方面，我国并未建立比较完整的环境污染责任保险法律制度。

---

① 易令正：《湖南省推行环境责任保险存在的问题及对策探讨》，《经济研究导刊》2013年第7期。

二、区分环境污染责任强制保险的推行范围

从表面上看,国家出台法律强制企业投保环境污染责任保险是对企业自由选择权的破坏,但自由竞争的保险市场根本无法实现社会所高度重视的价值观,无法向受害人提供我们所期望的最低限度补偿,因此社会要求政府出面干预。[1]这是出于对公众利益保护的目的,因为在不推行环境污染责任强制保险时候,当发生环境侵权纠纷时候,往往由于侵权人的赔偿能力不足,再加上诉讼的过程往往要花费大量的人力、物力和财力,求偿的过程倍感艰辛,故许多受害人实际上得不到赔偿。理论上讲,应是谁污染,谁负责。但在环境污染事故发生后,由于企业对于巨额的损害赔偿金与治理费用根本无力负担,最终只能由政府来解决污染。据国家环保总局估算,我国由于环境污染造成的直接经济损失每年达 1 200 亿元,绝大部分经济损失最终只能由受害者、国家和社会来承担,2005 年政府仅因重大环境污染事件而支付的赔偿金额就高达 118 亿元。[2]所以当前污染事故发生后的民事赔偿、补偿大体是两种情况:第一种情况,政府出资救助污染受害者。第二种情况,发生污染事件之后,政府和污染企业都无力出钱救助污染受害者,污染受害的群众就会独自承受着污染损害的困扰,同时也陷入了一个漫长的上诉与打官司的过程中。[3]这种要么是受害人自己承担,要么就是由政府买单的结果,不符合"谁污染谁买单的原则",也是不公平的。这时候需要突破民商法的局限,进行以社会公共利益为价值取向、平衡协调私权和公权的环境强制责任保险立法。"市场失灵"需要国家立法干预,政府干预必须依法实施、尊重市场机制的基础性作用。早期的自由商品经济的核心是市场在资源配置中起基础性作用,经济运行依靠"看不见的手"维持,但是竞争机制、价格机制等所带来的"市场失灵"导致了经济秩序的扭曲,于是自由市场经济被现代市场经济所代替。现代市场经济的特点是市场在国家的宏观调控下对资源进行配置,反映在法律上就是国家通过经济立法对私法领域的市

---

① [美]小罗伯特·H.杰瑞、道格拉斯·R.里士满:《美国保险法精解》,李之彦译,北京大学出版社 2009 年版,第 3 页。

② 阚小冬:《论保险产品证券化对环境责任风险的控制》,《福建金融》2007 年第 9 期。

③ 杨朝飞:《环境污染损害谁埋单》,《中国改革》2010 年第 9 期。

场运行进行干预，这就使包含强制性责任保险的环境责任保险立法成为必然。所以我们也必须注意到如果对企业的种类不加以区分，全面实行强制责任保险，这种一刀切的做法实质上就是在剥夺部分环境污染风险小的企业的选择权，一方面，企业的经济负担变得更加沉重，另一方面，长此以往，国民经济的发展势必会受到不利影响。

环境强制责任保险，是国家行政干预市场的典型体现，但这种干预切忌过分干预市场和经济的正常运行。国家立法干预市场，有一个前提是为了更好地发挥市场机制的作用，不能干预控制市场甚至替代市场，更不能排斥或改变市场机制的基础性作用。若全面实行环境强制责任保险，将会剥夺市场上很大部分非严重污染企业的选择权，加重了企业负担，从长远来说也不利于社会经济的发展，反而可能会使这一很好的制度因运行成本太大违反市场机制而遭淘汰，违背了责任保险的市场化基础。我国环境强制责任保险制度设计，要明确其定位，那就是仅限于通过国家强制对"市场失灵"可能造成很大损害部分的矫正。对比外国的做法，他们也不是要求所有企业投环境责任险。起初，德国企业虽然都会投保责任保险，但当时德国的一般责任险条款明确规定，投保人对环境产生影响而造成的损失属于除外责任，环境责任只能通过特别的保险条款来保障，所以实质上是没有强制的环境责任保险，直到1991年《环境责任法》实施之后，开始实行环境强制损害责任保险。美国开始是企业自愿购买环境责任保险，保险人也只对非故意的、突发性的环境污染事故所造成的人身、财产损害承担保险责任。随着经济发展、企业工业化过程中的污染逐步为社会所认识、重视、警惕，形成了一般性的环境污染责任保险和严厉的有毒物、危险废弃物环境强制责任保险，理由是土壤很难像水或空气一样自我净化，必须要人工清理掉污染物。

对于环境责任保险的推行范围我们可以先分析各国的环境立法模式，再根据我国国情，选择最适合我国的环境立法模式。国外有以下三种环境责任保险的立法模式：第一种，以德国为代表，即采取强制责任保险与财务保证或担保相结合的环境责任保险制度。该国《环境责任法》第19条规定，"为了保证某些特别危险设备的经营人能够承担本法规定的赔偿责任，设备经营人必须与保险公司订立保险合同，约定一旦发生特定的损害，保险公司即予以赔偿"；第二种，以美国为代表，即采取强制责任保险为原则的制度。

美国针对有毒物质和废弃物的处理、处置可能引起的环境损害赔偿责任实行强制责任保险制度;第三种,以法国为代表,即采取任意责任保险为主,强制责任保险为辅的环境责任保险制度。各国环境立法的完善程度体现了各国治理环境风险所采取的方式,严重影响环境责任保险模式的选择。环境责任保险选择,必须与各国法律的体系和司法状况相适应。那我国应采取怎样的模式呢,如若采取任意性责任保险模式,由企业自主选择投保,就有可能出现保险试点一样的情形,很有可能导致我国环境责任保险制度发展缓慢,难以适应我们环境保护的现状。若实行单一的强制责任保险,从投保人方面看,会受到投保人投保积极性较低的阻碍,也剥夺了污染较轻企业的选择权,加重了企业负担;从保险机构方面看,我国保险业起步较晚,保险环节的各种配套制度尚未健全,我国保险机构还不具备在全国普遍承保这项高风险业务的实力;从道德风险上看,则有引发道德风险危机的可能。在被保险人投保后,从当前我国企业的环保意识来看,企业有可能会以牺牲环境为代价,蓄意引发环境风险,以提高保险费率,造成社会不必要的损失。这不仅使保险人损失巨大,影响其企业声誉,也不利于环境保险业的良好发展。

根据我国地区、行业环境污染程度的不同,我国环境责任保险的保险模式选择应该是将强制性环境责任保险模式与任意性环境责任保险模式相结合,应规定对产生环境污染最严重的行业,如化工、采矿行业实行环境责任强制保险制度。根据2013年发布的《关于开展环境污染强制责任保险试点工作的指导意见》(以下简称意见)的规定,只有涉重金属企业被纳入了强制责任保险范围,意见明确了重金属污染物的种类,以及重金属污染防控的重点行业,包括重有色金属矿(含伴生矿)采选业、皮革及其制品业、化学原料及化学制品制造业等五种行业,然而,石油天然气开采、石化、化工等行业企业、生产、储存、使用经营和运输危险化学品的企业、产生、收集、贮存、运输、利用和处置危险废物的企业,以及存在较大环境风险的二噁英排放企业却被列入鼓励投保而非强制投保的范围,像火力发电、煤炭行业、核设施经营单位等企业甚至未曾提及。这并不意味着除涉重金属企业的其他污染行业的环境污染风险就低于重金属污染物行业,根据环境保护部2015年1月23日通报的2014年突发环境事件基本情况,全国突发环境事件471起,包括重大事件3起,其中之一就是广东省茂名市一家汽车维修厂将四辆罐车油污通过暗管直通白沙河，导致附近两所中学共97名师生因吸入有害气体入院治疗。因此，除了意见规定的强制投保企业外，鼓励投保环境污染责任保险的企业在今后的立法中也应当纳入强制的范围内。截止到2014年9月4日，中国大陆已建成并投入商业运行的核电站有8个，同时还有大批的核电站正在建设或准备筹建，虽然到目前为止，我国并没有发生核污染事故，但经考察世界其他国家的实际，核设施还是存在巨大安全隐患的，因此，核能行业也应纳入环境污染强制责任保险的范围。另外，一些企业虽不属于上述所提到的涉重金属行业、石油化工等行业，但由于它们地理位置的特殊性，也要纳入强制责任保险的范围，如位于“环境敏感区”的造纸厂等。[①]对于上述行业的企业，必须要求每年只有在投保环境责任强制保险后，才能进行年检。对于新设立的上述行业的企业，要求设立人只有在对企业投保了环境责任强制保险后，工商行政管理部门才予以登记。而对于一些污染相对较轻的行业，政府应给予积极引导，利用政府的威信使企业自愿购买环境责任保险。此外，对于实行环境责任强制保险的行业，政府还可以鼓励企业就超过强制保险责任限额的部分自愿投保商业环境责任保险。综合上述，我国环境责任保险的保险模式选择应该是将强制性环境责任保险模式与任意性环境责任保险模式相结合，以前者为主，后者为辅。即在不同的地区和行业实行不同的模式，但在主要行业实行强制性责任保险，这样才能更好地适应我国国情。

三、限定环境污染强制责任保险制度的承保范围

保险虽然可以帮助企业投保人转嫁风险，使企业不至于因为环境侵权承担巨额的赔偿责任。但是由于转嫁的风险由保险人承担，如果不能很好地界定保险公司的承保范围，承保的范围过宽，保险人承担的风险太多，给保险人的责任过多，导致保险市场停滞不前。美国的环境污染强制责任保险制度的进程给了我们很大的启示，20世纪70年代，美国的民众开始关注自然环境以及经济发展对它的影响，在这一时期出现了大量的环境立法，企业面临的环境责任也越来越多，如《清洁水法》《清洁空气法》《资源保全与恢

① 别涛、王彬:《环境污染责任保险制度的中国构想》,《环境经济杂志》2006年第11期。

复法》和《综合环境反应、赔偿和责任法》等法律。这些法律的出台也产生了大量的环保需求，环境污染保险制度也迅速发展起来，[①]但是由于20世纪70—80年代的美国环境保护立法和释义都是基于"补偿受害者"的最高原则，加上对于保险人的承保范围过宽，如以1983年新泽西杰克逊镇的一场环境污染诉讼为例，这个案例中，保险公司认为污染是因为垃圾填埋场的有毒物质逐渐渗漏造成的，而公众责任保单上明确规定了仅承保"突发和事故性"污染，因此保险公司拒绝提供5 100万美元的辩护和赔偿费用。然而新泽西的法院判定突发并不仅仅指一瞬间，只要污染不是故意行为造成的，那么就符合事故的定义。诸如此类的案例比比皆是，超出了保险人的预期，所以保险人因此承担了巨大的额外责任，导致保险人的保费收入与赔偿损失严重不平衡，如以1983年为例，全年承保渐进性的环境污染责任的保费收入为3 500万美元，而保险公司需要偿付的损失约为900万美元。所以导致到了1985年，市场上只剩2家保险公司承保环境损害风险。因此从美国初期阶段的环境保险的蓬勃发展到后来环境损害责任保单在市场的供给量上微乎其微可以看出，限定环境污染强制责任的范围非常有必要，因为不利于保险人控制环境风险的法律条款和司法解释抑制了保险公司的供给，导致保险市场很难发展起来。我国环境责任保险正处在发展初期，要建立健全环境法律法规，但这一过程要与保险人控制环境风险的目标达成妥协，否则环境责任保险市场很难发展起来。[②]

随之而来的是我们应该采取哪些措施来限定环境污染强制责任保险制度的承保范围，从而能够使保险人控制环境风险。各国基本都是采取合理设定环境污染赔偿责任保险的除外责任。各国对于责任免除的规定是怎样呢，如日本的保险公司在广泛研究和实践的基础上，对环境污染赔偿责任保险的免责事由进行了合理设定。日本学者将不同保险公司规定的免责事由归纳为以下13类：[③](1)保险合同缔约人、被保险人故意或故意违反法令；(2)基于与保险合同开始前已经提起的赔偿请求相同或者相关联的环境污染而提起的赔偿请求；(3)在缔结最初的保险合同时被保险人已经知道或者

---

①② 陈冬梅、夏座蓉：《析美国环境保护立法、司法及环境责任保险市场的发展》，《东岳论丛》2012年第2期。

③ 赤堀勝彦：《最近の環境法規制のもとにおける企業のリスクマネジメント》，《神戸学院法学》2008年。

可以预见的环境污染所引起的损害赔偿；(4)地震、火山、洪水、涨潮、海啸等造成的自然灾害；(5)酸雨、恶臭、噪音、振动、地表下沉、日照不良等引起的赔偿责任；(6)起因于油田、矿山、海洋设施的环境污染；(7)起因于飞机、船舶和汽车的环境污染；(8)存在有关损害赔偿特别约定加重的赔偿责任；(9)被保险人的职员或雇员在从事被保险人的业务过程中因暴露于环境污染所遭受的身体损害的赔偿责任；(10)被保险人的场地内所产生的损害或者污染净化费用；(11)因不动产价格下跌而造成的赔偿责任；(12)非被保险人占有的废弃物所造成的环境污染；(13)对被保险人提起的制止请求。德国规定如果责任事故是发生在被保险企业地域之外，可预见的经常排放物引起的损失排除在外。法国责任保险采用两种方法限定承保责任范围，一种是列举法，即列举出属于保障范围内的风险，不在列举范围内的风险不在承保的责任范围之内；另一种是排除法，只保障除了明确列举出的风险以外的所有民事责任风险。[1]我们可以看出，相比之下法国和日本对于责任免除的规定十分详细具体，而德国对于保险责任的免除规定较为粗略，保险责任范围比较宽泛，其实这一方面与每个国家对于环境的重视程度有轻重之分，毕竟德国关于环境的立法被称为"最绿色的法"；另一方面还与一国环境保险市场的发展有关，德国对于环境污染保险有着较为系统的立法体系，高科技的执法，保险人的风险评估机制较为先进，保险人已经能够更加精确地估计自身的损失。所以保险人可以承保比较宽泛的保险范围。针对我国环境保险市场的发展，由于保险技术的不发达、保险人对很多风险不能很好地进行评估，所以应将保险人不能评估的风险列为环境污染责任保险的除外责任。

然后对于保险人的故意行为是否应规定在除外责任之中？根据《侵权法》第 65 条规定，环境侵权采用无过错原则，无论被保险人有无过错，给第三人造成了损失都应承担赔偿责任。被保险人与第三人之间是环境侵权法律关系，采用的是严格责任。据此有些人认为保险责任当事人——保险人与被保险人之间的关系也是严格责任，无论被保险人有无过错，被保险人都应该承担保险赔付责任。这种推导是不正确的，因为首先保险人与被保险人之间的关系是合同关系，当被保险人故意的行为造成环境侵权给第三人

---

① 杨辉：《欧洲环境责任保险法律制度审视及启示》，《中国保险》2010 年第 3 期。

带来损失的时候，有致使第三人受害的目的，这时候被保险人的故意行为应是环境污染责任保险的除外责任，保险人不用承担赔付责任。

其次，环境污染事故的发生形式可以分为突发性和渐进性环境侵权损害，对于“突发”与“渐进”又可细分为事故起因突发或渐进、对人身或财产的影响突发或渐进。①因为环境污染强制责任保险设立的最重要的目的是为了弥补受害人所遭受的损害，对于渐进性的环境污染侵权损害是否也应列在除外责任呢？是否需要规定承保渐进性污染，是一直在争论的问题。有很多学者考虑到客观上渐进性污染的大量存在及其规制的需要，明确建议要将渐进性污染纳入环境责任保险立法。②众所周知，保险要有可保风险即特定的风险，风险的存在是构成保险的一个要件，无风险则无保险。可保风险，也称可保危险，指可被保险公司接受的风险，或可以向保险公司转嫁的风险。这种风险，必须具有不确定性，即发生的范围、时间、地点、原因和损失程度都不确定，不可能发生或者肯定要发生的风险，不能构成保险风险。这种可保风险是一种非预料、突然爆发的风险事故，具有意外性，风险的发生是不可预知的或不可抗力导致的，不具有必然性，那种有计划的行为导致的风险事故不属于可保风险。按照保险之可保风险原理，保险公司只对外来的、突发的事件导致的索赔承担保险责任，渐进性污染不在可保范围内。③

但实际上我国目前环境污染大都是属于渐进性污染，所谓渐进性污染是指随着时间的流逝，逐渐对环境造成的污染，如由于工业及生活废气的排放、由于工农业生产污水排放等，造成大气、土壤、水质逐步恶化。有鉴于此，一些学者提出“将渐发性事故造成的民事赔偿责任也纳入我国环境责任保险的承保范围内”。外国保险人也开始逐渐对渐进性环境侵权损害赔偿进行承保，如德国对于渐进性环境污染侵权损害的态度在慢慢放开，德国起初对“渐进性污染引起的损失”环境污染责任不予保险，列为除外责任，但从1965年起，保险责任范围逐渐扩大，保险人开始保险水体逐渐污染损害赔偿责任，从1978年起，又对大气和水污染造成的损失赔偿责任承保；法国一开始没有专业的环境污染损害保险，就企业可能发生的水污染事故或

① 李松：《环境损害责任保险介绍》，《保险研究》2004年第6期。

② 邹雄：《对环境侵权责任保险制度若干问题的思考》，《广州大学学报》2006年第5期。

③ 蓝寿荣：《我国环境责任保险立法若干问题释疑》，《法学研究》2013年第6期。

大气污染事故，以传统的一般责任保险单加以承保，后来1977年，由外国保险公司和法国保险公司组成污染再保险联营，制定了污染特别保险单，承保范围由偶然性、突发性的环境损害事故扩展到因单独、反复性或持续性事故所引起的环境损害。但是我们可以看出，德国与法国现在虽然会对一些渐进性环境污染侵权损害承保，但也是在环境保险市场的发展比较成熟时，才开始承保的。考虑到我国环境污染强制责任保险尚处在摸索阶段，不同的保险公司在实践中对渐进性环境侵权损害的保险费用、保险期间等因素的判断和决定还不足够成熟，在现阶段，应将突发性的环境污染事故列入强制保险承保范围，对于渐进性的环境污染损害可由投保人自由选择，保险人也可根据自己的实际经营水平决定是否承保，待整个保险行业的经营经验更加丰富时，再将渐进性环境污染事故统一纳入强制责任保险承保范围。所以，综合上述，我国应该将保险人运用现有的技术不能很好地评估的风险和被保险人故意的特定行为，渐进性的环境污染损害列为除外责任。

四、保险人之责任限额

在实践中，关于环境污染强制责任保险的另一个焦点就是责任限额的设置。有了环境责任保险后，会鼓励企业排污冒险，是很多人担忧的问题。如果以后普遍推行环境责任保险，包括环境强制责任保险，有些学者又提出了另外的担心，当企业有了环境责任保险这道应付污染事故赔付的防波堤之后，会不会不再顾忌排污、变得有恃无恐了呢？对于大部分企业来说，竞争本来就非常残酷，降低成本的压力已经让一些缺少知识产权、缺少驰名品牌产品的企业微利经营，有了环境责任保险对受害人赔付的转移，很可能会使他们减少对污染损害的顾忌，引起道德风险。那如何控制企业的道德风险呢？损害赔偿原则原是指有损失才赔偿，设置赔偿责任限制有利于防止被保险人通过保险获取额外利益，减少道德风险。运用在环境责任保险中，可以设置限额责任赔偿和免赔责任额，以提示企业自己尽其必要的注意义务加强污染事故的防范。限额责任赔偿是指保险人只承担事先约定的损失额以内的赔偿，超过损失限额部分，保险人不负赔偿责任。美国和德国的环境责任保险立法，都针对不同特定领域的特定损害规定有明确的赔偿限额。①

实行责任限额可以减少环强险推行后的道德风险,因为保险公司只是对保险金额范围内的损害进行赔偿,这时的保险金额是小于受害人实际遭受的损失的总和,即保险公司不对环境污染损害全额赔付,在环境污染事故发生后,被保险人为了最大限度地减少自己损失,会积极地采取措施防止损害的扩大,而受害人则考虑到强制责任保险并不能完全覆盖自己遭受的所有的损失,他们也会积极地防害抗害,产生与被保险人一道从整体上降低环境侵权危害性的实际效果。实行责任限额,也是对保险人清偿能力的一种保护,避免环境侵权事故对整个保险行业产生的负面影响。

当投保人仅向一家保险公司投保时,保险金额由双方协商确定,即使可能有的保险公司利用谈判优势地位,存在高保费,低保额的现象,投保人迫于压力签订保险合同,法律也不必对此进行强制性规定,一是因为在市场竞争越来越充分的条件下,投保人有多家保险公司可以选择,故前述保险公司必将被淘汰;二是投保人可以显失公平为由撤销合同。当投保人向多家保险公司投保,即在重复保险情形下,以当事人约定为准;没有约定的,各保险人的责任限额等于实际损失乘以各保险人保险金额与总保险金额的比例。假设存在 A、B 两个保险人,A 的保险金额是 6 万元人民币,B 的保险金额是 5 万元人民币,投保人实际损失 4 万元人民币,则 A 的责任限额＝4×6/11, B 的责任限额＝4×5/11。

五、结语

环境责任保险法律制度是规范工业化污染所致环境损害的有效制度安排,是国家立法干预市场的体现,但这种政府干预须尊重市场机制的基础性作用,要遵循保险业务运行的基本原理,要与一国的经济发展状况相适应,不能脱离或者超越一国社会经济发展实际状况和历史文化传统。鉴于我国目前高发的环境事件和现有的《环境保护法》《保险法》均未对环境责任保险予以明确规定,所以我国应当立即健全关于环境污染责任保险的法律,使其有法律保障。并且,在推行环境污染责任保险时,应当将强制性环

① 熊英、别涛、王彬:《中国环境污染责任保险制度的构想》,《现代法学》2007 年第 1 期。

境责任保险模式与任意性环境责任保险模式相结合，区分地区与行业，使环境污染责任保险适应我国国情。其次考虑到我国环境污染强制责任保险尚处在摸索阶段，不应给予保险人太多的责任，要与保险人控制环境风险的目标达成妥协，防止环境保险的发展停滞不前。最后，对于环境污染强制责任保险要设置责任限额，有利于防止被保险人通过保险获取额外利益，减少道德风险。

第七章 我国环境责任保险市场面临之困境与现实对策分析

第一节 我国环境责任保险市场发展面临之困境

一、问题的提出

近年来，伴随着工业化、城镇化进程节奏的加快，我国亦发生了一些影响较大的环境污染事件，不仅重创了国民经济发展和生态文明建设，同时对社会公众健康维护也造成了难以弥补的损失。在这样的背景下，如何平衡经济发展、生态环境建设、公众生活等各方利益，填补并预防因经济快速发展造成的环境损失成为我们不容回避的关键问题。通常来说，在环境污染事件突发时，我们惯于在传统的侵权责任法中寻求庇护，但“个人化的环境责任承担方式是化解环境危机等的初始途径”，①要求个人承担环境污染责任往往会受到风险过高、责任过重的束缚；且基于环境污染事故的累积性、高技术性、强破坏性等特点，传统侵权法在承担环境责任时也面临着理论桎梏和实践障碍。

由此，环境责任保险作为实现环境侵权责任社会化的重要途径应运而生。目前，我国没有一部法律或法规明文规定，我国的环境污染责任保险是属于自愿方式还是强制方式，但是根据 2013 年 1 月 21 日环保部和保监会联合发布的《关于开展环境污染强制责任保险试点工作的指导意见》，我国对涉重金属企业、按地方有关规定已被纳入投保范围的企业、其他高环境风险企业施行环境污染责任强制保险制度（简称环强险），其他相关企业施行

① 陈芳淑：《环境责任保险法律制度研究》，西南政法大学博士学位论文 2010 年。

的是环境污染责任自愿保险制度。

我国自20世纪90年代开始实施环境责任保险制度，取得了积极的社会反响：数个保险产品纷纷投入市场，各地试点工作稳步推进，多方协调工作机制不断完善；环境责任保险制度在分散企业经营管理风险、发挥保险的社会管理功能、较为迅速、便捷地补偿受害人损失等方面日益发挥着不容小觑的优势。但就现实情况来看，我国环境责任保险尚处于发展上升初期，相关配套的法律法规制度不健全，运作机制不完善，产品设计不合理，投保企业环保意识及风险控制意识淡薄，政府及相关部门关注度明显不足，上述问题迫切需要我们加以研究。

二、从任意性保险到强制性保险：我国环境责任保险的发展历程

开展环境责任保险制度是适应我国保险业市场快速发展、平衡发展、专业发展的需要；同时也是贯彻并落实科学发展观、加强创建生态文明的需要。假设我国建立起相对健全的强制性环境责任保险制度，那么高环境风险企业在作业和生产的过程中，基于严格的法律和政策的敬畏，就会提高环境风险防范意识，谨慎作业，尽量避免环境侵权行为的发生。因此，为了加紧提高污染企业的环保规范意识，更有力地维护环境污染受害人的合法权益，我国从20世纪90年代开始试点施行环境责任保险制度。至今，从任意性责任保险到强制性责任保险，我国环境责任保险制度实现了从政策支持到法律支持的阶段性跨越。

（一）1991—2005年：环境责任保险在我国的初步开展

20世纪90年代初，环境责任保险制度就在我国出现。1991年，我国保险公司和各地环保部门就环境责任保险开展了合作工作，首先在大连试点，随后在沈阳、吉林、长春等城市相继展开。①但据当时调查数据显示，试点结果并不理想。以最初开展环境责任保险的大连为例，即使经过广泛的宣传，开展工作四年后仍仅有14家企业投保，保险费累积至多200万元；而在沈阳，投保人仅有9家，吉林和长春分别是1家和0家。②究其原因，除了当时

① 陈立琴：《论环境污染责任保险制度》，《浙江林学院学报》2003年第3期。

② 刘耀棋：《我国开展污染责任保险的现状与展望》，《中国环境管理》1996年第6期。

普遍采用的是任意性投保模式，国家未对企业承担的环境责任给予足够的压力之外，还有我国企业环境保护意识不强，过于注重自身利益，认为投保不划算的问题。因此，有学者认为，即使进行了广泛的宣传，环境风险也难以得到大多数企业的关注①。

环境责任保险政策发展到21世纪初期，虽然保险公司险种规模有所扩大，投保企业有所增加，但总体发展距预期水平仍相去甚远。我国责任保险费收入在整个财产保险收入中比例不到5%，与发达国家的20%以上相比还有较大的差距，且投保企业数量呈下降趋势，甚至在某些地区，某些险种还处于停顿状态。②因此，我国从20世纪90年代开始发展的环境责任保险政策几近失败，政府既未对环境保护和保险领域制定强制性的法规政策，也未完善政策推进的运作机制建设，再加上企业往往从自身利益考虑，环境保护和风险防范意识淡薄，环境责任保险制度的发展停滞不前。

（二）2006—2011年：环境责任保险在全国范围的推广

进入21世纪之后，我国相继发生了数起危害大、影响范围广的突发性环境污染事件，如紫金矿业污染事件③、松花江水污染事件④等，据统计，仅2005年我国共发生大小环境污染事件1 406起，造成直接经济损失1.05亿元。⑤据此，国家再次着手推进环境污染责任保险制度的发展。2006年6月，国务院出台了《关于保险业改革发展的若干意见》，提出要大力发展责任保险，将环境责任保险作为一个重要发展领域。2007年12月，原国家环境保护总局和中国保险监督管理委员会又联合印发《关于环境责任保险工作的指导意见》，启动了环境责任保险政策，开始在全国范围内推广环境责任保险的试点工作。自该意见正式出台，试点示范工作全面启动，江苏、湖北等省市做实试点地区纷纷开展的相应工作，并在污染事故处理和赔偿受害人方面起到了积极的作用。2008年12月，环保部向媒体发布了全国首例

① 参见李华思：《论我国环境责任保险制度——以渤海溢油事故为切入点》，《安徽农业科学》2013年第9期。

② 王寒：《责任保险制度初探》，《当代法学》2002年第6期。

③ http://www.legaldaily.com.cn/index_article/content/2010-07/28/content_2213617.htm?node=5954，2019年7月5日。

④ http://www.h2o-china.com/news/42526.html，2019年4月6日。

⑤ 周纪昌：《我国开发环境责任保险的战略选择》，《金融理论与实践》2007年第5期。

环境责任保险案例。[①]

从国务院发布的相关文件我们可以发现，我国环境污染责任保险从提出概念到鼓励企业参加环境污染责任保险，不仅体现了国家对环境污染责任保险日益提升的关注度，更意味着国家开展环境污染责任保险制度的信心和决心，且有加强发展之趋势。但应当强调的是，在这一阶段，我国的环境责任保险仍然是任意性责任保险——上述指导意见在实践操作过程中不具备强制性。环境责任保险制度虽然距第一阶段有所进步，但各地企业投保积极度并不高，环境保护效果并不明显。据平安财险的统计数据显示，全国投保环境责任保险的企业数量占全国排污企业的数量一直偏少。

分析主要原因列为以下三点：第一，从政府公职部门来看，我国虽然出台了一些指导意见鼓励企业投保环境责任保险，但未完善相应的配套实施机制，且该阶段仍采用任意性保险模式，当然无法达到更好的效果；第二，从保险公司角度，环境责任保险作为一种新兴事物，缺乏规范的法律依据和具体的操作规范，当然也隐藏着种种不可见的风险，多数保险公司并不愿意冒险经营，且环境污染事故往往危害性更大，较之一般的保险事故，可能存在超出保险公司承受能力的风险；第三，从投保企业出发，由于缺乏国家对环境责任保险的强制性措施，企业并不注重环境责任保险，环境保护意识和环境风险防范意识淡薄，常存在侥幸心理，另外，较高的保险费率也让很多企业，尤其是环境风险较小的企业难以承受。由此来看，建立较为普遍的环境责任保险制度仍受种种客观条件的禁锢。

（三）2012 年至今：我国初步建立强制性环境责任保险制度

鉴于环境责任保险制度在我国一直踯躅停滞不前的发展状况，2011 年底，国务院发布了《国家环境保护“十二五”规划》，指出，“十二五”期间，我国将健全环境责任保险制度，研究建立重金属排放等高环境风险企业强制责任保险制度。这是我国首次提到强制性环境责任保险的政策性文件，为今后开展试点工作奠定了基础并提供了依据。2013 年 1 月，环境保护部与保监会联合印发《关于开展环境污染强制责任保险试点工作的指导意见》，对前述《国际环境保护“十二五”规划》进行了具体化，明确了强制投保企业的

① 袁雪：《论我国实施强制性环境责任保险制度的可行性——以环境责任保险制度的发展演进为视角》，《生态经济》2015 年第 1 期。

范围。将实行强制性环境责任保险的环境污染企业的范围从原来的重金属排放企业扩大到其他高环境风险企业和依据地方性立法被纳入投保范围的企业,并为保险监管部门、保险公司和投保企业明确了具体的操作要求规范。这一指导意见的出台,更加彰显国家治理环境污染的力度和决心。

国家推动强制性环境责任保险制度建设的主要目的是充分发挥其在社会管理方面的突出作用:其一,利用保险机制加强对污染事故受害人的保护,更好地维护受害者的综合利益;其二,当前强制性环境责任保险在我国的定位应该是政策性保险,而且是社会性政策保险,不是普通的商业保险,①政府拟以强制性环境责任保险,加强对企业的环境风险管理,增强企业的环境风险防范意识和环境保护意识;其三,环境损害发生后受害人能得到及时有效的赔偿以弥补环境污染带来的损失,用已获得的赔偿去治理已污染的生态环境,进而更好地实现保护环境,加强生态文明建设的最终目标。

三、我国环境责任保险市场的发展现状及存在问题分析

伴随着经济建设脚步的加快,环境污染事件亦随影而至,我国的生态环境遭受重创。如上文所述,基于环境污染事件的频繁发生,政府相继出台了一系列政策性文件,为环境责任保险制度的构建奠定了政策基础。2014 年 4 月 24 日,修订后的《环境保护法》颁布,明确将环境保护作为一项基本国策,其中第 52 条规定了国家鼓励投保环境责任保险,为构建强制性环境责任保险制度提供了直接的法律依据。该修订案的颁布说明了我国政府正在进一步加大环境保护的力度,对于环境责任保险的态度逐渐从政策层面向法律层面过渡,保险模式逐渐由任意性保险模式过渡到强制性保险模式。

毫无疑问,在相关部门的政策支持下,当前环境责任保险制度的实施取得了积极良好的社会反响,数种环境污染责任的保险产品投入市场,试点地的工作稳步推进,环保与保监的协调工作机制不断完善,全国环境污染责任保险制度的发展取得了阶段性的进步。但总体来说,我国环境责任保险尚处于发展上升初期,自身发展还存在诸多问题:

---

① 卢代富:《企业社会责任的经济学与法学分析》,法律出版社 2002 年版,第 96—98 页。

（一）投保人的保险需求不足

无论是 20 世纪 90 年代的零星试点还是现阶段的重点试点，环境责任保险在推行过程中存在的最大问题便是投保人的积极性不高引起的保险需求不足，环境风险不能按照“大多数法则”在社会上分散，以至于不能完全发挥环境责任保险应有的作用。“由于投保人的保险需求不足，环境责任风险无法在众多的污染企业中分散。”①从试点情况来看，目前的参保企业以危险化学品生产、经营、存储、运输、使用企业和钢铁、有色金属冶炼、电镀、危险废物处置企业及航运等风险相对集中的中小企业为主，而对于资金实力雄厚、污染工作防治到位的大型企业来说环境责任保险的吸引力远远不足，这些企业不愿意选择较之自己来说投入高、回报低的环境责任保险，从而导致其业务覆盖范围受限，风险无法分散。

（二）保险公司评估分散风险能力不足

环境责任保险要求保险公司应当具备较高的风险评估能力，差别费率更要求建立在科学的风险评估之上。理论上，风险评估可根据企业所属行业、产品类型、生产规模、安全措施等因素综合评价，但在实践操作中，它要求保险人具有了解相应信息的能力与途径，并具有相应的风险识别、分析与评价能力。一般来说，作为盈利性企业的保险公司往往没有上述能力；且由于保险公司厘定费率缺乏足够的经验数据，保险责任准备金不充足，又没有良好的分散风险体系，便只能通过高费率解决这一矛盾。因此，环境责任保险的费率相较于国内其他险种往往是数倍增长态势，这也削减了投保企业对投保环境责任险种的兴趣。

（三）保险承保范围有限

“保险责任涵盖范围的大小与责任风险的大小及保险机构的赔付能力有关。”②即若保险责任涵盖范围越大，保险机构承担的责任风险越大，其赔付的压力就越大，进而必然影响商业保险公司的赢利水平。因此，如何根据我国企业的实际情况设计合理的环境责任承保范围，既关系到保险公司的未来发展，也关系到环境责任保险制度是否能够在我国顺利开展。③

---

① 陈芳淑：《环境责任保险法律制度研究》，西南政法大学博士学位论文 2010 年。

② 陈玲：《关于推行环境责任保险若干问题的思考》，《上海金融学院学报》2009 年第 2 期。

③ 熊英、别涛、王彬：《中国环境污染责任保险制度构想》，《现代法学》2007 年第 1 期。

在我国环境责任保险的实践中，保险人出于尽量降低赔付率、避免过高赔付责任压力的考量，往往只把突发性污染事故造成的民事赔偿责任作为保险标的，而将企业正常、合法的排污行为所引起的渐发事故排除在保险责任之外。同时，责任补偿范围也只限于对受害者的损失，忽略环境污染本身的损失，未充分地将资金同时运用到弥补环境污染本身造成的对自然的损害，致使环境责任保险逐渐缺失其应有的价值。

(四) 环境责任保险承保模式不合理

根据我国相关法律法规的规定，我国目前的环境责任保险仍普遍采用的是任意性保险模式。在任意性保险模式下，企业是否投保取决于自身意愿，不具有强制性。正如国内第一家推出环境污染责任保险的外资保险公司美亚保险，至今只有外资企业购买过。①大多数企业为了追求自身利润最大化，对环境责任保险持观望态度，当污染事故发生后，对污染事故的赔偿持不主动、不自觉的立场，置环境污染于不顾，更无暇考虑利用保险方式进行预防性补偿；加之不少企业风险意识淡薄，存在侥幸心理，不愿意投保环境责任保险，严重影响了环境风险的分散，致使环境污染事故引起的环境破坏、受害者得不到救济的困境屡见不鲜。

(五) 保险属性定位不明确

基于保险性质的不同，可以划分商业保险和政策性保险：商业保险遵循等价有偿的商业原则，其保险公司以追求利润最大化为经营目标，体现投保人的任意选择性；而政策性保险一般承保的都是关系到国计民生、风险大、利薄，甚至亏本的项目，多数要求强制投保并且政府通常给予一定程度的财政支持，侧重于社会宏观经济效益。②环境污染责任保险若是定性为商业保险，可以实现环境污染民事赔偿的社会化和商业化运作，减轻政府的财政负担；但在企业投保意识偏低，自觉性、积极性不强的情况下或可能产生阻滞环境污染责任保险发展的结果；若是定位为政策性保险，则可以有效约束企业履行污染赔偿责任、扩大承保面、分散风险，实现责任社会化的目标，但容易导致企业负担的过度增加。而就我国环境污染责任保险实施的现状来

① 李华友：《环境污染责任保险制度的困境与发展战略》，《观察与思考》2009 年第 8 期。
② 何燕：《实施环境污染责任保险的困境与出路》，《观察与思考》2010 年第 8 期。

看，对其属性的定位仍不明确。

四、制约我国环境责任保险市场发展的原因剖析

我国环境责任保险制度在实际运作的过程中，暴露出种种问题，既包括投保企业的投保意向，也涵盖保险公司的保险产品设计水平、风控能力，当然也涉及政府及相关部门推行力度的问题。我们应当看到，这是环境责任保险制度完善过程中必然会出现的现象。要想进一步深入地开展环境责任保险工作，我们还需要充分认识和分析这些问题的背后。在此基础上，找出引发这些问题的深层次原因是我们不容回避的关键。

（一）根本原因：环境责任保险缺乏法律制度的支撑

环境责任保险承保的风险是污染者（即被保险人）的法律风险。污染者的污染行为若以法律形式确认为应付经济上的赔偿责任，环境责任保险的必要性将得以凸显。“此种损害赔偿的法律规定越严格，环境污染的责任风险越大，从而促使污染者产生或增强通过保险来转嫁风险的意识，激发企业投保的积极性。”[①]从现有的法律规定来看，企业并没有投保的义务，此时运用过多的行政力量而非法律力量来推动环境责任保险制度的运行违反了经济政策的运作规律，不利于环境责任保险的发展和功能发挥。

从该险种的长期发展来看，缺乏法律保障是制约环境责任保险制度发展的一个关键因素。正如，我国现阶段还没有国家层次的法律、法规对环境责任保险制度加以明确规定，只有一些零散的部门指导意见和地方法规，不具备国家强制性；其次，立法中涉及环境责任保险的规定范围较窄，仅限于一些重污染的企业；且在这些相关的法律法规中，缺乏针对环境责任保险的具体操作规程，不利于该制度的运行。因此，推动环境责任保险制度的立法工作，在相关环保立法中明晰环境责任保险制度的相关内容，是当前环境责任保险制度完善的关键。

（二）直接原因：企业的投保积极性欠佳

目前，就法律规定来看，我国保险公司在环境责任投保的大多数领域仍

---

① 何燕：《实施环境污染责任保险的困境与出路》，《观察与思考》2010 年第 8 期。

然采用自愿投保的方式。首先,作为投保企业而言,是否选择投保具有决定权。通常来说,企业从事生产经营的目的是为了获得最大化的经济利益,对他人利益及社会利益则缺乏关注。其次,从事生产经营活动的企业明知其有给造成社会和他人巨大损害而承担巨额赔偿责任的可能,但追求经济利益最大化的本性往往使他们出于侥幸心理,只关注企业的短期利益而忽视企业的长期利益,不愿参加环境责任保险。再者,我国企业的保险意识不强,通过保险分散环境侵权赔偿责任的意识薄弱,并未把保险作为风险防控的工具,尤其是中小企业,对保费较为敏感,不会轻易增加成本用于预期效果并不明朗的保险产品,使得仅仅采用任意性责任保险的模式变得并不可行。

(三) 外部原因:政府扶持力度不够

环境问题是经济活动运作的产物,但环境的公共物品属性却使其难以通过市场化手段来解决经济活动带来的环境问题。环境污染风险具有的多样性、分散性、破坏性等特点,使得污染事故往往会给人身、财产和生态环境带来难以弥补的损失;且伴随着经济的快速发展,我国已经进入环境污染事故的高发时期。此时,如若仅靠保险公司的商业运作模式来发展环境保险责任显然过于单薄,力度仍较薄弱。

为了弥补市场机制的不足,政府及相关部门有责任更有义务参与到环境责任保险制度的规范调控中。但就目前现实情况来看,无论是在政策支持上还是财政和税收方面,政府对环境责任保险的支持力度都非常小。例如,尽管现在部分试点省市对于推行环境责任保险给予了一定的政策支持,但主要停留在给予投保企业保费补贴层面,缺乏税收以及风险保障基金等深层次的激励政策支持,尚不足以支持环境责任保险制度的长远推行。

(四) 内部原因:环境责任保险制度自身缺陷

环境责任保险的“长尾问题”加大了环境责任认定的难度。[①]由于环境损害的潜伏性、复合性,环境侵权行为可能会发生在保险责任期之前或之中,环境侵害结果却可能产生在环境责任期之后。按照事故基础制,只要事故的原因行为发生在保险期内,保险人就将面临不可预期的保险索赔,出现所谓的“长尾问题”。且这些无法预见的损害赔偿可能在数年甚至数

---

① 陈芳淑:《环境责任保险法律制度研究》,西南政法大学博士学位论文 2010 年。

十年后提出，基于经济活动的变迁性，当初的环境责任保险合同所制定的保费不能满足未来的要求，这就致使保险人无法预测环境责任保险最终的赔偿金额，从而削减其保险定价的准确性，影响环境责任保险产品的经营。

同时，环境责任保险的不可预期性预支了保险人的积极性。环境侵害风险多为重大风险，承保环境责任保险，保险人可能会承担巨大的环境风险责任。保险人多为追求经济利益的“理性人”，在这样的经济利益可能会远远不能填补承保责任的情形下，对保险人来讲承保环境责任保险甚至可以说是一种不理性的冒险行为，由此，他们更加不愿意承保承担过多的社会责任。

五、从环境责任保险市场发展中面临的困境找寻完善路径

（一）建立完善的法律体系支撑环境责任保险

立法是当前环境责任保险体系建设的首要任务，必须尽快解决环境责任保险推广缺乏法律依据的状况，加快环境责任保险的法制化建设步伐，加强国家层次的立法，建立有利于环境责任保险推广的法律体系，在相关的环保法律中写入环境责任保险的相关内容，并制定相应的配套实施制度和细则，鼓励试点地区加以施行。

（二）采取强制与自愿相结合的保险模式

结合我国实际国情，我国应采取强制与自愿相结合的保险模式，以强制性为原则，以政府引导下的自愿保险为例外，鼓励大多数企业自愿购买环境责任保险；但对于环境风险大、环境污染严重的领域或行业，应推行强制性保险，以切实维护生态环境建设和居民切身利益。此外，在考虑承保责任范围时，可把企业按污染程度分类，先承保高危险、污染事故频繁的企业，再扩大范围，承保轻度污染企业。再者，对于不同污染程度的企业实行差别定价，即对高危险、高事故频率的污染企业考虑征收较高的保险费，对轻度污染企业征收较低的保险费。[①]

---

① 张丽、周茜：《我国环境责任保险制度构建中存在的问题与对策》，《西安石油大学学报》2010年第4期。

（三）建立环境责任保险的激励机制

无论是强制性保险还是任意性保险，一定的鼓励机制例如给予投保环境责任保险的保险人一定的税收减免优惠、将投保该险种的企业列入政府审批项目的优先考虑范围等，都有利于提高保险人和被保险人参保的积极性；对于设计环境责任保险产品的保险公司可以给予一定的费用、政策支持，鼓励他们设计更优化，投保人更偏向的保险产品等。通过多方的共同努力，形成多元化的环保力量，最终推动环境责任风险的社会化转移。在我国，淡薄的环境保护观念决定了相应的激励机制对于建立环境责任保险制度尤为重要，①我国类似的制度仍在探索之中，需要我们多加关注。

（四）大力争取政府的重视和支持

毫无疑问，环境责任保险制度是解决环境污染问题的有效手段之一。因此，应发挥政府在金融保险中的积极作用，政府在环境保险中扮演的角色，应主动从赔偿体转换到引导体。保险公司作为商业性质的企业，有其获取利润最大化的经营目的，其保险产品的设计更多的仍是自身发展的考量，在履行赔付责任时仍然存在诸多问题。因此，政府应当发挥监督者的作用，在立法基础上对环境责任保险制度的实施进行监管。

其次，由于环境责任保险的赔付金额一般较大，这就需要政府给予一定的支持，从而形成多元化的环保力量，促进环境责任风险的社会化。例如在税收方面，政府可以对开展环境责任保险业务的保险公司减免一部分税款，在财政上注入公共性的保险保障基金或设立专项基金用于重大污染事故的巨额赔款等。②该项基金主要用于重大污染事故的巨额赔款，并且设置只有在保险人当年业务收入不足以填补环境因污染带来的损失以及其他准备不充分时才能使用。

六、结语

作为传统侵权责任法与现代保险制度相互调试的产物，环境责任保险制度是经济、社会与环境之间的连接点。建立完善的环境责任保险制度既

---

① 李锴：《论环境责任保险制度》，《江西社会科学》2008 年第 6 期。

② 周红雨、陈维：《关于开展环境污染责任保险的调研报告》，《金融论坛》2009 年第 1 期。

是经济、社会、生态环境全面协调可持续发展的需要，也是践行科学发展观、坚持以人为本、构建和谐社会的需要。投保环境责任保险，既能使污染企业防患于未然，又能树立企业的节能环保和安全生产意识；[①]利用保险规则的“大数法则”，在发生风险时，由保险公司为企业的污染责任导致的损害进行赔付，既可以保护环境污染受害人的合法利益，又可以分散企业的赔付风险，进而维护社会秩序的稳定。由此，环境责任保险制度的建立和完善是现阶段环境污染大背景下的必然选择。然而我国的环境责任保险制度起步较晚，从理论上法律规章制度的完善到实践中的具体运用过程都具有充分的提升空间。基于我国的现实国情加以完善，是经济发展乃至时代发展的需要。

第二节　我国环境责任保险市场发展对策分析

一、我国环境污染损害赔偿机制的规范现状及其完善

(一) 环境侵权损害的救济途径

柏拉图《法律篇》中对环境侵权法律救济有最早的论述：“水可以受到任何药物的污染，因此需要法律保护如下：任何故意污染者除付出赔偿以外，应负责使用任何规定的方法来净化水的源头和容器。”[②]对环境污染损害进行救济，从发展来看，经历了从民事救济、行政救济到社会化救济的过程。

我国对环境污染传统的民事侵权救济手段可见于《侵权责任法》第 65 条和《环境保护法》第 64 条：因污染环境和破坏生态造成损害的，污染者应当承担侵权责任。民事侵权赔偿救济是建立在侵权人确定和责任个别化、具体化的基础之上的。[③]在可以确定侵权人前提下民事侵权救济能发挥一定作用，但是由于环境侵权存在原因的复杂性、长期性、渐进性、后果严重性

① 袁雪：《论我国实施强制性环境责任保险制度的可行性——以环境责任保险制度的发展演进为视角》，《生态经济》2015 年 1 月。

② 中国大百科全书出版社编辑部：《中国大百科全书：环境科学卷》，中国大百科全书出版社 1983 年版。转引自贾爱玲：《环境责任保险制度研究》，中国环境科学出版社 2010 年版，第 15 页。

③ 肖海军：《环境事故认定与法律处理》，湖南人民出版社 2000 年版，第 173 页。

和广泛性等特点，往往难以明确侵权主体，因果关系认定困难，赔偿数额巨大，单靠个体或企业的私法救济难以实现救济目的，因此需要其他救济手段加以弥补。

环境侵权的行政救济是指公民、法人或者其他组织认为行政机关的具体行政行为侵害自己人身权、财产权（通过环境介质受到侵害），请求有关国家机关给予补救的一种措施，包括对违法或不当的行政行为加以纠正，以及对因行政行为遭受财产损失给予国家赔偿或行政补偿等多项内容。①可见，行政救济仅是因为行政机关的行政行为产生环境污染，对个人人身权、财产权造成损害而进行的救济方式，然而实践中环境污染的加害主体往往是公司企业，因此行政救济对民事救济的补充作用也是有限的。

在民事救济、行政救济手段救济无力的情形下，环境污染救济社会化势在必行。有学者认为，在构建赔偿制度时，民事或行政赔偿为第一线，责任保险或财务保证为第二线，行政补偿基金为第三线，国家补偿为第四线，国际关系缔约基础之条约上赔偿或补偿权利为第五线。②社会化救济手段包括财务保证或担保、责任保险、公共补偿等制度，财务保证是指由潜在的环境侵权责任人提供一定资金，用于对受害人进行救助，公共补偿则是指国家公权力介入损害赔偿，通过征收环境税、环境费等方式筹集环境损害专项赔偿基金。③

（二）环境污染损害赔偿机制规范现状

2017 年 12 月，中共中央、国务院印发《生态环境损害赔偿制度改革方案》（以下简称《方案》），在 2015 年在部分地区试点基础上，通过对赔偿范围、责任主体、索赔主体、损害赔偿解决途径进行明确，在全国范围内试行生态环境损害赔偿制度并授权地方细化赔偿具体情形。

《方案》明确赔偿范围包括清污费用、生态环境修复费用、服务功能损失、环境功能永久性损害损失以及调查鉴定评估等合理费用。而人身伤害和财产损害则排除在适用范围外，仍以《侵权责任法》等法律予以规制。赔偿权利人是省级、市地级政府，两级政府及其指定的部门均有权提起赔偿诉

---

① 贾爱玲：《环境责任保险制度研究》，中国环境科学出版社 2010 年版，第 17 页。

② 柯泽东：《环境法论》，三民书局 1995 年版，第 120 页。

③ 贾爱玲：《环境责任保险制度研究》，中国环境科学出版社 2010 年版，第 31—41 页。

讼，在提起诉讼前，应当与赔偿义务人进行磋商并就磋商方案进行司法确认。对于生态环境损害赔偿诉讼与环境公益诉讼的衔接，环境保护部的观点是两者在性质、索赔主体、程序等方面有差异，需要在实践中逐步衔接协调。此外，《方案》还重点强调了环境损害鉴定评估体系建设，在制定评估推荐方法、指南总纲等技术规范的同时，加强评估机构建设和推荐，组建鉴定评估专家委员会，与司法部联合推动环境损害司法鉴定规范管理。

《方案》的出台将此前在各地进行实践获取的方法总结成可在全国推行的经验，为下一步环境损害赔偿制度立法提供了依据和基础。但是在当前严峻的环境保护形势下，仍然亟需更高层次的法律、行政法规对环境损害赔偿机制作出详细规定，提高违法成本，加大对污染环境行为的打击力度，体现"损害担责"的基本原则。

当前，我国《环境保护法》只进行了损害担责的原则规定，《固体废物污染环境防治法》《水污染防治法》相对具体地规定了赔偿纠纷可以由环境主管部门调解或采取诉讼方式，加害人应排除危害、赔偿损失，并采取措施恢复环境原状，当事人可以委托环境监测机构提供监测数据。《海洋环境保护法》对给国家造成重大损失的，相关部门对责任者提出损害赔偿要求作出了规定。可见，我国对污染损害赔偿制度构建仍然存在一些不足，偏重于人身、财产损害的赔偿，对生态权益受损本身如何恢复及补救未作明确规定。

（三）构建环境损害赔偿机制

要真正形成责任明确、途径畅通、技术规范、保障有力、赔偿到位、修复有效的生态环境损害赔偿制度，只有将制度上升到立法高度才能实现。为此，首先需要明确生态权由全民享有的概念，在此逻辑起点上，国家代表全体人民维护生态权益具有正当性和必然性，国家享有对破坏生态环境的行为人的索赔权。因此，需要在《侵权责任法》《环境保护法》中对生态权概念加以明确。其次，在各环境单行法中要建构起相应的损害赔偿机制，明确赔偿范围、赔偿主体、赔偿途径方式以及相应的技术手段。最后，要进一步完善配套体系建设，如损害鉴定评估、修复情况评估标准、环境污染风险数据库构建，充分利用现有的试点经验，建立鉴定评估专门机构和专家队伍。加强与司法机关的合作，完善环境污染司法鉴定，提高诉讼效率。充分发展环境污染责任保险，弥补赔偿主体赔付能力不足的问题。发挥专项赔偿基金等公共补偿机制作用,利用环境污染责任社会化手段分散风险。

二、我国环境责任保险市场的规范现状

2006年,国务院出台了《关于保险业改革发展的若干意见》,明确要求开展环境污染责任保险试点。2007年原国家环境保护总局和中国保险监督管理委员会联合印发《关于环境污染责任保险工作的指导意见》,同时各地也制定了一系列环境责任保险的法规、规章和规范性文件。该阶段,在政府部门推动下,我国环境责任保险主要采取的是自愿投保的方式,该方式存在一些弊端,环境责任保险发展速度缓慢。

2013年1月21日,环境保护部和保监会发布了《关于开展环境污染强制责任保险试点工作的指导意见》,明确了重金属和其他高环境风险领域以及依照地方性规定需要投保的企业范围,保险监管部门应引导保险公司合理设计保险条款,明确责任范围,合理确定责任限额,科学厘定保险费率。健全风险评估、防范和事故理赔机制,完善促进企业投保的保障措施和激励机制,开启了环境污染强制责任保险的试点工作。

2015年9月21日,中共中央和国务院发布《生态文明体制改革总体方案》,提出建立绿色金融体系,在环境高风险领域建立环境污染强制责任保险制度。

2016年8月31日,环境保护部、保监会等七部委发布《关于构建绿色金融体系的指导意见》,提出按程序推动修订环境污染强制责任保险相关法律或行政法规,并由环境保护部门和保险监管机构发布实施性规章。

2017年6月7日,环境保护部、保监会发布《环境污染强制责任保险管理办法(征求意见稿)》(以下简称《管理办法》),分为总则、投保与承保、风险评估与排查、赔偿、罚则、附则六章,详细列明了强制投保范围、保险责任范围、费率设置、责任限额、投保企业的通知义务、合同解除、1年保险期间、风险评估、保险除外责任、保险事故认定和处理流程、应保未保的惩处措施等内容,开启了环境责任保险由政策推动转变为立法支持的篇章。

在法律层面,我国《环境保护法》第52条仅原则性规定国家鼓励投保环境污染责任保险。在具体环境污染防治领域,《海洋环境保护法》第66条规定了建立船舶油污保险制度。此外,2017年6月发布的《土壤污染防治法》

(草案)第61条也列入了土壤污染高风险企业应当投保环境污染强制责任保险的内容,但在2017年12月发布的二次审议稿中却删去了这一条。可见,在法律层面,我国对环责险的具体内容规定不尽明确,尤其是强制责任保险在法律层面没有相应的规定。在行政法规和部门规章层面,统一规定环境污染强制责任保险的《管理办法》仍处于征求意见状态,而零星条文则散见于国务院《危险化学品安全管理条例》、交通运输部《船舶油污损害民事责任保险实施办法》等特定环境领域的法规、规章中。

纵观上述所列举的自2006年以来已出台明确规定开展环责险的文件来看,普遍效力层级不高,法律层面未规定环境污染强制责任保险,行政法规仅对特定的环境高风险领域进行个别条文的规定,属于部门规章的《管理办法》未正式出台,各地出台的地方性法规、规章仅适用于该地区,缺乏国家层面的统一规范。法律依据不充分使得环责险发展步履维艰。

三、我国现行环境责任保险市场存在的问题及其完善

(一)我国环境责任保险市场发展存在的问题

1. 环境责任保险产品供需矛盾

在环责险产品供应上,保险产品品种少。一方面,保险公司考虑到开发成本高以及企业投保需求不足,仍专注于产品责任保险、雇主责任保险、医疗责任保险等传统责任保险,对开发环境责任保险积极性不足。[①]另一方面,在具体设计环境污染责任险种时,由于缺乏相应的技术手段和研究水平,保险公司或照搬国外相关产品或凭经验开发产品,导致环境责任保险产品本土性不足。目前大部分保险公司仅推出污染责任保险一种保险产品,该险种承保的是经营者在生产、经营过程中引起的各类水体污染或者排放的污染气体、噪声以及震动等造成的直接或间接的损害赔偿责任,以及对污染现场进行清理和消除这种污染所需要的费用。[②]但是环境污染种类繁多,包括大气污染、水污染、土壤污染、噪声污染、核辐射污染等,对于企业需求而言,由于同时发生多种环境污染的可能性极小,企业为节约经营成本,倾

① 张雪梅、李鸿渐、韩光:《循环经济背景下我国环境责任保险体系的构建》,《深圳大学学报(人文社会科学版)》2009年第4期。

② 贾爱玲:《环境责任保险制度研究》,中国环境科学出版社2010年版,第107页。

向于购买单一环境风险险种。因此在保险公司供给和投保企业需求层面就产生了矛盾。

2. 保险公司承保范围狭窄

在承保范围上，由于突发性环境风险易确定受害人及进行损害认定，因此我国目前只把突发性污染事故造成的民事赔偿责任作为保险标的。[①]保险人一般只承保违反环境法律法规的企业生产经营活动，而不把企业正常经营活动下累积排污行为造成的环境污染纳入承保范围，但事实上累积性或渐进性环境污染事故造成的危害发生频率更高并且危害结果可能更严重，只承保突发性环境污染事故不能满足我国环境市场需求，也无法发挥环境责任保险降低污染事故发生可能性、转移事故风险的作用。纵观域外实践，美国从 20 世纪 70 年代起，通过法院对环境保险条款进行司法解释以及对索赔案件进行判决逐步将渐进性污染纳入认定范围。德国在 1992 年修改《环境责任法》后，其国内保险公司也开始承保渐进性污染。法国在 1977 年后，其国内多家保险公司组建了污染再保险联营(GARPOL)，保障范围包括渐进性污染事故。[②]可见，上述国家发展环责险时间要远早于我国，在发展过程中，保险公司的承保范围逐步扩大至渐进性污染。我国环责险在承保范围上应适当借鉴域外发展经验，根据环境污染实际发生情况构建起对渐进性环境污染的保险保障机制。

3. 保险赔付率低，保费高

由于相应的风险评估技术不完善，保险公司在制定环责险产品费率时往往盲目参考国外费率标准，产生费率虚高现象，这在一定程度上打击了企业的投保积极性。而且由于信息不对称及保险公司对投保企业风险把控不力等原因，会诱发高风险企业购买为低风险企业设置的产品的道德风险。[③]与费率高相对应的是保险赔付率低，由于环责险是事故险，发生事故概率低，如河北省保定市自 2011 年开展环境责任保险试点以来，在 2014 年才发生首例环境污染责任保险理赔。[④]深圳市 2008 年开展试点，2015 年发生首

① 熊英、别涛、王彬:《中国环境污染责任保险制度的构想》,《现代法学》2007 年第 1 期。

② 秦余国、王志新、郭庆、马磊:《我国构建渐进性环境污染责任保险可行性分析》,《管理观察》2017 年第 16 期。

③ 彭中遥:《环境污染强制责任保险的法律制度危机及应对》,《当代经济管理》2018 年第 8 期。

④ 段丽茜:河北省首例环境污染责任保险理赔完成，载 http://news.ifeng.com/a/20140912/419648750.shtml，2019 年 5 月 24 日。

例获得环境污染责任保险赔付案例。①因此,我国环责险市场上普遍存在的保险赔付率低,保费高的问题也需要通过对保险产品进行优化予以解决。

4. 相应的配套政策缺乏

环境责任保险不同于一般的保险,要求通晓环境技术和知识的专业人员通过相应的技术手段参与保险产品设计开发和承保过程。在核保时,不同生产类型和不同地区企业的环境污染风险不同,需要借助投保企业历史污染数据个别评估风险,确定保险对象、保险额度和保险费率。在评估风险后,需要根据风险大小定期对投保企业进行监督和风险动态考察,排查环境安全隐患,减少事故发生可能性。在保险事故发生时,需要对事故进行定损,这就需要相应的配套措施和技术手段的完善。

我国目前已形成了国家标准、行业标准、地方标准和企业标准共同构成的环保标准体系,但仍存在标龄过长、重复性严重、标准采用率低等问题。②统一的环境污染风险评估准则缺失,事故发生后,损害认定标准和损害赔偿标准不明确。

5. 监管问题

环境责任保险目前的监管部门主要是保监会和环保部门,保监会负责对开展环责险业务的保险公司进行监督管理,环保部门对环境高风险企业参加环责险情况进行监督管理。两个机构分工监督在提高监管效率同时也存在着信息传递不及时的问题,环保部门掌握着投保企业环境污染风险历史数据,保监会监督下的保险公司则掌握着投保企业投保、理赔等数据信息,此外,部分工业企业由工业和信息化部管理,并由其下属经济和信息化工作委员会掌握能耗数据。③在制定环责险相关规章、规范性文件,构建环责险风险评估和损失评估体系时,不同部门间的数据信息传递未必能及时高效。

(二) 完善我国环境责任保险市场的路径选择

1. 构建我国环境责任保险的立法体系

短期来看,要充分利用现有的试点地区的地方性法规和地方政府规章

---

① 刘芬:深圳市首例获得环境污染责任保险赔付案例,载 http://energy.cngold.org/c/2015-06-24/c3357228.html, 2019 年 4 月 14 日。

② 孔赟、邵飞、郑桉、宋黎明、谢琤琤、周建中、杨勇:《环境保护标准体系研究现状及策略构建》,《中国标准化》2014 年第 8 期。

③ 王树义、皮里阳:《我国碳排放权交易的制度危机及应对》,《环境保护》2013 年第 20 期。

实施情况总结出试点经验，找出环责险推广存在的问题，在分析问题的基础上提出解决方案在全国范围内推广。利用《管理办法》征求意见契机，以专项部门规章形式作为现阶段过渡方式，加快环责险发展的立法支持。在保险模式的选择上，强制险是立法趋势，从国外经验来看，美国、瑞典、俄罗斯、芬兰等采取的是强制责任保险制度；德国起初兼用强制责任保险与财务保证或担保相结合的方式，但1990年《环境责任法》通过后，开始强制实行环境损害责任保险制度；欧盟倾向于在成员国推行强制险；英国和法国则以任意责任保险为主，强制责任保险为辅。①我国现阶段应采取强制险与自愿险相结合的方式，对环境高风险生产企业类别作出规范界定，属于该类别的企业实行强制险，而其他风险相对低的企业或已采取清洁环保生产措施的企业采取政府引导，自愿投保的方式。而我国《环境保护法》未就强制险作出规定，根据《保险法》第11条第2款，除法律、行政法规规定必须保险的外，保险合同自愿订立，因此要使强制险具有正当性，必须在法律或行政法规中对特定领域实行环境污染强制责任保险作出规定。

在修订《大气污染防治法》《水污染防治法》《固体废物污染环境防治法》或制订《土壤污染防治法》等环境单行法时应细化规定纳入强制保险范围的高风险行业、保险责任范围、风险评估、赔偿等内容。同时，在具体操作和实践过程中，应制定部门规章、规范性文件、地方性法规等作出更加符合地区和行业特点的操作规定。

长远来看，在条件成熟时可以制定《环境责任保险法》或者由国务院制定《环境责任保险条例》，借鉴《农业保险条例》的立法和实践经验，具体内容可以包括总则、保险合同、风险评估与鉴定、理赔、法律责任和附则这几章。

2. 开发适应市场需求的环境责任保险产品

完善环境责任保险产品应从研发多类型保险产品、扩大承保范围、科学制定费率等角度出发。

首先，当前环境责任保险产品种类单一导致潜在污染企业投保意向不足。保险公司应对市场进行充分调研，根据企业污染历史数据，总结出常见的环境污染事故。在此基础上结合环境单行立法规定，针对性地推出保险产品，如水污染责任险、大气污染责任险、固体废弃物污染责任险、核事故责

---

① 贾爱玲：《环境责任保险制度研究》，中国环境科学出版社2010年版，第108—133页。

任险等。针对特定环境污染事故高发的地区和行业推出对应的保险产品，如对矿区和矿企，推出大气污染责任险。针对不同保险产品分别制定费率、保险范围、保险限额等保单条款。

其次，综合我国环境污染现状，借鉴域外经验，我国环责险承保范围需要从突发性污染事故扩大至承保累积性或渐进性污染事故。但承保范围扩大不是一蹴而就的，累积性环境污染事故往往潜伏期长，风险产生影响因素多，保险公司认定事故所需的人力、物力、财力相对于突发性污染事故更大。由于污染累积时间长，明确污染事故是否发生在保险有效期内，界定索赔时效具有一定难度。诱发环境污染事故的原因行为发生在保险期间内，但是污染后果可能在几十年后才能显现出来，保险公司可能会面临难以预期的保险索赔，此即“长尾”问题。①

为解决长尾问题，发展出了“日落条款”——如果环境侵权行为发生在保险期间，但责任索赔不在期间内，保险人只对期后一定期间（如 30 年）内索赔承担保险责任。②或者将要求环境侵权行为及索赔都发生在保险期间内的严格的“索赔基础制”予以变通，当被保险人在保险期间内预见到可能在期后发生环境污染事故并通知保险人或者索赔在期间内，但原因行为在期前，只要被保险人在订立保险合同时不知道且不可能知道，保险人也应进行赔付。③

我国发展渐进性污染责任险，需要在总结现有突发性环境污染事故承保经验的基础上循序渐进，发挥政府引导和鼓励作用。完善渐进性污染责任险的适用前提条件，借鉴“日落条款”解决“长尾”问题，完善保险公司责任准备金制度以应对将来的赔付风险。

最后，环境责任保险的社会公益性决定了计算费率时应遵循“无亏无盈”原则，④保险公司应转变观念，改变当前费率过高局面，应实行基础费率和浮动费率制，根据不同行业环境污染风险大小和企业风险管控能力对不同保险产品设定差异化浮动费率。

3. 构建环境污染风险评估和管理机制

首先，要加强潜在污染企业内部环境风险评估和管理能力。企业自身

---

①③　张梓太、张乾红：《我国环境侵权责任保险制度之构建》，《法学研究》2006 年第 3 期。

②　邹海林：《责任保险论》，法律出版社 1999 年版，第 105 页。

④　彭中遥：《环境污染强制责任保险的法律制度危机及应对》，《当代经济管理》2018 年第 8 期。

应完善相应的风险评估技术手段，通过评估结果建立对应的风险预防措施，提高风险应对能力和管理水平。

其次，就监管部门而言，应从以下三方面入手。第一，环保部门和保险公司要加强数据共享，共同研究制定科学的环境污染和损失评估指南，评估指标应包括环境侵害程度、企业赔偿能力、环保设施及信誉度等。①根据高环境风险企业污染排放、污染事故发生率、技术进步等因素，制定企业环境风险等级划分标准、污染场地清理标准和指南、污染损害赔偿标准、强制性环责险行业、产品、设备名录及配套技术规范等，②为保险公司进行投保企业风险评估、防灾防损检查、事故定损提供依据。第二，完善部门间数据信息共享机制，环保部门应在收集重点行业环境污染历史数据的基础上构建环境污染风险管理数据库，保监部门应建立承保理赔数据平台。双方应通力合作，构建统一的信息交互和共享平台，建立两者之间的通报制度，企业环境风险数据、投保、理赔信息应不断实施动态更新。第三，搭建环保信息公开和宣传平台，对环责险进行宣传，公开投保企业名单，对污染事故进行通报。

最后，构建第三方中立平台，发挥环境风险评估专业机构、环境风险监管机构、环境污染损害评估机构等第三方辅助机构作用，加强环境风险评估和防范社会化专业力量。完善保险经纪制度，利用保险经纪公司，提高保险服务专业化水平。

4. 完善政府对环境责任保险市场的激励机制

环境责任保险具有公益性，对污染企业而言，投保环责险存在经营成本提高，风险防范预期和盈利预期很难确定等问题。③对保险公司而言，环责险产品开发成本高，风险和损失认定难度大，投保企业不足，不符合保险最基本的大数原则，在风险无法充分分散的情形下，保险公司自身会承担巨大风险。保险公司开展环责险边际社会收益大，但损失评估难度大、环境风险复杂，保险公司自身边际私人收益较小。④因此双方都不愿主动涉足环

① 张迎斌、王晓辉：《完善中国环境责任保险制度的思考与建议》，《北京航空航天大学学报(社会科学版)》2010 年第 4 期。

② 原庆丹等：《绿色信贷与环境责任保险》，中国环境科学出版社 2012 年版，第 241 页。

③ 周立东：《保险业如何开展环境污染责任保险》，《世界环境》2011 年第 4 期。

④ 秦余国、王志新、郭庆、马磊：《我国构建渐进性环境污染责任保险可行性分析》，《管理观察》2017 年第 16 期。

责险。

这就需要政府在环责险发展过程中发挥主导作用，构建和完善激励机制。一方面，针对污染企业投保积极性不高的问题，可以通过税收减免、费率优惠、将企业保费在税前支出、企业缴纳排污费按一定比例补贴企业作为投保费用等措施引导企业投保。①对积极投保企业，建立企业环保诚信档案，纳入企业信用信息系统，向社会公开，在绿色信贷、环保评优、污染治理资金等方面提供支持。另一方面，针对保险金额高昂的问题，发挥政府补充赔偿作用，设立环境污染损害赔偿专项基金或通过地方财政补贴方式，对保险限额以上部分损失进行赔偿。同时还可以对开展环责险业务的保险公司实施税收减免等措施。

5. 构建环境污染责任风险的联动分散机制

环境污染事故一旦发生，依靠单一的保险公司往往难以承担全部赔偿责任，因此需要推动建立更加完善的责任风险分散机制，建立环境污染巨灾保障体系。②除了发挥前述政府补充赔偿作用，设立环境污染专项基金外，还可以考虑多个保险公司联合承保或通过再保险方式，将风险分散到多家保险公司，提高保险公司承保积极性。此外，还可以通过巨灾风险证券化途径，以巨灾引发的一定范围内的保险赔偿金额为证券化标的，将保险赔偿责任风险转移到证券市场上。③

具体而言：

其一，可以通过保险公司联合承保分散环境污染责任风险。在现有环境下，可以由政府牵头数家保险公司联合对潜在环境污染企业承保，将赔付风险在不同保险公司内进行分配，以解决一家保险公司单独承保积极性不高的问题。

其二，通过再保险方式，将风险由国内保险市场转移至全球保险市场。已承保环境污染赔付责任的保险公司可以通过购买再保险对冲其现有保险组合中的残余风险。再保险公司也可以再通过转分保方式将风险进一步转化分散。

---

① 《环境保护》编辑部：《各地推进环境污染责任保险实践探索》，《环境保护》2010 年第 8 期。

② 秦余国、王志新、郭庆、马磊：《我国构建渐进性环境污染责任保险可行性分析》，《管理观察》2017 年第 16 期。

③ 张梓太、张乾红：《我国环境侵权责任保险制度之构建》，《法学研究》2006 年第 3 期。

其三，巨灾风险证券化。联合承保或再保险方式仍然将环境污染赔付风险留存在保险行业内，但是通过巨灾风险证券化可以将赔付风险通过资金规模更大的资本市场进行再分散。相较于资金量有限的保险市场，证券市场对风险的吸纳能力更强。如果仅依靠保险市场，在巨灾发生并且保险公司予以高额赔付后，可能会带来巨灾保险产品价格提高、供给量减少等市场的自然反应，而巨灾风险证券化则可以有效弥补保险方式及再保险方式的该点不足。保险公司或再保险公司设立特殊目的公司（SPV），特殊目的公司再向投资者发行债券募集资金，将该部分募集资金交由信托管理，信托将资金投资于安全性较高的证券获取收益，若特定巨灾事故发生，信托给付资金予保险公司或再保险公司，而投资者则可以获得债券溢价收益。如果巨灾事故没有发生，投资者可以获得信托投资其他证券的收益以及债券溢价。①

在我国目前的保险市场和证券市场环境下，构建环境污染赔付责任由保险公司联合承保及再保险分担机制具有实践操作性，而巨灾风险证券化机制的建立则需要综合考量证券化产品的科学设计、保险连接证券的法律规定、投资者保护、监管责任等多方面因素。在不断优化我国证券市场结构的基础上，可以逐步开发巨灾风险证券化产品以应对环境污染等事故的巨额赔付风险。

第三节 余 论

一、环境责任保险的基本理念——以公司社会责任为视角的解读

工业化进程的不断推进使得人类的物质生活水平显著提高，然而，近年来环境污染事件和生态破坏事件的频繁发生，一些地方工业企业为追求高利润以牺牲环境为代价，污染事故频发，严重污染环境，危害群众身体健康。许多污染事故的受害者因不能得到及时赔偿而引发许多社会矛盾，严重危

① 诸宁：《证券化与再保险——我国巨灾风险管理对策的比较研究》，《宏观经济研究》2015年第5期。

害社会稳定，让人们逐渐意识到通过牺牲环境来换取经济增长的发展模式显然不利于社会经济的可持续发展。环境污染责任保险专有的分散排污企业环境风险、有效补偿受害者、减少政府环境压力等方面的独特功能，决定了它在应对环境污染事故上的优越性。

（一）我国环境责任保险市场的发展现状

环境责任保险又有“绿色保险”之称，一般以被保险人因玷污或污染水、土地或空气，依法应承担的赔偿责任作为保险对象的保险。具体而言，环境责任保险是指投保人向保险人支付一定数额的保险费，当被保险人因从事保险合同约定的业务活动造成环境污染，应当承担环境赔偿或治理责任时，由保险人在约定的责任限额内承担赔偿责任的保险，企业因环境污染而导致赔偿责任时，可通过保险的渠道将巨额的赔偿金分散于社会，从而实现损害赔偿的社会化。①环境责任保险在保证企业生产经营安全的同时，能保障环境污染受害者及时得到救济，从而起到稳定社会经济的作用。当然，保险公司只对突然的、意外的污染事故承担保险责任，将故意的、恶意的污染视为除外责任。②

国家环保总局在2007年与中国人民银行、银监会共同推出“绿色信贷”制度把符合环境检测标准、污染治理效果和生态保护作为企业信贷审批的重要前提。此后，国家环保总局又与保监会积极推动环境责任保险制度，并赴吉林、浙江两省就开展环境污染责任保险的相关问题进行了调研，并征求了石油化工、危险品运输、危险废物处理等企业和保险公司的意见，据国家环保总局的调查，大部分企业支持推行环境责任保险。③

尽管我国已经开始着手环境责任保险的推广，但是我国环境责任保险还是存在不少问题：比如环境责任保险相关的法律法规有待完善；社会公众在发生环境侵权事件之后自身的维权行为有待规范；企业投保积极性不高，环境责任保险需求不足；保险公司经营成本过高，无法准确厘定保险费率，同时难以有效防范逆向选择和道德风险；保险产品有效供给不足，险种单一，范围集中，等等。

---

①③　周一虹：《企业环境信息披露与环境责任保险》，《环境与可持续发展》2007年第4期。

②　又称责任免除，指保险人依照法律规定或者合同约定，不承担保险责任的范围，是对保险责任的限制。

在我国，环境责任保险尚处于刚刚起步的阶段，仍需不断借鉴环境责任保险制度成熟国家的各种经验，博采众长。只有各方面共同努力，才能逐步成功地实施环境责任保险，达到环境保护的目标和社会的可持续发展。

（二）公司社会责任的起源与发展

企业社会责任起源于20世纪初的美国。那个时期的美国崇尚一种自由的、利益至上的经济主义，认为企业仅仅是为股东获取利润的工具，企业存在的唯一目的就是公司和股东利益的最大化。在追求这一目标的过程中，社会公众的利益并不是考量因素。在这种经济模式的支配下，美国企业对经济的影响日益扩大，逐渐开始主导社会资源分配。当全部社会资源只为少部分股东利益服务时，必然会给社会公共利益造成极大的损害，引发当时美国社会民众极大不满。至此，许多学者和企业管理者开始认识到对除企业外的其他利益相关者利益进行保护的重要性，从而开始将研究方向转向企业之外的其他利益相关者。

"企业社会责任"这一概念由英国学者欧利文·谢尔顿首次提出，他在其著作《管理哲学》中指出，企业经营应有利于增进社区服务和利益，而社区利益作为一项衡量尺度，应远高于企业盈利。1929年，时任通用电器公司总经理一职的欧文·杨在一次公开演说中再次提及"企业社会责任"，并引发广泛关注。演说中提到：公司经理是一种复合的角色，首先他是股东的代理人，然后又是公司法人这种官僚机构的受托人，因此经理人有一种模糊且宽泛的职业责任，就是要充分利用公司目前所占有的社会资源最大限度地赚取利润并分红给股东，同时在追求前一目标的过程中努力把社会总体利益作为重要的价值判断，造福社会。[①]欧文·杨的观点确实有利于解决企业与社会公众之间的利益冲突，但却也对当时奉为圭臬的自由企业制度和利润最大化原则提出质疑，因此引发学术界支持派和反对派的争论。1953年伯文在《商人的社会责任》一书中，正式提出了企业及其经营者必须承担社会责任的观点，并首次给公司社会责任下了一个明确的定义：商人按照社会的目标和价值，向有关政策靠拢，做出相应的决策，采取理想的具体行动和义务。[②]至此，现代企业制度下的公司社会责任概念基本形成，伯文因而被

① 邓清：《浅议企业社会责任概念的起源》，《中外企业文化旬刊》2014年第1期。

② 李培轶：《政府在企业社会责任机制中的作用的研究》，中南民族大学硕士学位论文2010年。

誉为“企业社会责任之父”。

直到80年代，公司社会责任的观念首次在美国得到了很多州立法者的支持，并继而颁布了一些有利于强化公司社会责任的立法。

（三）环境责任保险对公司社会责任的实现分析

企业由于其生产经营行为造成的环境污染在早期统统由政府出资治理，是无需企业承担责任的。现代企业制度下的公司社会责任概念基本形成后，企业作为现代社会生产的基本经济组织，除了具有生产职能外，还被要求具有社会职能，即应当承担对环境保护、社会发展、员工和公众福利应负的责任。[①]然而，环境污染责任事故一旦发生，造成的损失是巨大的，对于侵权主体而言，可能远远超过其赔付能力，导致企业对其应当承担的社会责任力不从心。运用保险工具参与环境污染事故的处理，不但使得企业理赔有了保障，维系企业生存，并提升企业环境管理水平；还能保证污染受害人及时获得赔偿，维护社会秩序，双管齐下帮助企业实现其社会责任。

具体来看，一方面，企业作为环境责任保险投保者，必须要支付一定的保费，巨额的保费对企业而言无疑是沉重的经济负担。对于环境污染高风险的企业而言，唯一的出路就是采取先进的技术和管理方法来降低环境污染，而那些无法达到环境保护标准的企业将被迫关闭。这就建立起以环境责任保险制度为中心的优胜劣汰机制，树立企业环保意识，淘汰高污染企业，从环境污染源头进行防治。

从企业声誉角度来看，如果企业投保环境责任保险，一旦发生保险事故，由于保险公司的介入，将可能使企业的一些偷排偷放行为被公之于众，引致环境主管部门的罚款甚至影响到上市公司的股价波动，而这是企业不愿看到并力图避免的。企业迫于维护自身良好声誉的外在压力，必然会将环境保护作为日常经营的考量因素。

另一方面，企业在污染事故发生时，对其造成的损失应当及时予以赔偿，但企业毕竟赔偿能力较有限，突发环境风险在一定程度上加重了其经济负担。利用环境污染责任保险来参与环境污染事故的处理，填补了“谁来买单”的空缺，有利于使受害人及时获得经济补偿，减轻企业负担，稳定社会秩序。

---

① 魏慧贤：《公司终止后的环境责任制度研究》，西南政法大学硕士学位论文2010年。

再者,考虑到环境污染受害者对于污染行为和损害结果之间的因果关系证明困难,为减轻其举证责任负担,迅速救济受害人,环境责任保险制度采用因果关系推定原则,即只要求环境污染受害者在相当程度上举证,证明“如无该行为,就不会发生此结果”,不要求全部技术过程的举证。环境责任保险中举证责任倒置的设计无疑也为无辜受害人及时获赔打开了方便之门。

二、美国环境责任保险市场的发展历程对我国的启示

环境责任保险兴起于工业化程度较高的发达国家,随后逐步出现在各发展中国家。目前,西方各发达国家的环境责任保险制度已经发展得比较成熟完善,其中,美国作为最早开展环境责任保险业务的国家,其发展水平尤为突出,此外,德国、法国、英国、瑞典、意大利、芬兰、荷兰、日本、俄罗斯、印度等国的环境责任保险制度也已进入成熟阶段。①

美国通过工业革命成为西方发达国家中创设环境责任保险最早的国家,经过很长时间的探索与创新,其制度体系已经相当成熟。因此,对美国环境责任保险制度进行分析总结,借鉴其成功经验,并结合我国国情,运用到我国企业环境责任的规制上来,对我国环境责任保险制度的完善大有裨益。

(一) 美国环境污染责任保险的发展历程

19世纪末,美国通过工业革命建立起完备的工业生产体系,高水平高强度的工业化使得美国成为工业强国,但同时也对环境造成了严重的污染。随着1943年发生在洛杉矶的“光化学烟雾事件”等一系列污染事件的频发,美国公众逐渐意识到环境污染问题的严重性,开始关注环境保护与环境责任的承担问题。

美国在1969年推出了第一部环保法《国家环境政策法》,为后来各种环境法律法规的建立奠定了基础;随后又相继推出了《资源保全与恢复法》《综合环境反应、赔偿和责任法》《防止污染法》等一系列环境法律,②随着法律

① 魏成成:《美国环境责任保险制度及其对我国的启示》,山东师范大学硕士学位论文2016年。

② 陈冬梅、夏座蓉:《析美国环境保护立法、司法及环境责任保险市场的发展》,《东岳论丛》2012年第2期。

对污染企业的规制越来越严格，工业市场对环境责任险的需求也急剧上升。

1973年至1975年期间，美国设立了单独的环境责任保险，从一般的公众责任保险中分离了出来，环境责任保险成为保险市场的社会化救济不可或缺的手段。但在这一阶段，制度设计的不完善、保险人技术和实践经验的欠缺、法院出台的不利于保险人的司法解释等使保险公司负担责任过重。直到1995年以后，美国的环境责任保险制度才发展得相对成熟，整个环境责任保险市场也趋于成熟稳定，保险人积累的承保经验已经能够应对环境风险的复杂性。

（二）美国环境责任保险制度的运行机制

1. 保险模式

美国实行的是强制性的环境责任保险制度，并且美国大多数州已经出台了推行强制性环境责任保险的规定。[①]所谓强制保险，是指根据国家颁布的有关法律和法规，凡是在规定范围内的单位或个人，不管愿意与否都必须强制参加的保险。美国通过大量的法律形式强制规定投保环境责任保险，同时设立舒坡尔基金（即超级基金）以帮助清理废弃物的污染。[②]既有完备的法律基础，又有政府专项基金作为经济基础，这也是美国的环境责任保险制度发展成熟的两大主要原因。

2. 索赔时效

环境责任保险所带来的危害是持久的，对此美国采取了著名的“日落条款”，即法律对一个计划或一项规章规定一个日期，到了这个日期，该计划或规章除非再次得到批准，否则就此失效。美国环境责任保险的时效是30年，即对于保险责任范围内的事故，自保险单生效之日起的30年内，被保险人可以向保险公司索赔。

3. 承保机构

美国成立了专门的环境责任保险公司承保环境责任保险，该承保公司属于政策性的专门保险机构，由政府出资设立，在运营中不以盈利为目的，兼具公益性。政府的资金扶持，使保险公司拥有强大的风险抵御能力，从而

---

① 李成伟：《我国环境责任保险制度研究——以美国法为借鉴》，山东科技大学硕士学位论文2012年。

② 魏成成：《美国环境责任保险制度及其对我国的启示》，山东师范大学硕士学位论文2016年。

加大了保险公司承保的积极性，为环境责任保险制度的发展打下坚实的物质基础。

4. 赔偿限额

环境污染损害事故的发生具有不确定性、长期性、赔偿数额较大等特征，保险公司为降低自身风险，不得不对赔偿的最高保险金额作出限制性的规定。美国的环境责任保险制度采取的是有限赔偿制，即当发生环境污染侵害事故时，保险公司只在事先与被保险人约定的赔偿限额内给付受害人损失赔偿，而不是赔偿受害人的全部损失。

(三) 美国环境责任保险市场的发展历程对我国的启示

随着我国工业化水平的不断提高，大型重工业、化工等高环境风险企业发生环境损害侵权事故的概率大大增加，对企业环保成本、环境受害者的利益以及社会的安定团结产生了巨大压力，为使环境责任保险发挥应有的社会经济效应，对我国现有的环境责任保险制度进行完善是十分必要的。[①]美国环境责任保险市场的发展历程对我国的启示如下：

1. 建立完善的法律法规体系

目前我国在环境责任保险方面的立法仍有所欠缺。首先应将环境责任保险纳入《保险法》的规定中，明确它的法律地位；其次，完善《环境保护法》和其他防治污染的法律法规；再次，针对不同地区和企业出台相应的环境保护法规，多层次解决环境污染问题，为环境责任保险在我国的发展铺平道路。[②]

当然从整体来看我国的环境责任保险制度正在臻于完善，2014 年 4 月修订的《环境保护法》中明确提及，国家鼓励投保环境责任保险，这就意味着环境责任保险首次被写入国家立法，我国的环境责任保险制度正在逐步走向成熟。

2. 政府加大资金扶持

从目前我国环境责任保险的发展来看，制度设计还不够成熟完善，法律规制还不够完善，加之企业与公众的环保意识尚未达到一定高度，因此环境

---

① 魏成成：《美国环境责任保险制度及其对我国的启示》，山东师范大学硕士学位论文 2016 年。

② 杞易航：《美国环境责任保险对我国的启示与借鉴》，《时代金融》2013 年第 5 期下旬刊。

责任保险在我国的后续发展如何，政府支持是关键。比如，各地方政府可以积极出台法律政策，为企业投保提供直接的法律依据；或者制定切实可行的方案，强制要求一定范围内的企业购买环境责任保险；还可给予保费补贴，鼓励地方企业承保环境责任险的积极性等。

3. 科学组建承保机构

美国的环境责任险发展历史悠久，经历长时间制度上的优胜劣汰已经逐渐走向成熟完善。美国设立专门的政策性机构承保该险种，承包的专业化水平较高，相应的法律制度、风险评估机构、政府资金扶持等配套设施配合环境责任保险业务的开展取得不错成果。我国环境责任保险的经营主体只有单一的保险公司，或者是多家保险公司组成的联保体，专业化水平较低，环境风险管理、实地评估与勘查等技术都不过硬。

我国幅员辽阔，环境水准参差不齐，如果由一家或几家保险公司单独承保显然不现实，建议可根据保险事故的不同选择不同的保险机构，已达到承保机构的专业化分工。比如对于突发性的环境事故，可以由现有的财产保险公司承保；而对于持续性的环境事故，则可借鉴美国的方式组建专门的政策性保险机构开展相应的业务，[①]或者由国家环保总局与中国保监会协商，选取和推动有实力的保险公司进行联保。[②]

4. 扩大强制环境责任险的适用范围

由于发展时间短，我国企业环保意识、保险意识较为淡薄，究其原因主要是两点，一是保险的经济成本过高，二是缺少理赔案例。加之短期利益驱使以及造成污染后的侥幸逃脱心理致使企业很少会主动投保。另一方面，责任承担方式、处罚机制等立法方面的欠缺使得企业缺乏投保的外在动力。

与美国整体偏向强制环境责任险不同，中国目前只在少数环境风险高的企业推广强制性环境责任保险，这主要是因为强制责任险的开展需要严格的法律、雄厚的资金、健全的配套措施做后盾，我国尚不具备这样的条件，全面实行强制责任保险，会加重部分污染较轻企业的负担，从长远来说也不利于国民经济的发展。但扩大强制环境责任险的适用范围毫无疑问是我国今后环境责任保险发展的方向。一方面对高危行业采取强制环境责任保

① 周柯：《论我国环境侵权责任保险制度的建立》，《法学论坛》2003 年第 21 卷第 5 期。

② 阳露昭：《美国环境责任保险制度审视及启示》，《法学杂志》2005 年第 6 期。

险，而对其他污染程度较轻的行业则通过积极引导，促使企业自愿购买环境责任保险。①

总而言之，我国环境责任险的发展不可能一蹴而就，因为相对于其他风险，环境风险很"个性化"，保险条款和保费水平具有很大的灵活性，保险人想要在环境责任保险方面获得成熟的承保技术和丰富的承保经验需要时间的积累，美国的环境责任保险也是在开始 10 年后，才能够将保费降低到市场能够承受的水平。况且新的环境保险品种的开发难度较大，因为这需要包括工程学、环境学、医学、金融学、财政学等多个领域的专业知识。②我国要发展环境责任保险，需要与各方专业人士通力合作，在经营的过程中不断积累经验，循序渐进，直至成熟。

三、大陆法系国家环境责任保险市场的发展历程对我国的启示

大陆法系代表国家（如德国、法国、日本等国）对于环境保护的立场往往是相似的，通常被称作"典型的环境保护主义"，近几年，欧盟一直在关注环境责任保险制度，并一直致力于在成员国推行强制环境责任保险。欧盟的环境责任保险制度被包含在环境民事责任框架中，"污染者负担原则"是其中一项重要的原则，该原则规定，环境民事责任的第一个目的就是使污染者为其所造成的损害承担民事责任。③下文主要以德国为例，具体分析大陆法系国家环境责任险的发展历程以及对我国的启示。

（一）德国环境污染责任保险的发展历程

环境责任保险在德国的发展历史并不久，但是由于德国在环境责任方面的法律系统而完善，在十几年的发展中该保险在德国已经日渐成熟。

初期，一般责任保险条款将环境责任作为除外责任，所以只有通过特别条款才能对环境责任进行承保，直到 20 世纪 90 年代初期，德国只存在一些特别的环境责任保险，如依据《水资源管理法》而产生的水域污染责任险，涉

① 杨茜：《德国环境责任保险制度的启示》，《环境经济》2012 年第 103 期。

② 陈冬梅：《析美国环境保护立法、司法及环境责任保险市场的发展》，《东岳论丛》2012 年第 33 卷第 2 期。

③ 杨辉：《欧洲的环境责任保险法律制度》，《中国保险》2008 年第 11 期。

及的范围很窄。[①]1991 年，德国开始实施强制环境损害责任保险，要求特定的污染设施所有人必须投保，以保证受害人能及时得到损害赔偿。由于法律作出了强制性的规定，所以德国的环境责任保险实质上就成了特定设施的企业法定强制性义务。[②]在 2007 年德国又推出了"环境治理保险"这种全新的险种，丰富了环境保险的内容，提高了社会关于环境的保障程度。两种保险各有特色，相互补充，共同进步。

(二) 德国环境责任保险制度的运行机制

1. 制度背景

德国有着成文法典王国的美誉，在环境法制领域，对于环境法统一化的研究自 20 世纪 70 年代以来就从未停止过。其环境保护法内容庞大，一共约有 9 000 多个相关文本，甚至还有中世纪单项文本环境法制系统而完善。环境法在德国属于行政法的范畴，德国新环境行政法共分为四个部分：新《水资源管理法》、新《自然生态保护法》《非离子放射防护法》和《环境法规清理法》。[③]完善的环境立法和多层次的环境保护制度，给予德国环境责任保险和环境治理保险安定的发展平台，使得保险的实施有法可依，争议处理也能高效地完成。

德国环境法有三个原则：预防原则、污染者负担原则和合作原则。其中污染者负担原则通俗地来讲就是谁污染谁治理，由污染者承担治理费用，只有由于现实原因无法由污染者承担责任时，才由社会公众承担。该环境法原则为环境责任保险发挥功效提供了理念基础。

2. 保险模式

德国采取强制责任与财务保证或担保相结合的制度。这种制度提供了三种企业可选方式：购买环境责任保险、提供财务保证或者提供担保。在实践中，更多的企业会倾向于购买环境责任保险来履行自己的环境责任，而不是提供财务担保或者保证，这是因为一般来说，拥有高风险设备的企业想要找到信誉高的担保人比较困难，相对而言，购买一份环境责任保险，对企业

---

① 杨茜：《德国环境责任保险制度的启示》，《环境经济》2012 年第 103 期。

② 游桂云：《西方国家环境责任保险法律制度比较与启示》，《上海保险》2008 年第 2 期。

③ 汝亚国：《德国环境立法的经验教训及其对我国的启示》，江苏师范大学硕士学位论文 2015 年。

自身而言方便快捷，同时还能给社会环境提供一份保证。因此，从另一个角度看，德国的环境责任保险制度可以看成是对存在高风险设备的企业实行了强制的环境责任。

3. 索赔时效

德国环境责任保险具有"长尾期保险"性质，损害实际发生和损害发现之间存在一定时间差，因此采取期内索赔制度，规定了一定保单的索赔时效，即若在保单失效之后三年内发现的损失，该保险单仍然应该对该损害负责。①理赔实践中发现损害实际发生和损害发现之间存在时间差，为应对该时间差诞生了该条款。然而很多情况下，被保险人往往不满足于三年的期限，会要求有所延长，这就视保险合同具体约定而定。

（三）德国环境责任保险市场的发展历程对我国的启示

1. 深化公众的保险意识

保险业的发展与公众的保险意识密切相关。德国的环境法也常常因为环境标准十分严格而被称为"最绿的环境法"，②良好的法制环境与公众的环境责任意识是相互促进的。我国环境责任保险法律制度发展历史较短，社会公众尚未形成较为深刻的保险意识，保险业应该联合政府，广泛运用各种传媒渠道，宣传环境责任保险理念，加强企业的风险分散意识以及污染受害人的维权意识，鼓励投保人自动投保，向社会承担起应有的环境保护责任。

2. 合理界定承保范围、明确规定索赔时效

环境污染的侵害具有潜伏性，可能要在几年或几十年后才会爆发。危害产生的不确定性往往使保险人无法把握其未来的赔偿责任。德国起初对"渐进性污染引起的损失"环境污染责任不予保险，并将其列为责任免除，从1965年起，保险责任范围逐渐扩大，开始承保持续性的环境污染。③我国相较于德国，环境保护法律规范尚不完备，环境责任保险制度尚不健全，企业保险意识也尚有欠缺，在承保范围上我国最好采取分步走的策略，即先承保突发性的环境污染行为，待时机成熟再承保持续性的环境污染行为，并且在承保累积性污染事故时，附加严格的限制条件，对环境责任保险规定相对较

① 杨茜：《德国环境责任保险制度的启示》，《环境经济》2012年第103期。

②③ 杨辉：《欧洲的环境责任保险法律制度》，《中国保险》2008年第11期。

长的索赔时效。[1]同时可借鉴德国的"长尾期"制度来应对损害实际发生和损害发现之间存在的时间差，更好更及时地保障污染受害人的权益。

3. 扩大保险范围，创新保险产品

我国目前环境责任险品种单一，缺乏创新型，前存在的承保主体尚不能满足不同企业所需的特定的环境保险品种的需求。而且，大多数保险产品只承保突发性的污染事故，涉及渐进性的污染事故及间接损失的保险产品较少。在险种方面，德国真正做到了丰富多样，甚至保险条款都能做到根据客户的不同需求进行保单制定[2]。我国要想在保险产品方面进行创新，就必须在各地进行广泛的环境保险试点，充分搜集各试点地区的案例数据，进行归纳分析总结，并对比德国成功的环境责任保险理论，制定出适合我国保险市场国情的相关理论：比如选择什么样的承保模式、设立多长时间的索赔时效、什么样的保险产品更能满足不同企业分散风险的需要，等等。

① 游桂云：《西方国家环境责任保险法律制度比较与启示》，《上海保险》2008 年第 2 期。
② 田辉：《中国绿色保险的现状问题与未来发展》，《发展研究》2014 年第 5 期。

参考文献

一、立法文献

[1]《中华人民共和国保险法》
[2]《中华人民共和国民法总则》
[3]《中华人民共和国侵权责任法》
[4]《中华人民共和国环境保护法》
[5]《中华人民共和国大气污染防治法》
[6]《中华人民共和国海洋环境保护法》
[7]《中华人民共和国水污染防治法》
[8]《中华人民共和国海商法》
[9]《日本保险法》
[10]《日本环境基本法》
[11]《韩国商法典》
[12]《德国保险合同法》
[13]《法国保险合同法》

二、中文著作类

[1] 曾世雄:《损害赔偿法原理》,中国政法大学出版社 2001 年版。

[2] 陈慈阳:《环境法总论》,中国政法大学出版社 2000 年版。

[3] 陈方淑:《理念与制度的调适:环境责任保险之社会化进路探析》,云南人民出版社 2013 年版。

[4] 陈泉生:《环境法原理》,法律出版社 1997 年版。

[5] 程啸:《侵权责任法》(第二版),法律出版社 2016 年版。

[6] 董保华:《社会法原论》,中国政法大学出版社 2001 年版。

[7] 杜鹃:《我国环境污染责任保险基础理论与发展策略研究》,复旦大学出版社 2012 年版。

[8] 樊启荣:《责任保险与索赔理赔》,人民法院出版社 2002 年版。

[9] 高桂林:《公司的环境责任研究——以可持续发展原则为导向的法律制度建构》,中国法制出版社 2005 年版。

[10] 顾功耘主编:《经济法教程(第三版)》,上海人民出版社、北京大学出版社 2013 年版。

[11] 郭锋、杨华柏、胡晓珂、陈飞:《强制保险立法研究》,人民法院出版社 2009 年版。

[12] 韩长印、韩永强:《保险法新论》,中国政法大学出版社 2010 年版。

[13] 贾爱玲:《环境侵权损害赔偿的社会化制度研究》,知识产权出版社 2011 年版。

[14] 贾爱玲:《环境责任保险制度研究》,中国环境科学出版社 2010 年版。

[15] 江朝国:《保险法逐条释义第二卷:保险契约》,元照出版公司 2013 年版。

[16] 柯泽东:《环境法论》,三民书局 1995 年版。

[17] 李庭鹏:《保险合同告知义务研究》,法律出版社 2006 年版。

[18] 李薇:《日本机动车事故损害赔偿法律制度研究》,法律出版社 1997 年版。

[19] 李玉泉:《保险法》,法律出版社 2003 年版。

[20] 李玉泉:《保险法学——理论与实务》,高等教育出版社 2010 年版。

[21] 刘建勋:《新保险法经典、疑难案例判解》,法律出版社 2010 年版。

[22] 刘锐:《中国事故受害人救济机制研究》,国家行政学院出版社 2012 年版。

[23] 卢代富:《企业社会责任的经济学与法学分析》,法律出版社 2002 年版。

[24] 吕忠梅:《沟通与协调之途——论公民环境权的民法保护》,中国人民大学出版社 2005 年版。

[25] 吕忠梅:《环境损害赔偿法的理论与实践》,中国政法大学出版社2013年版。

[26] 秦宁:《中国环境责任保险制度研究》,中国海洋大学出版社2010年版。

[27] 邱聪智:《从侵权行为归责原理的变动论危险责任的构成》,中国人民大学出版社2006年版。

[28] 沈晖、时敏:《保险经营中的告知义务——判例、问题、对策》,中国法制出版社2010年版。

[29] 孙宏涛:《保险合同法精解》,法律出版社2013年版。

[30] 孙宏涛:《德国保险合同法》,中国法制出版社2012年版。

[31] 覃有土、樊启荣:《保险法学》,高等教育出版社2003年版。

[32] 佟柔主编:《中国民法》,法律出版社1990年版。

[33] 王家福、梁慧星主编:《民法债权》,法律出版社1991年版。

[34] 王金玉:《海上保险告知义务矫正论》,法律出版社2014年版。

[35] 王利明、周友君、高圣平:《中国侵权法责任法教程》,人民法院出版社2010年版。

[36] 王利明:《侵权行为法》,法律出版社1996年版。

[37] 王利明:《侵权行为法》,中国人民大学出版社1995年版。

[38] 王利明:《侵权行为法归责原则研究》,中国政法大学出版社2004年版。

[39] 王利明:《我国民法典重大疑难问题之研究》,法律出版社2006年版,第579页。

[40] 王利明主编:《民法·侵权行为法》,中国人民大学出版社1993年版。

[41] 王明远:《环境侵权救济法律制度》,中国法制出版社2001年版。

[42] 王胜明:《中华人民共和国侵权责任法解读》,中国法制出版社2010年版。

[43] 王书江:《中国商法》,中国经济出版社1994年版。

[44] 王曦:《美国环境法概论》,武汉大学出版社1992年版。

[45] 王玉庆:《环境经济学》,中国环境科学出版社2002年版。

[46] 王泽鉴:《法律思维与民法实例:请求权基础理论体系》,中国政法大学出版社2001年版。

[47] 王泽鉴:《民法常说与判例研究》(第 2 册),中国政法大学出版社 1998 年版。

[48] 王泽鉴:《侵权行为法》,中国政法大学出版社 2001 年版。

[49] 王泽鉴:《损害赔偿法》,北京大学出版社 2017 年版。

[50] 王泽鉴:《债法原理(第二版)》,北京大学出版社 2013 年版。

[51] 肖海军:《环境事故认定与法律处理》,湖南人民出版社 2000 年版。

[52] 徐文虎、陈冬梅主编:《保险学》,北京大学出版社 2008 年版。

[53] 杨立新:《侵权法热点问题法律应用》,人民法院出版社 1997 年版。

[54] 叶知年:《环境民法要论》,法律出版社 2014 年版。

[55] 原庆丹、沈晓悦、杨姝影、罗朝晖、肖翠翠等:《绿色信贷与环境责任保险》,中国环境科学出版社 2012 年版。

[56] 张新宝:《侵权责任法原理》,中国人民大学出版社 2005 年版。

[57] 张新宝:《中国侵权行为法》,中国社会科学出版社 1998 年版。

[58] 赵海霞:《经济发展、制度安排与环境效应》,中国环境科学出版社 2009 年版。

[59] 中国大百科全书出版社编辑部:《中国大百科全书:环境科学卷》,中国大百科全书出版社 1983 年版。

[60] 竺效:《环境责任保险的立法研究》,法律出版社 2014 年版。

[61] 邹海林:《责任保险论》,法律出版社 1999 年版。

[62] 邹雄:《环境侵权救济研究》,中国环境科学出版社 2004 年版。

[63] 邹雄等:《环境侵权法疑难问题研究》,厦门大学出版社 2010 年版。

三、中文论文类

[1]《环境保护》编辑部:《各地推进环境污染责任保险实践探索》,《环境保护》2010 年第 8 期。

[2] 安平:《我国环境责任保险承保范围研究》,《合作科技与经济》2008 年第 4 期。

[3] 白江:《论德国环境责任保险制度:传统、创新与发展》,《东方法学》2015 年第 2 期。

[4] 别涛、王彬:《中国环境污染责任保险制度构想》,《环境保护》2006

年第11期。

[5] 别涛、王彬:《保险费率因地而异承保机构可多元化——环境污染责任保险法律制度研究系列谈之六》,《中国环境报》2006年11月17日。

[6] 别涛、王彬:《环境污染责任保险制度的中国构想》,《环境经济杂志》2006年第11期。

[7] 别涛:《国外环境污染责任保险》,《求是杂志》2008年第5期。

[8] 蔡守秋:《论我国环境损害责任制度:以综合性责任分担为视角》,《生态经济》2017年第3期。

[9] 曾洁:《保险合同解除权与合同撤销权之理解和适用——保险人能否因投保人欺诈性不如实告知行使合同撤销权》,《商》2014年第18期。

[10] 曾立新、沈海滨:《美国环境污染责任保险发展的法律背景》,《世界环境》2011年第4期。

[11] 曾祥生、赵虎:《环境侵权民事责任归责原则研究》,《武汉大学学报(哲学社会科学版)》2011年第6期。

[12] 陈本寒:《公平责任归责原则的再讨论——兼评我国〈侵权责任法〉第24条的理解与适用》,《法学评论》2012年第2期。

[13] 陈冬梅、夏座蓉:《析美国环境保护立法、司法及环境责任保险市场的发展》,《东岳论丛》2012年第2期。

[14] 竺效:《论我国环境污染责任保险单行法的构建》,《现代法学》2015年第3期。

[15] 陈景庄:《论ISO14000对我国企业参与国际竞争的影响》,《广播电视大学学报》2001年第3期。

[16] 陈君:《关于完善我国环境污染责任保险制度的思考》,《北京理工大学学报》2009年第5期。

[17] 陈立琴:《论环境污染责任保险制度》,《浙江林学院学报》2003年第3期。

[18] 陈玲:《关于推行环境责任保险若干问题的思考》,《上海金融学院学报》2009年第2期。

[19] 陈舒娟:《环境责任保险第三人直接求偿权探析》,《山东审判》2010年第3期。

[20] 程玉:《我国环境责任保险承保范围之思考:兼论渐进性污染的可

保性问题》,《保险研究》2017 年第 4 期。

[21] 崔吕萍:《上"环强险"是重大的理念转变》,《人民政协报》2015 年 3 月 9 日。

[22] 戴茂华:《论进一步完善我国环境侵权民事责任立法的必要性——兼评〈侵权责任法〉中环境污染责任条款》,《河北法学》2011 年第 1 期。

[23] 邓清:《浅议企业社会责任概念的起源》,《中外企业文化旬刊》2014 年第 1 期。

[24] 丁凤楚:《论机动车交通事故强制责任保险制度的完善》,《江西财经大学学报》2007 年第 1 期。

[25] 丁凤楚:《论现代侵权损害赔偿新的二元归责体系》,《法学》2007 年第 2 期。

[26] 董惠江、徐广海:《责任保险人参与赔偿模式的路径选择》,《法学研究》2013 年第 1 期。

[27] 杜光秋:《我国环境责任保险制度的构建研究——由首例环境责任保险获赔案引发的思考》,《西南交通大学学报(社会科学版)》2009 年第 4 期。

[28] 樊启荣:《投保人告知义务性质之多维分析》,《保险职业学院学报(双月刊)》2007 年第 5 期。

[29] 冯汝:《民法典背景下我国环境侵权惩罚性赔偿制度的建立》,《环境与可持续发展》2016 年第 3 期。

[30] 宫邦友、林海权:《保险法司法解释(二)论证会综述》,《商事审判指导》2011 年第 3 辑。

[31] 宫峰飞、宫峰元:《德国环境责任保险和环境治理保险》,《中国保险报》2008 年 2 月 22 日。

[32] 顾鑫、李若馨:《紫金矿业污染事故影响十年难消》,《中国证券报》2010 年 7 月 16 日。

[33] 郭莲丽:《我国环境责任保险发展现状研究》,《科技管理研究》2012 年第 32 期。

[34] 郭玮:《论侵权责任归责原则体系——以我国的立法为例》,《安徽师范大学学报(人文社会科学版)》2010 年第 6 期。

[35] 韩长印:《我国交强险立法定位问题研究》,《中国法学》2012 年第 5 期。

[36] 何林涛:《重污染企业经济绩效与环境绩效关系的实证研究——基于联立方程组模型的分析》,《上海管理科学》2017 年 36 卷第 6 期。

[37] 何燕:《实施环境污染责任保险的困境与出路》,《观察与思考》2010 年第 8 期。

[38] 贺震:《江苏环责险缘何一枝独秀?》,《环境经济》2016 年第 Z3 期。

[39] 胡吕银:《从责任保险看侵权法之嬗变》,《扬州大学学报》1999 年第 3 期。

[40] 胡艳香:《环境责任保险制度的正当性分析》,《法学评论》2011 年第 5 期。

[41] 黄若霖:《我国环境污染责任保险的推行困境及破解思路——基于福建省泉州市环境污染责任险试点实践》,《福建金融》2017 年第 3 期。

[42] 黄小敏:《环境污染责任保险补贴的政策需求与制度供给》,《南方金融》2012 年第 9 期。

[43] 贾爱玲:《国外环境责任保险制度评析与启示》,《环境保护与循环经济》2012 年第 12 期。

[44] 贾君望、李媛辉:《环境侵权损害赔偿社会化的研究》,《环境保护》2017 年第8期。

[45] 姜南:《论责任保险的第三人利益属性——解析新〈保险法〉第 65 条》,《保险研究》2009 年第 12 期。

[46] 金可可:《〈民法总则(草案)〉若干问题研究:对草案体系等若干重大问题的修改意见》,《东方法学》2016 年第 5 期。

[47] 金缦:《中国环境污染责任保险承保范围的合理界定》,《环境经济》2010 年第 4 期。

[48] 晋海、王文俊:《环境侵权民事责任构成要件分析》,《南京大学法律评论》2000 年秋季号。

[49] 晋海:《不可抗力为环境侵权民事责任免责条件的质疑》,《当代法学》2001 年第 7 期。

[50] 阚小冬:《论保险产品证券化对环境责任风险的控制》,《福建金

融》2007 年第 9 期。

[51] 阚小冬:《试探“政府推动”环境责任保险的经济学依据》,《江西师范大学学报(哲学社会科学版)》2007 年第 4 期。

[52] 孔赟、邵飞、郑桉、宋黎明、谢琤琤、周建中、杨勇:《环境保护标准体系研究现状及策略构建》,《中国标准化》2014 年第 8 期。

[53] 兰东娟:《国外环境责任保险制度的承包模式对我国的启示》,《中国市场》2011 年第 9 期。

[54] 兰虹:《保险利益原则在保险合同适用中的差异性》,《保险研究》2002 年第 10 期。

[55] 蓝寿荣:《我国环境责任保险立法若干问题释疑》,《法学研究》2013 年第 6 期。

[56] 李丹阳:《紫金矿业溃坝事件赔偿 2.4 亿》,《中国证券报》2012 年 9 月 14 日。

[57] 李华思:《论我国环境责任保险制度——以渤海溢油事故为切入点》,《安徽农业科学》2013 年第 9 期。

[58] 李华友:《环境污染责任保险制度的困境与发展战略》,《观察与思考》2009 年第 8 期。

[59] 李华友:《绿色保险的国际经验及发展趋势》,《环境经济》2013 年第 9 期。

[60] 李娟:《保险合同除外条款及其控制》,《沙洋师范高等专科学校学报》2007 年第 2 期。

[61] 李锴:《论环境责任保险制度》,《江西社会科学》2008 年第 6 期。

[62] 李明慧、张瑞芳等:《环境污染转移对中国农村可持续发展的影响》,《中国农学通报》2012 年第 28 期。

[63] 李平:《惩罚性赔偿在我国侵权法领域的适用》,《江海论坛》2006 年第 5 期。

[64] 李松:《环境损害责任保险介绍》,《保险研究》2004 年第 6 期。

[65] 李松:《部分欧洲国家的环境损害责任保险介绍》,《中国贸易报》2008 年 4 月 17 日。

[66] 李萱、沈晓悦、黄炳昭、蔡飞:《我国环境污染责任保险试点“双轨制”困境与解决方案》,《环境与可持续发展》2015 年第 1 期。

[67] 李勋:《发展绿色金融的法律研究》,《人大复印材料》2009 年第 12 期。

[68] 李玉玲:《论环境污染责任保险制度》,《山东农业工程学院学报》2017 年第 5 期。

[69] 李玉平、罗丽:《环境侵权民事责任归责原则研究——以中日法的比较为中心》,《北京理工大学学报(社会科学版)》2004 年第 5 期。

[70] 李征:《论环境侵权的民事赔偿模式——以惩罚性赔偿为视角》,《江海学刊》2011 年第 4 期。

[71] 李志学、王小凡:《中国建立环境责任保险制度的路径与选择》,《环境污染与防治》2013 年第 5 期。

[72] 李志学:《中国建立环境责任保险制度的路径与选择》,《环境污染与防治》2013 年第 5 期。

[73] 梁鹏:《新〈保险法〉下说明义务之履行》,《保险研究》2009 年第 7 期。

[74] 刘维:《构建我国环境责任保险模式的理性思考》,《环境科学与技术》2006 年第 7 期。

[75] 刘潇艺:《环责险提供了几重保障?》,《中国环境报》2017 年 10 月 15 日。

[76] 刘耀棋:《我国开展污染责任保险的现状与展望》,《中国环境管理》1996 年第 6 期。

[77] 刘颖:《我国环境污染责任保险发展问题研究》,《经济纵横》2012 年第 2 期。

[78] 罗典荣、吴微:《环境法制中的民事责任》,《政法论坛》1988 年第 2 期。

[79] 马宁:《环境责任保险与环境风险控制的法律体系建构》,《法学研究》2018 年第 1 期。

[80] 马宁:《论保险人说明义务的履行方式与标准——以对我国司法实务的考察为中心》,《时代法学》2010 年第 2 期。

[81] 马新彦、邓冰宁:《论惩罚性赔偿的损害填补功能——以美国侵权法惩罚性赔偿制度为启示的研究》,《吉林大学社会科学学报》2012 年第 5 期。

[82] 邹琪慧、张幸:《环境污染责任保险运行效率为何不高?》,《环境经济》2013 年第 4 期。

[83] 孟子艳、李鑫:《利益相关者理论视角下的环境污染强制责任保险》,《资源开发与市场》2014 年第 4 期。

[84] 倪千淼:《投保人如实告知义务问题研究》,《重庆行政》2017 年第 2 期。

[85] 潘林:《"对赌协议第一案"的法律经济学分析》,《法制与社会发展》2014 年第 4 期。

[86] 庞楷、毕莎莎:《我国环境污染责任强制保险机制研究》,《甘肃金融》2015 年第 5 期。

[87] 逄雪松、田宏:《我国环境污染强制责任保险发展问题研究》,《知识经济》2015 年第 1 期。

[88] 彭金柱、蒲海成:《论现代保险的社会管理功能及其实现途径》,《保险研究》2004 年第 4 期。

[89] 彭中遥、邓嘉詠:《论环境污染强制责任险的出路》,《中南林业科技大学学报(社会科学版)》2017 年第 2 期。

[90] 彭中遥:《环境污染强制责任保险的法律制度危机及应对》,《当代经济管理》2018 年第 8 期。

[91] 杞易航:《美国环境责任保险对我国的启示与借鉴》,《时代金融》2013 年第 5 期。

[92] 前水苗、侯轶凡:《惩罚性赔偿在环境侵权中的适用——以责任竞合为视角》,《甘肃政法学院学报》2011 年第 6 期。

[93] 秦余国、王志新、郭庆、马磊:《我国构建渐进性环境污染责任保险可行性分析》,《管理观察》2017 年第 16 期。

[94] 沈晓悦、郭林青:《我国环境污染强制责任保险改革必要性及重点问题》,《环境保护》2017 年第 5 期。

[95] 沈幼伦:《侵权责任归责原则三元化之思考——对〈侵权责任法〉的解读》,《法学》2010 年第 5 期。

[96] 盛鹏、孙延明、张波:《环境责任保险的法律问题》,《理论月刊》2006 年第 1 期。

[97] 孙宏涛、林煜轩:《我国环境责任保险之除外条款研究》,《上海政

法学院学报》2017年第32期。

[98] 孙宏涛:《董事责任保险对公司治理结构完善的功效分析》,《上海金融》2010年第12期。

[99] 孙宏涛:《董事责任保险合同中投保人告知义务之基本规范分析》,《中南大学学报(社会科学版)》2010年第5期。

[100] 孙宏涛:《环境责任保险中除外条款的合理设定》,《中国保险报》2017年10月26日第7版。

[101] 孙宏涛:《我国保险法如实告知义务的规则完善》,《江西社会科学》2016年第3期。

[102] 孙武军、顾久映:《环境污染责任保险制度的国际借鉴》,《经济纵横》2015年第6期。

[103] 孙武军:《环境污染责任保险制度的国际借鉴》,《经济纵横》2015年第6期。

[104] 汤济世:《国外环境责任保险制度对我国的启示》,《现代商贸工业》2009年第6期。

[105] 唐红:《环境侵权诉讼中惩罚性赔偿制度之引入及其规制》,《人民司法》2014年第21期。

[106] 唐金成、江宏业:《环境污染责任保险运营模式研究》,《海南金融》2014年第1期。

[107] 唐英:《我国环境责任保险制度的完善和重构——以环境保护税的开征为分析背景》,《湖南社会科学》2012年第6期。

[108] 陶盈:《环境分别侵权行为的法律适用》,《国家检察官学院学报》2016年第5期。

[109] 田辉:《中国绿色保险的现状问题与未来发展》,《发展研究》2014年第5期。

[110] 王朝梁:《论我国环境责任保险制度的依法构建》,《中国政法大学学报》2012年第2期。

[111] 王成:《侵权法归责原则的理念及配置》,《政治与法律》2009年第1期。

[112] 王春燕:《产业绿色保险,风要借好力》,《中国石油和化工》2017年第2期。

[113] 王寒:《责任保险制度初探》,《当代法学》2002 年第 6 期。

[114] 王金玉:《环境责任保险告知义务规则之构建》,《辽宁大学学报(哲学社会科学版)》2017 年第 5 期。

[115] 王静:《保险人明确说明义务的司法审查》,《法律适用》2013 年第 1 期。

[116] 王静:《如实告知义务法律适用问题研究——以〈最高人民法院关于适用《中华人民共和国保险法》若干问题的解释(二)〉为核心》,《法律适用》2014 年第 4 期。

[117] 王康:《环境责任保险:环境侵权的社会化救济及其实现路径》,《阜阳师范学院学报》2008 年第 2 期。

[118] 王利民、郭明龙:《民事责任归责原则新论——过错推定规则的演进:现代归责原则的发展》,《法学论坛》2006 年第 6 期。

[119] 王利明:《美国惩罚性赔偿制度研究》,《比较法研究》2003 年第 5 期。

[120] 王利明:《侵权责任法制定中的若干问题》,《当代法学》2008 年第 5 期。

[121] 王莉:《以环境正义为逻辑基点的环境侵权救济制度完善框架》,《郑州大学学报》2017 年第 2 期。

[122] 王明远:《德国〈环境责任法〉的基本内容和特色评介》,《重庆环境科学》2000 年第 4 期。

[123] 王树义、皮里阳:《我国碳排放权交易的制度危机及应对》,《环境保护》2013 年第 20 期。

[124] 王素云:《我国环境侵权法定免责事由评析》,《环境保护》2008 年第 14 期。

[125] 王向楠:《美国环境污染责任保险的特点及借鉴意义》,《金融与经济》2015 年第 9 期。

[126] 王晓丽:《论环境损害赔偿的社会化机制——以环境责任保险制度为例》,《法学论坛》2006 年第 5 期。

[127] 王学冉:《国外环境污染赔偿责任保险的制度设计对我国的启示》,《上海保险》2012 年第 5 期。

[128] 王颖、聂莹等:《"绿色保险"遭遇发展瓶颈》,《人大复印材料》

2009年第3期。

[129] 魏建:《理性选择理论与法经济学的发展》,《中国社会科学》2002年第1期。

[130] 温世扬:《保险人订约说明义务之我见》,《法学杂志》2001年第2期。

[131] 吴祖祥:《侵权行为的归责原则——兼论我国侵权行为归责原则体系的构建》,《兰州学刊》2004年第5期。

[132] 肖振宇、唐汇龙:《食品安全责任强制保险设计研究》,《保险研究》2013年第4期。

[133] 谢朝德:《我国环境责任保险制度建设的路径分析》,《金融与经济》2011年第5期。

[134] 邹雄:《对环境侵权责任保险制度若干问题的思考》,《广州大学学报》2006年第5期。

[135] 幸红:《环境污染责任保险制度探讨》,《广东商学院学报》2008年第6期。

[136] 熊英、别涛、王彬:《中国环境污染责任保险制度的构想》,《现代法学》2007年第1期。

[137] 胥树凡:《建立环境责任保险制度具有重要意义》,《中国环境报》2007年3月27日。

[138] 徐临、刘金霞:《政府推动下环境污染责任保险发展困境的突破——基于政府、污染企业、保险公司动态博弈的分析》,《河北学刊》2016年第3期。

[139] 许传玺:《中国侵权法现状:考察与评论》,《政法论坛》2002年第1期。

[140] 阳庚德:《私法惩罚论——以侵权法的惩罚与遏制功能为中心》,《中外法学》2009年第6期。

[141] 阳露昭、刘艳:《美国环境污染责任保险制度审视及启示》,《法学杂志》2005年第6期。

[142] 阳露昭、田其云:《论环境侵权责任社会化救济的理论依据及其实现途径》,《学术交流》2006年第8期。

[143] 杨朝飞:《环境污染损害谁埋单》,《中国改革》2010年第9期。

[144] 杨传敏:《紫金矿业污染再调查》,《南方都市报》2010 年 9 月 2 日。

[145] 杨辉:《欧洲的环境责任保险法律制度》,《中国保险》2008 年第 11 期。

[146] 杨辉:《欧洲环境责任保险法律制度审视及启示》,《中国保险》2010 年第 3 期。

[147] 杨济时、雷涛:《环境污染责任保险发展简论》,《上海保险》2009 年第 11 期。

[148] 杨济世:《国外环境责任保险制度对我国的启示》,《现代商贸工业》2009 年第 6 期。

[149] 杨萍:《环境侵权损害赔偿制度的完善——从环境责任社会化的角度》,《常州工学学院学报(社科版)》2007 年第 2 期。

[150] 杨茜:《德国环境责任保险制度的启示》,《环境经济》2012 年第 103 期。

[151] 叶宝荣:《论渐进性污染可保性限制的突破》,《保险职业学院学报》2015 年第 4 期。

[152] 叶启洲:《保险契约之内容控制》,《月旦法学杂志》1997 年第 27 期。

[153] 易令正:《湖南省推行环境责任保险存在的问题及对策探讨》,《经济研究导刊》2013 年第 7 期。

[154] 游桂云:《西方国家环境责任保险法律制度比较与启示》,《上海保险》2008 年第 2 期。

[155] 於方、牛坤玉等:《论环境责任保险中的环境风险与环境损害评估》,《环境保护》2017 年第 14 期。

[156] 于纯海:《保险人说明义务程度标准研究》,《保险研究》2008 年第 1 期。

[157] 于纯海:《论保险人违反说明义务之法律效果》,《大连理工大学学报(社会科学版)》2008 年第 2 期。

[158] 袁雪:《论我国实施强制性环境责任保险制度的可行性——以环境责任保险制度的发展演进为视角》,《生态经济》2015 年第 1 期。

[159] 张宝:《环境侵权归责原则之反思与重构——基于学说和实践的

视角》,《现代法学》2011 年第 4 期。

[160] 张保红:《论惩罚性赔偿制度与我国侵权法的融合》,《法律科学(西北政法大学学报)》2015 年第 2 期。

[161] 张卜泓:《推进环境污染责任保险　有效遏制环境群体性事件》,《环境保护与循环经济》2013 年第 6 期。

[162] 张红凤、周峰、杨慧、郭庆:《环境保护与经济发展双赢的规制绩效实证分析》,《经济研究》2009 年第 3 期。

[163] 张娟、贾惜春:《我国环境污染责任保险产品现状及推进措施》,《环境保护与循环经济》2014 年第 4 期。

[164] 张丽、周茜:《我国环境责任保险制度构建中存在的问题与对策》,《西安石油大学学报》2010 年第 4 期。

[165] 张骐:《产品责任中的损害与损害赔偿——一个比较研究》,《法制与社会发展》1998 年第 4 期。

[166] 张珊珊、徐芝兰:《我国环境责任保险制度模式选择》,《华北金融》2011 年第 2 期。

[167] 张善斌:《公平责任原则适用存在的问题及对策》,《河北法学》2016 年第 12 期。

[168] 张晓文:《环境责任保险的公益性》,《政法论坛》2009 年第 4 期。

[169] 张兴伟:《日本环境污染赔偿责任保险的实践与启示》,《苏州大学学报》2016 年第 4 期。

[170] 张旭东:《环境侵权因果关系证明责任倒置反思与重构:立法、学理及判例》,《中国地质大学学报》2015 年第 5 期。

[171] 张雪梅、李鸿渐、韩光:《循环经济背景下我国环境责任保险体系的构建》,《深圳大学学报(人文社会科学版)》2009 年第 4 期。

[172] 张迎斌、王晓辉:《完善中国环境责任保险制度的思考与建议》,《北京航空航天大学学报(社会科学版)》2010 年第 4 期。

[173] 张梓太、张乾红:《我国环境侵权责任保险制度之构建》,《法学研究》2006 年第 3 期。

[174] 周海涛、李天生:《保险法如实告知义务的司法裁量》,《保险研究》2010 年第 11 期。

[175] 周红雨、陈维:《关于开展环境污染责任保险的调研报告》,《金融

论坛》2009 年第 1 期。

[176] 周纪昌:《我国开发环境责任保险的战略选择》,《金融理论与实践》2007 年第 5 期。

[177] 周珂、刘红林:《论我国环境侵权责任保险制度的构建》,《政法论坛》2003 年第 5 期。

[178] 周柯:《论我国环境侵权责任保险制度的建立》,《法学论坛》2003 年第 21 卷第 5 期。

[179] 周立东:《保险业如何开展环境污染责任保险》,《世界环境》2011 年第 4 期。

[180] 周列、杨子蛟:《论环境侵权损害填补综合协调机制》,《法学评论》2003 年第 6 期。

[181] 周平奇:《论投保人的告知义务——兼评〈保险法司法解释(二)〉第 5、6 条》,《华中师范大学研究生学报》2014 年第 3 期。

[182] 周巧、刘红林:《论我国环境侵权责任保险制度的构建》,《法学论坛》2003 年第 5 期。

[183] 周一虹:《企业环境信息披露与环境责任保险》,《环境与可持续发展》2007 年第 4 期。

[184] 朱岩:《风险社会与现代侵权责任法体系》,《法学研究》2009 年第 5 期。

[185] 诸江:《我国实现环境责任社会化的立法构想》,《湘潮》2008 年第 6 期。

[186] 诸宁:《证券化与再保险——我国巨灾风险管理对策的比较研究》,《宏观经济研究》2015 年第 5 期。

[187] 竺效:《纯经济损失理论与环境侵权救济》,《清华法治论衡》2015 年第 1 期。

[188] 竺效:《反思松花江水污染事故行政罚款的法律尴尬——以生态损害填补责任制为视角》,《法学》2007 年第 3 期。

[189] 竺效:《论环境侵权填补责任归责原则的两分法及其配套措施》,《政治与法律》2007 年第 3 期。

[190] 赤堀勝彦:《最近の環境法規制のもとにおける企業のリスクマネジメント》,《神戸学院法学》2008 年。

四、学位论文

[1] 安平:《我国环境责任保险制度研究》,东北财经大学硕士学位论文 2007 年。

[2] 陈方淑:《环境责任保险法律制度研究》,西南政法大学博士学位论文 2010 年。

[3] 何海鹏:《论我国侵权责任法中的公平责任》,西南政法大学法律硕士专业学位论文 2016 年。

[4] 侯娟:《我国农村环境责任保险法律问题研究》,华中农业大学经济法学硕士学位论文 2013 年。

[5] 华萍:《环境责任保险的保险责任范围及除外责任》,中国海洋大学硕士学位论文 2011 年。

[6] 黄崔:《我国强制性环境责任保险制度的构建研究》,中南林业科技大学硕士学位论文 2013 年。

[7] 李春丽:《环境责任保险制度研究》,中国地质大学硕士学位论文 2006 年。

[8] 李玫:《海上保险的特殊性的研究——以海上保险法和保险法的关系为视角》,大连海事大学硕士学位论文 2011 年。

[9] 李培轶:《政府在企业社会责任机制中的作用的研究》,中南民族大学硕士学位论文 2010 年。

[10] 李昱:《环境侵权民事责任比较研究》,大连海事大学博士学位论文 2015 年。

[11] 马丽娟:《环境责任保险制度研究》,清华大学民商法学硕士学位论文 2004 年。

[12] 李成伟:《我国环境责任保险制度研究——以美国法为借鉴》,山东科技大学硕士学位论文 2012 年。

[13] 汝亚国:《德国环境立法的经验教训及其对我国的启示》,江苏师范大学硕士学位论文 2015 年。

[14] 陶卫东:《论中国环境责任保险制度的构建》,中国海洋大学博士学位论文 2009 年。

[15] 魏成成:《美国环境责任保险制度及其对我国的启示》,山东师范大学硕士学位论文 2016 年。

[16] 魏慧贤:《公司终止后的环境责任制度研究》,西南政法大学硕士学位论文 2010 年。

[17] 吴恺:《环境责任保险的法律制度研究》,南京大学硕士学位论文 2012 年。

[18] 吴一帆:《我国环境责任保险法律制度研究》,山东大学硕士学位论文 2016 年。

[19] 夏座蓉:《构建有效运行的环境责任保险制度》,复旦大学硕士学位论文 2009 年。

[20] 阳露昭:《环境污染责任保险基本法律问题研究》,中国海洋大学博士学位论文 2011 年。

[21] 于海纯:《保险人缔约说明义务制度研究》,中国政法大学博士学位论文 2007 年。

[22] 翟胡萍:《环境责任保险制度研究》,南京航空航天大学硕士学位论文 2012 年。

五、译著类

[1] [日]原田尚彦:《环境法》,于敏译,法律出版社 1999 年版。

[2] [英]彼得·斯坦、约翰·香德:《西方社会的法律价值》,王献平译,中国法制出版社 2004 年版。

[3] [德]鲁道夫·冯·耶林:《为权利而斗争》,胡宝海译,中国法制出版社 2004 年版。

[4] [德]马克西米利安·福克斯:《侵权行为法》,齐晓琨译,法律出版社 2006 年版。

[5] [美]约翰·F.道宾:《美国保险法》,梁鹏译,法律出版社 2008 年版。

[6] [美]盖多·卡拉布雷西:《事故的成本》,比竞悦、陈敏、宋小维译,北京大学出版社 2008 年版。

[7] [美]小罗伯特·H.杰瑞、道格拉斯·R.里士满:《美国保险法精解》,李之彦译,北京大学出版社 2009 年版。

[8] [德]格哈德·格瓦纳主编:《比较法视野下的侵权法与责任保险》,魏磊杰、王之洲、朱淼译,中国法制出版社2012年版。

六、英文著作类

[1] M.Rustad: The Social Function of Punitive Damages and the Law of Evidence, Harvard Law Review, 1986.

[2] Nick Loekett, Environmental Liability Insurance, Cameron May, Limited, 1996.

[3] A. Mitchell Polinsky, Steven Shavell. Punitive Damages: An Economic Analysis. 111Harv. L. Rev. 1281, 1998.

[4] Stephen Schmidheiny, Changing Course: A Global Business Perspective on Development and the Environment, MIT Press, 1992.

[5] Jeffrey Kehne, Encouraging Safety through Insurance-Based Incentives: Financial Responsibility for Hazardous Wastes, 96 Yale L. J. 403, 410-11 1986.

[6] Murray V., Legal & General Assurance, Sy Ltd., 1970.

[7] Howard Bennett, *The Law of Marine Insurance*, Clarendon Press, 1996.

[8] Dan. R.Anderson, Development of Environmental Liability Risk Management and Insurance in the United States: Lessons and Opportunities, Risk Management and Insurance Review, 1998.

七、英文论文类

[1] Insurers can be Environmentalists, Nat'l Underwriter: Prop. & Casualty Risk & Benefits Mgmt., Nov.8, 1993.

[2] Benjamin J. Richardson, Mandating Environmental Liability Insurance.

[3] Duke Environmental Law and Policy Forum, v.12, 2002.

[4] Catherine M. Sharkey: Punitive damages as societal damages,

Yale Law Journal，2003.

［5］Proelss/Martin，Versicherungsvertragsgesetz，28.Aufl.，2010.

［6］Werner Pfennigstorf，Pollution Insuranee：International Survey of Coverages and Exclusions，European Journal of Pharmaceutics & Biopharmaceutics，1993.

［7］Benjamin J. Richardson，Mandating Environmental Liability Insurance，Duke Environmental Law and Policy Forum，v.12，2002.

［8］Louis Kaplow，Steven Shavell，Fairness Versus Welfare，Harvard Law Review，v.14，2001.

八、互联网资料

［1］环境保护部发布《2012 中国环境状况公报》全国环境质量状况总体保持平稳，形势依然严峻，载 http://www.mep.gov.cn/gkml/hbb/qt/201306/t20130604_253201.htm，2019 年 4 月 24 日。

［2］环境保护部发布《2016 中国环境状况公报》，载 http://www.mep.gov.cn/gkml/hbb/qt/201706/t20170605_415442.htm，2019 年 4 月 24 日。

［3］经济参考报：环境污损赔偿制度正酝酿建立　企业违法成本将大大提高，载 http://finance.sina.com.cn/roll/2016-06-20/doc-ifxtfmrp2354733.shtml，2019 年 4 月 24 日。

［4］长江流域环境资源审判十大典型案例，载 http://www.court.gov.cn/zixun-xiangqing-71552.html，2018 年 4 月 24 日。

［5］《关于环境污染责任保险工作的指导意见》，载 http://www.zhb.gov.cn/gkml/zj/wj/200910/t20091022_172498.htm，2018 年 4 月 24 日。

［6］《中共中央国务院印发〈生态文明体制改革总体方案〉》，载 http://www.gov.cn/guowuyuan/2015-09/21/content_2936327.htm，2018 年 4 月 24 日。

［7］《江苏省连云港市连云区人民检察院诉尹宝山等人非法捕捞水产品刑事附带民事诉讼案》，载 http://www.court.gov.cn/zixun-xiangqing-48792.html，2019 年 5 月 14 日。

［8］杨旭博、王世盛：企业环境保护管理的战略化，http://www.sohu.

com/a/205822133_475918，2019 年 5 月 20 日。太平洋保险股份有限公司网页 http://www.cpic.com.cn/cx/upload/Attach/infordisclosure/5810481.pdf，2018 年 4 月 5 日。

[9] 范卉：重庆法院明将宣判开县"12-23"特大井喷事故案，载 http://www.chinanews.com.cn/news/2004/2004-09-03/26/480281.shtml，2019 年 5 月 9 日。

[10] 佚名：四川沱门污染经济损失 3 亿元　生态环境恢复需 5 年时间，http://news.sina.com.cn/c/2004-04-16/10342318194s_shtml，2019 年 4 月 15 日。

[11] 佚名：国务院对吉化爆炸事故松花江水污染作处理，载 http://news.sina.com.cn/c/2004-04-16/10342318194s_shtml，2019 年 5 月 7 日。

[12] 佚名：我国数额最大环境污染责任保险理赔案例，载 http://www.chinairn.com/news/20140626/185812241.shtml，2019 年 7 月 15 日。

[13] 中华人民共和国环境保护部：载 http://www.mep.gov.cn/，2019 年 7 月 17 日。

[14] 2005 年松花江水污染事件，载 https://baike.baidu.com/item/2005 年松花江水污染事件/18450217，2019 年 3 月 4 日。

[15] 中国近年来最严重的十大环境污染事件，载搜狐新闻 http://www.sohu.com/a/137614654_683361，2019 年 3 月 7 日。

[16] 龙军：浏阳镉污染悲剧：百万利润诱惑下的政府缺失，载环球网 http://china.huanqiu.com/roll/2009-08/542892_3.html，2019 年 3 月 4 日。

[17] 刘其昌：蓬莱漏油事件六年后：山东渔民与美国康菲石油公司对簿公堂　索赔 1.7 亿元，载搜狐新闻 http://news.sina.com.cn/o/2017-09-15/doc-ifykynia7326153.shtml，2018 年 5 月 4 日。

[18] 温美旺：国外环保产业融资机制对我国的启示，载 http://www.studa.net，2019 年 5 月 23 日。

[19] 张瑞丹：大连原油泄漏后无赔偿，渔民维权路漫漫，载 http://news.sohu.com/20100913/n274889353.shtml，2018 年 1 月 24 日。

[20] 全国 10 大环境污染导致的群体性事件案例解析，载 http://news.yushu.gov.cn/html/20091030094227.html，2018 年 1 月 25 日。

[21] 经济补偿作用初步显现，强制环责险推广众望所归，载 http://www.hbzhan.com/news/detail/115672.html，2019 年 7 月 25 日。

[22] 环境保护部：对十二届全国人大五次会议第 8665 号建议的答复，载 http://www. mep. gov. cn/gkml/hbb/jytafw/201709/t20170927_422480.htm，2019 年 2 月 18 日。

[23] 山西潞安天脊煤化工集团苯胺泄漏事故处置进展情况，载和讯网 http://news.hexun.com/2013-01-06/149836435.html，2019 年 2 月 18 日。

[24] 国务院对中石油"11·13"爆炸事故等做出处理，载新华网 http://news. xinhuanet. com/fortune/2006-11/24/content_5370626. htm，2019 年 8 月 7 日。

[25] 潘清：机构预测：10 年后中国有望成为全球第二大保险市场，载 http://news.xinhuanet.com/fortune/2015-03/10/c_1114585010.htm，2019 年 8 月 16 日。

[26] 段丽茜：河北省首例环境污染责任保险理赔完成，载 http://news.ifeng.com/a/20140912/419648750.shtml，2019 年 5 月 24 日。

[27] 刘芬：深圳市首例获得环境污染责任保险赔付案例，载 http://energy.cngold.org/c/2015-06-24/c3357228.html，2019 年 4 月 14 日。

九、论文集

[1] "欧洲保险合同法重述"项目组：《欧洲保险合同法原则》，韩永强译，载《民商法论丛》第 48 卷(2011 年)，第 5 页。

[2] 王立峰：《论惩罚性损害赔偿》，载梁慧星主编《民商法论丛》第 15 卷，法律出版社 2000 年版，第 85 页。

[3] 杨瑞英：《初探惩罚性赔偿在美国环境侵权中的适用》，载《2004 年中国环境资源法学研讨会(年会)论文集》，第 1217 页。

[4] 陈露昭、刘艳：《浅论环境侵权责任社会化问题——从环境责任保险的角度》，载《中国环境资源法学评论》，中国政法大学出版社 2006 年版，第 305、307 页。

[5] 阳露昭：《我国环境污染责任保单承保渐进性污染的法律思考》，载《海商法保险法评论》(第 5 卷)。

[6] 谢甲锋、陆志明等:《论构建我国环境责任保险制度的价值取向和发展对策》,载《2005 年中国环境资源法学研讨会论文集》。

[7] 孟春阳:《环境侵权民事责任归责原则研究》,载《中国法学会环境资源法学研究会 2006 年年会与学术研讨会论文集》。

[8] 薛虹:《演变中的侵权责任和人身伤亡事故问题的解决》,载《民商法论丛》(第 5 卷),法律出版社 1996 年版,第 704 页。

后记

目前，我国作为全球第二大经济体，伴随着经济高速发展而来的是大量的环境污染问题。在改革开放之初，由于经济发展的需要，加之环保意识不足，政府部门接纳了许多高污染的企业，这在一定程度上对我国的生态环境造成了负面影响。近年来，由于环境污染问题不断显现，我国在发展经济的同时更加注重经济与环境的协调发展，出台了大量保护生态环境的法律法规，环境污染问题在一定程度上也得到了缓解。

但与此同时应当看到的是，环境污染问题往往具有缓慢性、潜伏性、复杂性以及间接性的特征，一旦环境污染事故发生，不仅会产生大量的受害者，相关救济措施的启动和有效落实也十分困难。在环境污染事故发生后，受害人的维权之路经常会遇到各种各样的困难与阻碍。此外，环境污染事故的责任方无法或无力承担环境侵权损害赔偿的案件也时有发生，在这种情况下环境污染问题难以得到妥善解决，甚至还有可能因为受害者得不到充分、及时、有效的赔偿并由此引发社会问题，由政府出面解决的案例也不在少数。此时，环境责任保险为环境污染事故提供了一个良好的解决路径。作为传统侵权责任法与现代保险制度相互调试的产物，环境责任保险制度是经济、社会与环境之间的连接点。建立完善的环境责任保险制度既是经济、社会、生态环境全面协调可持续发展的需要，也是践行科学发展观、坚持以人为本、构建和谐社会的需要。投保环境责任保险，既能使污染企业防患于未然，又能树立企业的节能环保和安全生产意识；利用保险规则的“大数法则”，在发生风险时，由保险公司为企业的污染责任导致的损害进行赔付，既可以保护环境污染受害人的合法利益，又可以分散企业的赔付风险，进而维护社会秩序的稳定。但是应当看到的是，我国目前的环境责任保险主要采取的主要是自愿投保的方式，出于各种主客观原因考虑，许多投保人依旧不愿意投保环境责任保险，因此，我国环境责任保险的发展速度较为缓慢。

2014年4月24日，修订后的《环境保护法》颁布，明确将环境保护作为一项基本国策，其中第52条规定了国家鼓励投保环境责任保险，为构建强制性环境责任保险制度提供了直接的法律依据。该修订案的颁布说明了我国政府正在进一步加大环境保护的力度，对于环境责任保险的态度逐渐从政策层面向法律层面过渡，保险模式逐渐由任意性保险模式过渡到强制性保险模式。2013年1月21日，环境保护部和保监会发布了《关于开展环境污染强制责任保险试点工作的指导意见》，明确了重金属和其他高环境风险领域以及依照地方性规定需要投保的企业范围。2015年9月21日，中共中央和国务院发布《生态文明体制改革总体方案》，提出建立绿色金融体系，在环境高风险领域建立环境污染强制责任保险制度。2016年8月31日，环境保护部、保监会等七部委发布《关于构建绿色金融体系的指导意见》，提出按程序推动制修订环境污染强制责任保险相关法律或行政法规，并由环境保护部门和保险监管机构发布实施性规章。2017年6月7日，环境保护部、保监会发布《环境污染强制责任保险管理办法（征求意见稿）》（以下简称《管理办法》），分为总则、投保与承保、风险评估与排查、赔偿、罚则、附则六章，详细列明了强制投保范围、保险责任范围、费率设置、责任限额、投保企业的通知义务、合同解除、风险评估、保险除外责任、保险事故认定和处理流程、应保未保的惩处措施等内容，开启了环境责任保险由政策推动转变为立法支持的篇章。2018年5月7日，在京召开的生态环境部部务会议，审议并原则通过《环境污染强制责任保险管理办法（草案）》（以下简称《办法（草案）》）。会议指出，在环境高风险领域建立"环境污染强制责任保险制度"，是贯彻落实党的十九大精神的有力措施和具体行动，是建立健全绿色金融体系的必然要求和重要内容。至此，我国环境污染强制责任保险的体系已经初具雏形。

本书从环境责任保险的制度建设出发，在借鉴域外环境责任保险发展的基础上，进一步探讨了环境责任保险的保险标的、保险当事人以及有关保险合同的权利义务等问题。针对环境责任保险进行了全方位论述，最终提出相应法律制度的完善以及市场可行性的分析，为环境责任强制保险制度的推行提供建议与思路，希望书中的观点能对该制度的运行与完善有所贡献。

在本书的撰写过程中，得到诸多师友的支持与帮助，在这里一并致以诚挚的谢意！此外，感谢我的研究生王烨楠、刘梦、吴章峰、曹宏嘉、何嘉欣、宣卓尔、沈馨怡等同学在书稿审订过程中为法条更新和文字整理付出的辛勤劳动。

孙宏涛　谨识

2019 年 10 月 3 日

于上海华政校园杨咏曼楼

图书在版编目(CIP)数据

绿色保险:环境责任强制保险制度研究/孙宏涛著
.—上海:上海人民出版社,2019
(棠树文丛)
ISBN 978-7-208-16137-5

Ⅰ.①绿… Ⅱ.①孙… Ⅲ.①环境保护-责任保险-研究-中国 Ⅳ.①F842.686

中国版本图书馆 CIP 数据核字(2019)第 223858 号

责任编辑 秦 堃 史尚华
封面设计 一本好书

棠树文丛
绿色保险
——环境责任强制保险制度研究
孙宏涛 著

出 版 上海人民出版社
(200001 上海福建中路 193 号)
发 行 上海人民出版社发行中心
印 刷 上海商务联西印刷有限公司
开 本 720×1000 1/16
印 张 17.5
插 页 4
字 数 273,000
版 次 2019 年 12 月第 1 版
印 次 2019 年 12 月第 1 次印刷
ISBN 978-7-208-16137-5/F·2601
定 价 68.00 元